잔인한 입맞춤

잔인한 입맞춤
누가 유다에게 '배신자'라는 누명을 씌웠는가

초판 1쇄 인쇄 2024년 11월 1일
초판 1쇄 발행 2024년 11월 8일

지은이 박진희
펴낸이 정해종

펴낸곳   ㈜파람북
출판등록   2018년 4월 30일 제2018 - 000126호
주소   경기도 파주시 회동길 480 아트팩토리엔제이에프 B동 222호
전자우편   info@parambook.co.kr
인스타그램 @param.book
페이스북   www.facebook.com/parambook/
네이버 포스트 m.post.naver.com/parambook
대표전화   031 - 935 - 4049

ISBN 979-11-7274-018-4   03230

잔인한 입맞춤

누가 유다에게 '배신자'라는 누명을 씌웠는가

박진희 지음

파람북

돌아가신 아버지와 살아계신 어머니, 나의 기원인 이 두 분과
단지 딸이라는 이유만으로 나에게 미래를 빼앗겼던 누나,
자주 찾아뵙지 못하는 오빠 대신 어머니를 챙긴 쌍둥이 누이,
생계를 위해 나의 노동을 도맡은 아내,
책상 앞에 앉아 있기만 해서 나의 등만 보며 커버린 아들에게
이 글을 바친다.

이 글은 성서가 희극과 비극 사이를 넘나든 삶의 대서사시라는 점에서 예수를 팔아넘긴 유다의 사건을 다시금 되짚어보고자 한 나름의 결실이다. 이 글은 '누가 유다에게 배신자라는 누명을 씌웠는가'라는 부제에 전체적 의미가 함축되었듯이, 신약성서를 통해 익히 알려진 배신자 가룟 유다의 내러티브를 기존의 이해방식과 달리 새로운 관점에서 재해석하고자 한 시도다. 그 핵심은 정말 유다가 예수를 배반했는가 하는 점이다. 설령 성서의 주장대로 유다가 예수를 배신했다고 하더라도 이는 어쩌면 예수와 유다의 내밀한 합의를 전혀 이해하지 못했거나 제대로 이해하려고 하지 않았던 복음서 저자들의 일방적인 견해일 수 있지 않았을까 하는 관점에서 성서 행간의 의미를 추적하고자 했다. 이로 인해 성서를 재맥락화해 논의하지 않으면 안 되었다. 이 글은 예수의 죽음 없이는 성립할 수 없었던 기독교가 어째서 유다를 배신자로 몰아가야만 했을까 하는 물음에 대한 천착일 수밖에 없으니 말이다. 그러다 보니 유다와 관련된 4복음서의 내용을 성서에서 인용하는 것이 불가피했고, 이를 토대로 면밀하게 비교하고 검토하고자 했다. 해당 내용을 성서에서 찾아 읽는 일이 번거로우리라는 기우 탓에 이 기회를 통해 유다와 관련된 성서의 내용만큼은 이 책에서 부디 확인하길 바라는 마음으로 빠짐없이 발췌했다. 참고문헌의 인용도 될 수 있으면 간략하게 신고자 했으나, 저자의 본래 의도를 면밀하게 전하려고 할 때는 해당 내용을 최대한 신고자 하다 보니 번역자의 노고를 침해한 것은 아닌지 우려스럽다. 아울러 이 과정에서 다수의 서적을 참고한 비아, 한국기독교연구소, 한님성서연구소, 홍성사를 비롯해 그 외 출판사에게 집필의 빚이 있어 지면으로나마 고마운 마음을 전하고자 한다. 출판 시장의 불황이 어제오늘의 일은 아니겠으나 종교와 관련된 서적을 만들려면 그보다 더 심각한 불황을 헤아려야 하고 감내해야만 하는 게 현실이다. 이 글의 출간을 의뢰했을 때 흔쾌히 승낙한 출판사, 전하고자 하는 내용을 꼼꼼하게 읽으며 가독성을 높이기 위해 여러모로 고민을 아끼지 않은 김지환 편집자, 그리고 이 책 출판에 기여했으나 저자가 일일이 밝히지 못해 서운할지도 모를 분들께 특별히 감사하고 싶다.

어쩌면 당신은 이 책의 도발적인 부제만으로도 당혹스러울지 모르겠다. 그러나 "누가 유다에게 배신자라는 누명을 씌었는가"라는 부제를 감추지 않은 까닭은 이 글이 "누가 마리아에게 창녀라는 낙인을 찍었는가"와 "누가 예수에게 그리스도라는 사명을 맡겼는가"라는 연작의 옷에 끼운 첫 번째 단추이기 때문이다. 나는 기독교가 3개의 심장으로 이루어진 텍스트, 즉 인류의 유산이라고 감히 이해한다. 성부와 성자와 성령이 아니라 3개의 심장은 다름 아닌 예수와 유다와 마리아다. 바울은 경솔하게도 단 하나의 심장에만 주목함으로써 한때 마니교도이기도 했던 히포의 아우구스티누스로 하여금 삼위일체라는 계시종교의 신앙체계를 확립할 수 있게끔 신학적 토대를 제공했다. 이로 인해 예수와 유다, 예수와 막달라 마리아 그리고 예수와 공동체의 인격적인 관계를 통해 신약성서를 이해하고자 하는 시도는 오랜 세월 지체되기만 했다. 그 더디기만 했던 사색의 전진에 동참하고자 외람되이 첫걸음을 내디뎌본다. 성서에 대한 일정 수준의 지식이 없으면 지루할 글인데, 성서에 대한 일정 수준의 지식을 갖추고도 따분하기만 하다면 이는 전적으로 필자의 글솜씨가 서툴고 부족한 탓임을 미리 밝혀둔다.

차례

서문 007

1장

유다,
대제사장들에게 예수를 팔아넘기려고 그들과 만나다

유다는 누구인가 016
배신자에 대한 정경복음서 저자들의 입장 021
히브리 성서가 예수의 몸값에 미친 영향 033
마지막까지 예수와 함께한 여성들과 그 후예들 036
오늘날까지 부정적이기만 한 유다라는 명칭 043
예수의 족보와 유다라는 이름들 046
육신으로 얽힌 예수의 가족 051
예수 시대의 대제사장들 060
예수가 빌라도 앞으로 끌려가기 전에 063

2장

유다,
최후의 만찬 자리에서 슬그머니 빠져나오다

최후의 만찬에 대한 정경복음서 저자들의 입장 073
'13'이라는 불길한 숫자와 다락방 074
최후의 만찬에 대한 사뭇 다른 관점 083
히브리 성서에서 차용했을 유다의 '은돈 삼십 닢' 089
기도에 대한 예수의 유산 097
예수에 대한 유다의 배신은 하나님의 명령인가 101
예수가 저주한 무화과나무 106

3장

죽지 않았더라면 유다,
그날의 일들을 다르게 전했을 것이다

사본으로만 구성된 신약성서 117
제자들과 함께라서 더욱 고독했을 예수 121
진정한 의미의 십자가 131
세속적인, 너무나 세속적인 교회의 전통 133
무심코 지나치지 말아야 할 신약성서의 이름들 141
히브리 성서에서 차용한 또 다른 파편적 서사들 150

4장

유다,
뜨거운 감정을 들키지 않은 채 차디차게 입맞추다

예수의 마지막 기도와 얽힌 정황들 166

공관복음서가 전하는 예수의 가상사언 174

성서를 근거로 통용되는 속설들 181

예수가 사랑한 제자 요한이 전하는 그의 가상삼언 182

예수와 성가족 186

시편 69편을 바탕으로 되살린 예수의 참된 가르침 193

예수의 일곱 가지 말이 가상칠언인 이유 201

예수의 기도 204

잔인한 입맞춤 현장 속에서 놓치지 말아야 할 사항들 208

유다의 배신에 대한 바울의 입장 215

유다의 배신에 관한 새로운 관점 219

예수의 자의식 226

'배신자'라는 유다의 역할에 후새가 미친 영향 234

유다의 시각으로 예수를 바라보고자 한 복음서 244

악마에 대한 기독교의 입장 253

관계적일 수밖에 없는 겸손과 교만 258

5장

유다,
배신자라는 오명을 벗고 이 책에서 안식을 찾다

예수의 웃음에 담긴 첫 번째 의미 272

예수의 웃음에 담긴 두 번째 의미 277

예수의 웃음에 담긴 세 번째 의미 284

예수의 웃음에 담긴 네 번째 의미 297

1장

유다,
대제사장들에게 예수를 팔아넘기려고 그들과 만나다

오늘날까지도 유다의 배신은 잔인한 입맞춤이라는 비정한 수식어가 따라붙어 다닐 만큼 그야말로 충격적인 사건이다. 그도 그럴 것이 유다는 예수가 총애하던 열두 제자 가운데 한 사람이었으니 말이다. 그래서 바울은 고린도전서 11장 23절에서 유다라는 이름을 철저히 숨긴 채 이 사건을 아주 짤막하게 "주 예수께서 잡히시던 밤에"라고만 전하려고 했던 것일까? 그러나 바울이 열두 제자 가운데 '바위'라는 뜻의 아람어인 '게바'로 호칭한 베드로와 세베대의 아들이자 열두 제자 가운데 최초의 순교자로 알려진 야고보의 동생 요한, 이 둘의 이름만 거론한 것을 보면 꼭 그렇게 섣불리 속단할 일은 아니다. 요한복음은 유다가 예수를 지목하기 위해 그에게 입 맞추는 장면을 생략했지만, 그래도 모질다는 인상까지는 지우고 싶지 않았던 모양이다.

유다는 누구인가

가룟 유다의 배신 이야기가 본격적으로 시작된 뒤로 "유다라는 이름은 요한복음에서 8번 언급된다. 그리고 마가복음에서는 3번, 마태복음과 누가복음에서는 각각 4번씩 등장한다."[1] 세 편의 공관복음서와 달리 열두 제자의 명단을 밝히지 않은 제4복음서인 요한복음은 12장에 이르러서야 유다에 관해 처음으로 언급한다. 그러나 이것이 요한복음에서 유다에 대한 첫 언급은 아니다.

> 유월절 엿새 전에, 예수께서 베다니에 가셨다. 그곳은 예수께서 죽은 사람 가운데서 살리신 나사로가 사는 곳이다. 거기서 예수를 위하여 잔치를 베풀었는데, 마르다는 시중을 들고 있었고, 나사로는 식탁에서 예수와 함께 음식을 먹고 있는 사람 가운데 끼어 있었다. 그때 마리아가 매우 값진 순 나드 향유 한 근을 가져다가 예수의 발에 붓고, 자기 머리털로 그 발을 닦았다. 온 집에 향유 냄새가 가득 찼다. 예수의 제자 가운데 하나이며 장차 예수를 넘겨줄 가룟 유다가 말하였다. "이 향유를 삼백 데나리온에 팔아서 가난한 사람들에게 주지 않고, 왜 이렇게 낭비하는가?" (그가 이렇게 말한 것은, 가난한 사람을 생각해서가 아니다. 그는 도둑이어서 돈 자루를 맡아 가지고 있으면서, 거기에 든 것을 훔치고는 했기 때문이다.) 예수께서 말씀하셨다. "그대로 두어라. 그는 나의 장사 날에 쓰려고 간직한 것을 쓴 것이다. 가난한 사람들은 언제나 너희와 함께 있지만, 나는 언제나 너희와 함께 있는 것이 아니다." (요한복음 12,1-8)

"예수의 제자 가운데 하나이며 장차 예수를 넘겨줄 가룟 유다가 말하였다"라는 문장으로 알 수 있듯이, 요한복음의 저자에 따르면 유다는

---

1   허버트 크로즈니, 김환영 옮김, 『유다의 사라진 금서(The Lost Gospel, The Quest for the Gospel of Judas Iscariot)』(YBM/Si-sa, 2006), 65쪽.

아직 예수를 배반할 결심까지는 하지 않은 상태다. 우선 전지적 작가 시점에서 "그가 이렇게 말한 것은, 가난한 사람을 생각해서가 아니다. 그는 도둑이어서 돈 자루를 맡아 가지고 있으면서, 거기에 든 것을 훔쳐내곤 하였기 때문이다"라고 하면서, 요한복음의 저자는 장차 유다의 탐욕이 예수를 배신하는 결정적 계기로 작용하리라고 내다보았을 뿐이다. 그리고 바로 이어지는 다음 장에서 유다를 다음과 같이 묘사한다.

> 유월절 전에 예수께서는, 자기가 이 세상을 떠나서 아버지께로 가야 할 때가 된 것을 아시고, 세상에 있는 자기의 사람들을 사랑하시되, 끝까지 사랑하셨다. 저녁을 먹을 때, 악마가 이미 시몬 가롯의 아들 유다의 마음속에 예수를 팔아넘길 생각을 불어넣었다. (요한복음 13,1-2)

이것이 요한복음에서 유다에 대한 두 번째 언급이다. 그것도 다른 정경복음서에서는 찾아볼 수조차 없는 '시몬 가롯', 즉 가롯 사람 시몬을 유다의 아버지라면서 말이다. 그러니까 유다는 시몬의 아들인 가롯 사람인 셈이다. 시몬이라는 이름과 별개로 가롯이라는 수식어가 정경복음서에서 처음으로 사용된 곳은 마가복음이다. 마가복음의 저자는 열두 제자를 소개하면서 이들의 이름을 다음과 같이 열거한다.

> 그들은, 베드로라는 이름을 덧붙여주신 시몬과, '천둥의 아들'을 뜻하는 보아너게라는 이름을 덧붙여주신 세베대의 아들들인 야고보와, 그의 동생 요한과, 안드레와 빌립과 바돌로매와 마태와 도마와 알패오의 아들 야고보와 다대오와 열혈당원 시몬과, 예수를 넘겨준 가롯 유다다. (마가복음 3,16-19)

이 '가룟(Iscariot)'이라는 단어를 두고 신학과 관련한 학술서든 성서와 관련한 대중서든 번역자에 따라 가룟, 가리옷, 이스카리옷이라고 다양하게 표기한다. 대한성서공회에서는 천주교와 개신교가 함께 번역 작업에 참여한『공동번역 성서』를 내놓았는데, 이때는 '가리옷'이라고 썼다. 이 공동번역은 천주교의 성경 체계를 따른 것이다. 천주교의 성경 체계는 66권의 개신교 성경보다 7권 많은 73권으로 구성되어 있다. 이 글에서 성서의 내용을 살펴보기 위해 앞으로도 발췌할 대한성서공회의『새번역 성경』은 개신교의 성경 체계를 따른 것이다. 천주교와 개신교를 비교하기도 했고 정경복음서의 내용을 다루려다 보니 다소 다른 공관복음서의 저자 이름 정도는 밝혀두는 게 좋겠다. 요한은 동일하지만 천주교에서는 마르코, 마태오, 루가로 개신교에서는 마가, 마태, 누가라고 부른다.

'가룟'에 관해 성서학자들의 입장은 크게 두 가지 견해로 엇갈린다. 신학적 그리스도에 초점을 맞춘 입장은 이렇다.

대부분의 성서학자들은 가룟이란 이름이 그가 게리옷 마을 출신이란 사실을 드러낸다고 믿는다. 히브리어에서 'ish'는 사람을 뜻하기 때문에 가룟이란 이름은 '게리옷에서 온 사람(Ish-Keriot)'이란 뜻이 된다. 게리옷은 유대 지방의 사해가 내려다보이는 고산지대 혹은 구릉지대에 있던 마을로 추정되는데, 이 일대가 현재 이스라엘의 도시 아라드와 가깝다.[2]

---

2   위의 책, 66쪽.

이들은 마태복음의 제자 명단을 자신들이 주장하는 근거로 내세운다.

열두 사도의 이름은 이러하다. 첫째로 베드로라고 부르는 시몬과, 그의 동생 안드레와 세베대의 아들 야고보와 그의 동생 요한과 빌립과 바돌로매와 도마와 세리 마태와 알패오의 아들 야고보와 다대오와 열혈당원 시몬과 예수를 넘겨준 가룟 사람 유다다. (마태복음 10,2-4)

유다는 '가룟 사람'이었다는 것이다. 하지만 누가복음의 저자는 유다에 대해 다시금 마가복음의 제자 명단의 전승으로 돌아선다.

열둘은 베드로라고도 이름을 주신 시몬과 그의 동생 안드레, 그리고 야고보와 요한과 빌립과 바돌로매와 마태와 도마와 알패오의 아들 야고보와 열심당원이라고도 하는 시몬과 야고보의 아들 유다와 배반자가 된 가룟 유다다. (누가복음 6,14-16)

이 점에 착안해 역사적 예수에 초점을 맞춘 성서학자들은 '가룟'을 제1차 로마-유대 전쟁에서 끝까지 로마에 맞서 항전했던 시카리, 혹은 열심당으로 불리던 유대교의 한 분파를 지칭한다고 본다. 반월 모양의 단검을 뜻하는 시카리를 품에 감추고 다니던 무리가 와전되어 가룟으로 굳어졌고 시카리는 "정치적 암살자를 뜻하는 시카리우스에서 유래했다"[3]라고 판단한 것이다.

---

3   존 S. 스퐁, 최종수 옮김, 『예수를 해방시켜라(Liberating the Gospels, Reading the Bible with Jewish Eyes)』(한국기독교연구소, 2004), 329쪽.

그렇다면 어째서 요한복음의 저자는 배반자 유다를 '시몬 가룟의 아들'이라고 단정한 것일까? 아마도 그는 다분히 고의로 열심당원인 시몬과 가룟 유다를 한통속으로 엮고 싶었던 게 아닐까 싶다. 마가복음에서는 "열혈당원 시몬과 예수를 넘겨준 가룟 유다"라고 했고, 마태복음에서는 "열혈당원 시몬과 예수를 넘겨준 가룟 사람 유다"라고 적었음에도 말이다. 그리고 이러한 고의성을 본의 아니게 부추긴 것은 누가복음의 저자일지도 모르겠다. 왜냐하면 그는 마가복음과 마태복음의 저자가 언급한 다대오 대신 야고보의 아들 유다를 열심당원 시몬과 예수를 넘겨준 '가룟'이든 '가룟 사람'이든 배반자 유다 사이에 끼워 넣었기 때문이다. 어쩌면 '시몬 가룟의 아들 유다'라는 표현을 통해, 우리는 유다가 게리옷 출신이며 시카리를 품고 다니던 열심당원이지 않았을까 하는 추론마저 해볼 수 있겠다. 이 모든 게 요한복음의 저자가 공관복음서와 달리 열두 제자의 명단을 굳이 밝히지 않은 이유였을 것이다.

배신자에 대한 정경복음서 저자들의 입장

"내가 진실로 진실로 너희에게 말한다. 너희 가운데 한 사람이 나를 팔아넘길 것이다." 제자들은 예수께서, 누구를 두고 하시는 말씀인지 몰라서, 서로 바라보았다. 제자들 가운데 한 사람, 곧 예수께서 사랑하시는 제자가 바로 예수의 품에 기대어 앉아 있었다. 시몬 베드로가 그에게 고갯짓하여, 누구를 두고 하시는 말씀인지 여쭈어보라고 하였다. 그 제자가 예수의 가슴에 바싹 기대어 "주님, 그가 누구입니까?" 하고 물었다. 예수께서 대답하셨다. "내가 이 빵조각을 적셔서 주는 사람이 바로 그 사람이다." 그리고 그 빵조각을 적셔서 시몬 가룟의 아들 유다에게 주셨다. 그가 빵조각을 받자, 사탄이 그에게 들어갔다. 그때 예수께서 유다에게 말씀하셨다. "네가 할 일을 어서 하여라." (요한복음 13,21-27)

이와 같은 서사는 '시몬 가룟의 아들' 유다라는 이름의 변천사에서 알 수 있듯이, 마가복음의 작성을 필두로 마태복음과 누가복음을 거쳐 요한복음이 완성될 때까지 확장을 거듭한 듯하다. "마태와 누가는 근원적인 원저자가 아니다. 마가를 제외하고는 의심의 여지 없이 원자료 혹은 원형적인 틀의 근거가 되지 못한다."[4] 하물며 '예수께서 사랑하시는 제자'로 자신을 표현하는 요한복음은 말할 것도 없다. 그러므로 예수를 팔아넘긴 유다의 배신을 논하려면 마가복음의 관점에서 시작하는 것이 가장 바람직해 보인다.

유월절과 무교절 이틀 전이었다. 그런데 대제사장들과 율법학자들은 '어떻게 속임수를 써서 예수를 붙잡아 죽일까' 하고 궁리하고 있었다. 하지만 그들은 "백성이 소동을 일으키면 안 되니, 명절에는 하지 말자" 하고 말하였다. (마가복음 14,1-2)

마가는 이처럼 배경을 설명하면서 유다가 저지른 배반의 서사에 관

---

4   윌리엄 브레데, 최태관 옮김, 『메시야의 비밀(Das Messiasgeheimnis in den Evangelien)』(한들출판사, 2018), 195쪽.

해 운을 뗀다. 대제사장들과 율법학자들의 생각은 이미 완고해져 있었다. "예수와 유대교가 공존할 수 있는가?"[5] 이들이 보기에 집 마당에다 붙들어 매둘 수 없을 만큼 삐딱한 개는 죽이는 게 상책이다. 그래야 짖지도 못할 테니 말이다. 마태는 이 마가복음을 전승의 전통으로 삼아 근본적인 뼈대에다 살을 덧붙였다. 마태복음의 예수는 이렇게 말한다.

> "너희가 아는 대로, 이틀이 지나면 유월절인데, 인자가 넘겨져서 십자가에 달릴 것이다." 그즈음에 대제사장들과 백성의 장로들이 가야바라는 대제사장의 관저에 모여서, 예수를 속임수로 잡아서 죽이려고 모의하였다. 그러나 그들은 "백성 가운데서 소동이 일어날지도 모르니, 명절에는 하지 맙시다" 하고 말하였다. (마태복음 26,2-5)

가야바는 전임 대제사장이었던 안나스의 사위로 본명은 요셉이다. 가야바는 별칭이었는데 그는 18년경 대제사장에 임명된 듯하고, 36년 빌라도가 해임되고 나서 얼마 지나지 않아 현직에서 물러났다. 예수의 공생애와 겹치는 가야바에 대한 후대의 평가는 대체로 다음과 같다.

> 비교적 긴 그의 재임 기간 동안 대제사장 역할을 어느 정도 안정적으로 수행한 듯하다. 다시 말해, 그는 빌라도와 좋은 관계를 유지했다는 의미이기도 하고 로마 당국이 속주의 정치적 소요를 관리하는 데 그를 제대로 이용했다는 뜻이기도 하다.[6]

---

5   에르네스트 르낭, 최명관 옮김, 『예수의 생애(Vie de Jésus)』(창, 2010, 2016), 340쪽.

6   헬렌 본드, 이승호 옮김, 『역사적 예수 입문(The Historical Jesus)』(CLC, 2017), 240쪽.

세속적 이해관계가 맞아떨어진 이들은 백성의 동요에 극도로 예민해져 있었다. 왜냐하면 동요란 들불처럼 번지기 마련이고, 자고로 백성이란 그 들판의 주인이기 때문이다. 비록 그 들불이 백성을 집어삼켜 활활 불태우기도 하지만 말이다. 우리는 이와 같은 시대적 상황을 누가복음 13장 1절에서 엿볼 수 있다. "바로 그때 몇몇 사람이 와서, 빌라도가 갈릴리 사람들을 학살해서 그 피를 그들이 바치려던 희생제물에 섞었다는 사실을 예수께 일러드렸다." 그렇다고 해서 마가가 당시의 시대적 상황을 고려하지 않았던 것은 아니다. 이에 대해서는 누가복음을 살펴보고 나서 좀 더 구체적으로 다뤄보겠다.

> 유월절이라고 하는 무교절이 다가왔다. 그런데 대제사장들과 율법학자들은 예수를 없애버릴 계책을 찾고 있었다. 그들은 백성을 두려워하였다. (누가복음 22,1-2)

이 글 서두에서 이미 살펴보았듯이, 누가는 마가의 제자 명단의 전승을 따랐던 것처럼 이번에도 마태보다는 마가의 배경 설명으로 기운다. 다만 누가는 누가복음 3장 2절을 통해 "안나스와 가야바가 대제사장으로 있을 때", 서른 살쯤의 예수가 공생애를 시작했다고 미리 말해두는 주도면밀함을 보인다. 그렇다면 안나스와 가야바가 대제사장으로 있었다는 것은 대체 무슨 말인가? 본래 대제사장직은 세습직이었고 평생 맡을 수도 있었다. 그러나 마태복음과 누가복음에서만 다뤄지는 예수의 출생과 떼려야 뗄 수 없는 관계의 중심에는 헤롯 대제가 있었다.

헤롯 대제는 대제사장을 마음대로 임명하고 마음대로 해임하면서 로마의 관습을 따랐다. 이 때문에 예루살렘에는 다수의 경쟁하는 대제사장 가문들이 생겨났고, 이전 대제사장들이 공존하는 전대미문의 일까지 발생한 것이다. A.D. 41년 아그립바 1세가 통치할 때까지 대제사장직은 안나스 가문이 차지했다. 안나스 자신은 로마에 의해 임명된 초대 대제사장으로 A.D. 6년부터 15년까지 그 자리를 유지했고, 이어서 사위 가야바와 그의 세 아들이 대제사장직을 물려받았다.[7]

그러므로 마가가 마가복음 14장 1절을 통해 "대제사장들과 율법학자들이 어떻게 속임수를 써서 예수를 붙잡아 죽일까 하고 궁리했다"라고 전했을 때, 여기서 '대제사장들'이란 전임 대제사장인 안나스와 후임 대제사장인 가야바가 종교적 실권을 나눠 가졌던 현실의 반영인 셈이다.

한편 제자의 명단에서 가롯 유다라고 한 점이나 유다가 예수를 팔아넘긴 배경 설명에서 구태여 가야바를 거론하지 않은 경우만 보자면, 누가는 마가의 입장을 지지했으나 곧바로 이어지는 누가복음의 내용에서는 사뭇 달라진다. 더구나 누가는 마가복음에서 한 사건을 통째로 들어내버리기까지 했다.

열둘 가운데 하나인 가롯이라는 유다에게 사탄이 들어갔다. 유다는 떠나가서 대제사장들과 성전 경비대장들과 더불어 어떻게 예수를 그들에게 넘겨줄지를 의논하였다. 그래서 그들은 기뻐하여, 그에게 돈을 주겠다고 약조하였다.

---

7   위의 책, 239~240쪽.

유다는 동의하고, 무리가 없을 때, 예수를 그들에게 넘겨주려고, 기회를 노리고 있었다. (누가복음 22,3-6)

지금 우리는 마가복음을 통해 나머지 복음서들이 유다의 배신을 어떻게 각자의 견해에서 발전시켰는지 그 과정을 살펴보고 있다. 우리는 정경복음서를 기승전결로 이해할 필요가 있다. 게다가 각각의 복음서적 서사는 히브리 성서라는 전 서사를 차용하기도 했으므로 우리가 신약성서를 이해할 때는 이마저도 고려해야 한다. 그러나 단순한 예언의 성취가 아님에도 불구하고 우리의 현실은 그렇지 않다. 복음서 간의 기승전결식 이해라고 해봐야 마구잡이식으로 가져다 붙인 누군가의 선례일 경우가 많다. 그러다 보니 믿음이라는 것도 고작해야 프랑켄슈타인처럼 합성된 이해의 방식으로 나타나기 일쑤다.

이를테면 최후의 만찬 이전까지 내러티브에 관해 당신은 이렇게 믿을 것이다. 어느덧 대제사장들과 율법학자들이 어떤 식으로든 예수를 붙잡아 죽이려고 계략을 꾸미고 있었다. 그때 마침 열두 제자 가운데 한 사람에게 사탄이 들어갔는데 그가 다름 아닌 가룟 유다였다. 대제사장들은 자신들을 찾아온 그가 대가를 요구하자 예수의 몸값으로 은돈 서른 닢을 제시했고, 가룟 유다는 이에 만족해 그때부터 예수를 넘겨주려고 기회만 엿보았다는 식으로 말이다.

그 무렵 대제사장들이 예수를 죽이려고 한 것은 틀림없는 사실인 듯하다. 그러므로 마가복음 14장 1절, 즉 "대제사장들과 율법학자들은 어떻게 속임수를 써서 예수를 붙잡아 죽일까 하고 궁리하고 있었다"는 마가의 진술을 기준으로 삼아 나머지 세 복음서가 이를 어떻게 옮겨 적었는지 비교해보자. 마태복음 26장 3절과 4절에서는 "그즈음 대제사장들과 백성의 장로들이 가야바라는 대제사장의 관저에 모여서, 예수를 속임수로 잡아서 죽이려고 모의하였다"라고 했다. 누가복음 22장 2절에서는 "대제사장들과 율법학자들이 예수를 없애버릴 계책을 찾고 있었다"라고 했다. 그러니까 예수를 죽이려고 작당한 이들에 대한 표현이 조금씩 다르기는 해도 공관복음서는 물론 요한복음까지 이와 같은 내용은 대체로 일치한다. 하지만 이는 일시적인 조화로 누가복음 22장 3절의 내용, 즉 "열둘 가운데 하나인 가룟이라는 유다에게 사탄이 들어갔다"는 진술에서 깨져버리고 만다. 왜냐하면 공통된 관점으로 쓰였다고 하는 공관복음서의 마가복음과 마태복음만 하더라도 유다의 배신을 다룰 때는 사탄을 언급하지 않기 때문이다. 요한복음의 경우에는, 뒤에서 집중적으로 살펴보겠지만, 13장 2절처럼 마지막 만찬이 시작되고 나서야 "악마가 이미 시몬 가룟의 아들 유다의 마음속에 예수를 팔아넘길 생각을 불어넣었다"라고 했다. 그러므로 "그때 마침 열두 제자 가운데 한 사람에게 사탄이 들어갔는데 그가 다름 아닌 가룟 유다였다"라고 한 것은 누가뿐이다. 그렇다면 "대제사장들은 자신들을 찾아온 그가 대가를 요구하자 예수의 몸값으로 은돈 서른 닢을 제시하였다"라는 진술은 또 어떨까? 이 역시도, 뒤에서 살펴보겠지만, 사탄의 예와 엇비슷한 경우다. 마태복음 26장 15절과 16절을 통해 우리에게 전해진 다음과 같은 내용, 즉 유다 가룟이 "'내가 예수를 여러분에게 넘겨주면, 여러분은 내게 무엇을 주실 작정입니까?' 그들은 유다에게 은돈 서른 닢을 셈하여 주었다"라고 전하는 것은 이번에는 웬일인지 마태뿐이다. 이러한 불일치는 그때부터 가룟 유다가 예수를 넘겨줄 기회만 엿보았다고 하는 진술에서 잠시나마 해소된다. 그러므로 개별적으로 정경복음서를 읽을 때는 그때마다 필수적으로 병행 본문을 비교하고 검토해야 하며 마가, 마태, 누가, 요한을 제각각 기·승·전·결의 관점에서 바라봐야 한다. 그런데 이러한 입장에서 보더라도 누가가 마가나 마태와 달리 다음과 같은 에피소드를 예수의 공생애 초반부로 옮겨놓은 것은 선뜻 이해하기 곤란하다. 왜냐하면 전개되는 내러티브의 흐름에서 볼 때, 누가는 마치 이러한 에피소드를 과감하게 삭제한 것처럼 보일 뿐만 아니라, 어렵게 상기해서는 누가의 에피소드를 찾아 읽더라도 그 내용이 예수의 죽음과는 아무런 상관도 없어 보이기 때문이다. 그러니까 누가의 시각에서는 마가복음 14장 8절을 통해 전해진 "이 여자는, 자기가 할 수 있는 일을 하였다. 곧 내 몸에 향유를 부어서, 내 장례를 위하여 할 일을 미리한 셈이다"라는 예수의 선포조차 불필요한 서사의 일부분처럼 여겨졌다는 뜻이다. 마가복음의 내용부터 살펴보자.

예수께서 베다니에서 나병환자였던 시몬의 집에 머무실 때, 음식을 잡수시고 계시는데, 한 여자가 매우 값진 순수한 나드 향유 한 옥합을 가지고 와서, 그 옥합을 깨뜨리고, 향유를 예수의 머리에 부었다. 그런데 몇몇 사람이 화를 내면서 자기들끼리 말하였다. "어찌하여 향유를 이렇게 허비하는가? 이 향유는 삼백 데나리온 이상에 팔아서, 그 돈을 가난한 사람들에게 줄 수 있었겠다!" 그리고는 그 여자를 나무랐다. 그러나 예수께서 말씀하셨다. "가만두어라. 왜 그를 괴롭히느냐? 그는 내게 아름다운 일을 했다. 가난한 사람들은 늘 너희와 함께 있으니, 언제든지 너희가 하려고만 하면, 그들을 도울 수 있다.

그러나 나는 언제나 너희와 함께 있는 것이 아니다. 이 여자는, 자기가 할 수 있는 일을 하였다. 곧 내 몸에 향유를 부어서, 내 장례를 위하여 할 일을 미리 한 셈이다. 내가 진정으로 너희에게 말한다. 온 세상 어디든지, 복음이 전파되는 곳마다, 이 여자가 한 일도 전해져서, 사람들이 이 여자를 기억하게 될 것이다."(마가복음 14,3-9)

그리고 나서 마가복음에서는 유다의 이름이 집중적으로 언급되는데, 이것이 마가가 가룟 유다의 배신 이야기를 시작하고 나서 유다를 처음이자 마지막으로 발설한 세 번의 사례다.

열두 제자 가운데 하나인 가룟 유다가, 대제사장들에게 예수를 넘겨줄 마음을 품고, 그들을 찾아갔다. 그들은 유다의 말을 듣고서 기뻐하여, 그에게 은돈을 주기로 약속하였다. 그래서 유다는 예수를 넘겨줄 적당한 기회를 노리고 있었다. (마가복음 14,10-11)

그렇다면 당신은 궁금하지 않은가? 왜 누가는 예수가 베다니의 나병환자 시몬의 집에서 겪은 일을 함구하기는커녕 윤색하려고 한 것일까? 마태만 하더라도 다음과 같이 마가복음의 전승을 거의 그대로 옮겨 적었는데 말이다.

예수께서 베다니에서 나병환자 시몬의 집에 계실 때, 한 여자가 매우 값진 향유 한 옥합을 가지고 와서는, 음식을 잡수시고 계시는 예수의 머리에 부었다. 그런데 제자들이 이것을 보고 분개하여 말하였다. "왜 이렇게 낭비하는 거요? 이 향유를 비싼 값에 팔아서, 가난한 사람들에게 줄 수 있었을 텐데요!" 예수께서 이것을 보시고 그들에게 말씀하셨다. "왜 이 여자를 괴롭히느냐? 그는 내게 아름다운 일을 하였다. 가난한 사람들은 늘 너희와 함께 있지만, 나는 늘 너희와 함께 있는 것이 아니다. 이 여자가 내 몸에 향유를 부은 것은, 내 장례를 치르려고 한 것이다. 내가 진정으로 너희에게 말한다. 온 세상 어디서든지, 이 복음이 전파되는 곳에서는, 이 여자가 한 일도 전해져서, 그를 기억하게 될 것이다." (마태복음 26,6-13)

어쩌면 누가의 윤색과 관련된 단서는 의외로 아주 간단했는지 모른다. 다만 그 실마리를 이제껏 가룟 유다와 관련된 병행 본문에만 집중해서 찾으려고 하다 보니 헤맸던 것이고, 그럴수록 좀처럼 해결할 수 없는 수수께끼로 변했을 뿐이다. 그러니까 유다가 예수를 배신한 전체 그림의 일부에서 수시로 찾아 헤매던 직소 퍼즐의 한 조각은 엉뚱하게도 그것과 무관한 누가복음의 내용 속에 감춰져 있었다.

바리새파 사람 가운데에서 어떤 사람이 예수께 청하여, 자기와 함께 음식을 먹자고 하였다. 그래서 예수께서는 그 바리새파 사람의 집에 들어가셔서, 상에 앉으셨다. 그런데 그 동네에 죄인인 한 여자가 있었는데, 예수께서 바리새파 사람의 집에서 음식을 잡숫고 계신 것을 알고서, 향유가 담긴 옥합을 가지고 와서, 예수의 등 뒤 발 곁에 서더니, 울면서, 눈물로 그 발을 적시고, 자기 머리털로 닦고, 그 발에 입을 맞추고, 향유를 발랐다. 예수를 초대한 바리새파 사람이 이것을 보고, 혼자 중얼거렸다. "이 사람이 예언자라면, 자기를 만지는 저 여자가 누구이며, 어떠한 여자인지 알았을 터인데! 그 여자는 죄인인데!" 예수께서 그에게 말씀하셨다. "시몬아, 네게 할 말이 있다." 시몬이 말했다. "선생님, 말씀하십시오." 예수께서 말씀하셨다. "어떤 돈놀이꾼에게 빚진 사람 둘이 있었는데, 한 사람은 오백 데나리온을 빚지고, 또 한 사람은 오십 데나리온을 빚졌다. 둘이 다 갚을 길이 없으므로, 돈놀이꾼은 둘에게 빚을 없애주었다. 그러면 그 두 사람 가운데서 누가 그를 더 사랑하겠느냐?" 시몬이 대답하였다. "더 많이 빚을 없애준 사람이라고 생각합니다." 예수께서 그에게 말씀하셨다. "네 판단이 옳다." 그런 다음에, 그 여자에게로 돌아서서, 시몬에게 말씀하셨다. "너는 이 여자를 보고 있느냐? 내가 네 집에 들어왔을 때, 너는 내게 발 씻을 물도 주지 않았다. 그러나 이 여자는 눈물로 내 발을 적시고, 자기 머리털로 닦았다. 너는 내게 입을 맞추지 않았으나, 이 여자는 들어와서부터 줄곧 내 발에 입을 맞추었다. 너는 내 머리에 기름을 발라주지 않았으나, 이 여자는 내 발에 향유를 발랐다. 그러므로 내가 네게 말한다. 이 여자는 그 많은 죄를 용서받았다. 그것은 그가 많이 사랑하였기 때문이다. 용서받는 것이 적은 사람은 적게 사랑한다." 그리고 예수께서 그 여자에게 말씀하셨다. "네 죄가 용서받았다." 그러자 상에 함께 앉아 있는 사람들이 속으로 수군거리기를 "이 사람이 누구이기에 죄까지 용서하여준다는 말인가?" 하였다. 그러나 예수께서는 그 여자에게 말씀하셨다. "네 믿음이 너를 구원하였다. 평안히 가거라." (누가복음 7,36-50)

이처럼 에피소드의 서사적 기능은 그것이 전체적 맥락은 물론 부분적으로 연관된 문맥에 대해 깊은 인상을 남긴다는 점에서, 누가가 얼마나 가룟 유다의 최후를 다룰 때와는 대조적으로 이 죄 많은 여자에게 호의를 보였는지만 짚고 넘어가자. 그리고 우리가 아직 찾지 못한

직소 퍼즐의 다른 한 조각은 유다가 예수를 배신한 전체 그림의 일부로 마가복음과 마태복음 속에 감춰져 있다.

> 그때 열두 제자 가운데 하나인 가롯 사람 유다라는 자가, 대제사장들에게 가서, 이렇게 말하였다. "내가 예수를 여러분에게 넘겨주면, 여러분은 내게 무엇을 주실 작정입니까?" 그들은 유다에게 은돈 서른 닢을 셈하여 주었다. 그때부터 유다는 예수를 넘겨주려고 기회를 노리고 있었다. (마태복음 26,14-16)

이러한 내용에 따르면 유다는 예수를 넘겨주는 거래의 조건으로 대제사장들과 예수의 몸값을 흥정했다. 마가복음 14장 10절과 11절에서는 "가롯 유다가, 대제사장들에게 예수를 넘겨줄 마음을 품고, 그들을 찾아갔고 그들은 유다의 말을 듣고서 기뻐하여, 그에게 은돈을 주기로 약속했다"라고만 전한다. 그 자리에서 흥정은 없었다. 얼마인지도 모르는 은전을 주기로 한 것도 대제사장들 쪽에서 배신자의 마음이 바뀌지 않게끔 선수 친 것처럼 보인다. 그러나 마태는 흥정의 결과에 따라 예수의 몸값이 은돈 서른 닢으로 책정되었다고 한다.

> 몸값치고는 상당히 적은 금액이다. 왜냐하면 은전 서른 냥이라고 해봐야 당시 노예의 평균 매매가격이었기 때문이다. 여기서 우리가 주목해야 할 것은 이 마태의 본문이 정경복음서 가운데서 배반의 정확한 몸값을 언급한 유일한 대목이라는 점이다.[8]

---

8   존 S. 스퐁, 『예수를 해방시켜라』, 334쪽.

그러니까 마태는 마가복음에서 확실하게 제시하지 못한 배반의 동기를 예수의 몸값이 많든 적든 이를 노린 자의 소행으로 몰아가고 싶었던 것이다.

히브리 성서가 예수의 몸값에 미친 영향

게다가 마태는 다음과 같은 히브리 성서에서 몸값에 대한 힌트를 얻었던 게 분명하다.

내가 그들에게 말하였다. "너희가 좋다고 생각하면, 내가 받을 품삯을 내게 주고, 줄 생각이 없으면, 그만두어라." 그랬더니 그들은 내 품삯으로 은 삼십 개를 주었다. 주님께서 내게 말씀하셨다. "그것을 토기장이에게 던져버려라." 그것은 그들이 내게 알맞은 삯이라고 생각해서 쳐준 것이다. 나는 은 삼십 개를 집어, 주의 성전에 있는 토기장이에게 던져주었다. (스가랴 11,12-13)

존 쉘비 스퐁(John Shellby Spong)은 이와 관련해서 다음과 같이 덧붙인다.

이스라엘의 목자 왕이 '은 30세겔' 때문에 배신당하는 이야기다. 스가랴는 이 돈을 성전에 있는 토기장이에게 던져주었다고 했는데, 이 이야기는 유일하게 '은돈 서른 닢'을 언급하는 마태복음이 유다가 참회할 때 대제사장들에게 그 돈을 되돌

려주고 나서 벌어질 일과 일맥상통한다.[9]

　그러면서도 마태는 예수의 몸값으로 '은돈 서른 닢'이 적게 느껴졌던지 마가복음 14장 5절의 "이 향유는 삼백 데나리온 이상에 팔아서"라는 구절에서 슬그머니 금액을 지우고는 "이 향유를 비싼 값에 팔아서"라는 식으로 고쳐 적었다.

　한편 마가도 다음과 같은 히브리 성서에서, 그것도 몸값의 흥정 따위 없는 이야기에서 예수를 팔아넘기는 모티브를 취한 것 같다. 요셉의 이야기에서 말이다. 어느 날 야곱은 요셉과 별로 사이가 좋지 않던 형들이 들판에서 양 떼를 치고 있을 때, 딱히 분명한 이유도 없이 요셉을 그들에게 보낸다.

　요셉이 형들에게로 오자, 그들은 그의 옷 곧 그가 입은 화려한 옷을 벗기고, 그를 들어서 구덩이에 던졌다. 그 구덩이는 비어 있고, 그 안에는 물이 없었다. 그들이 앉아서 밥을 먹고 있는데, 고개를 들어 보니, 마침 이스마엘 상인 한 떼가 길르앗으로부터 오는 것이 눈에 띄었다. 낙타에다 향품과 유향과 몰약을 싣고, 이집트로 내려가는 길이었다. 유다가 형제들에게 말하였다. "우리가 동생을 죽이고 그 아이의 피를 덮는다고 해서, 우리가 얻는 것이 무엇이냐? 자, 우리는 그 아이에게 손을 대지는 말고, 차라리 그 아이를 이스마엘 사람들에게 팔아넘기자. 아무래도 그 아이는 우리의 형제요, 우리의 피붙이다." 형제들은 유다의 말을 따르기로 하였다. 그래서 미디안 상인들이 지나갈

9　존 쉘비 스퐁, 김준년·이계준 옮김, 『성경의 시대착오적인 폭력들(The Sins of Scripture)』(한국기독교연구소, 2007), 278쪽.

때, 형제들이 요셉을 구덩이에서 꺼내어, 이스마엘 사람들에게 은 스무 냥에 팔았다. 그들은 그를 이집트로 데리고 갔다. (창세기 37.23-28)

흥정은 없고 성사된 거래만 있다. 이처럼 요셉의 이야기에서 영감을 얻은 마가는 당시 유대교의 전통에 따라 예배하던 그리스도교 공동체가 이를 눈치채지나 않을까 싶었는지 은돈의 액수도 밝히지 않았다. 유대교의 전통에 따른 예배란 유대인들이 포로기 이후부터 1년을 주기로 매해 토라 읽기를 끝마치려고 한 신념의 행위였다. 그때까지만 하더라도 신약성서를 갖지 못한 그리스도교 공동체는 이런 유대인들의 전통적 예배로부터 자유롭지 못했는데, 이 시기에 읽던 토라가 출애굽기, 레위기, 민수기, 신명기와 더불어 창세기였다. 오늘날에도 "유대인들은 일상에서조차 5세부터는 히브리 성서를, 10세부터는 미슈나를, 15세부터는 탈무드를 가르치라고 말을 한다"[10]라고 하니 말이다. 그래서 마가는 '은 스무 냥' 대신 이야기의 앞자락을 깔아 향유의 가격 '삼백 데나리온'에서 가롯 유다가 약속받은 금액을 유추하게 한 듯하다. 그러므로 창세기에서 장차 다윗의 조상이 될 유다가 주도적으로 나서서 요셉을 팔아넘긴 이야기와 가롯 유다가 예수를 팔아넘긴 사건이 그저 우연의 일치일 뿐이라는 주장은 미심쩍을 수밖에 없다.

오히려 훨씬 더 그럴듯해 보이는 것은 누가가 창세기의 요셉 이야기를 차용한 마가복음의 정황과 스가랴의 일부를 차용한 마태복음의 정황을 포착했으리라는 점이다. 그리고 이를 꿰뚫어 보는 일련의 과

---

10 주원준 · 박태식 · 박현도, 『신학의 식탁』(들녘, 2019), 149쪽.

정에서 누가는 예수가 베다니의 나병환자 시몬의 집에서 겪었다는 일에 이 두 복음서의 저자가 너무 과도한 의미를 부여했다고 판단한 듯하다. 그 지나친 의미란 마가복음 14장 8절에서 "이 여자는, 자기가 할 수 있는 일을 하였다. 곧 내 몸에 향유를 부어서, 내 장례를 위하여 할 일을 미리 한 셈이다"라거나 좀 더 간략하게 마태복음 26장 12절에서 "이 여자가 내 몸에 향유를 부은 것은, 내 장례를 치르려고 한 것이다"라고 미리 언급했다는 점이다. 왜냐하면 이런 식의 표현은 마가와 마태가 그 후 벌어진 일을 알고 있었다는 점에서 최선의 해석이라고 해봐야 극적인 암시고 최악의 경우 자칫 사후예언으로 보일 수도 있었기 때문이다.

마지막까지 예수와 함께한 여성들과 그 후예들

우리도 알고 있지 않은가. 마가복음 16장 1절을 통해 "안식일이 지났을 때, 막달라 마리아와 야고보의 어머니 마리아와 살로메가 예수께 가서 그의 시신에 발라 드리려고 향료를 샀지만" 이미 부활한 예수는 죽은 자를 위한 관습 따위 필요로 하지 않았다는 성서적 사실을 말이다. 부활의 최초 증인들이라는 그녀들 가운데서 살로메가 왜 빠져 있는지는 모르겠지만, 마태복음 28절 1절을 통해 "안식일이 지나고, 이레의 첫날 동틀 무렵에, 막달라 마리아와 다른 마리아가 무덤을 보러 갔으나" 이 두 여성도 예수의 시신에 향료를 바를 수는 없었다. 아니, 마태는 베다니의 나병환자 시몬의 집에서 행해진 일로 이미 충분하다고 여겼는지 향료에 대한 언급마저 생략해버렸다. 그리고 추정컨대 마태복음에서 살로메가 빠진 이유는 아마도 마태가 마태복음 28장 19절에서 예수의 입을 빌어 선포한 "아버지와 아들과 성령으로"라는, 삼위일체의 개념까지는 아니더라도, 성스러운 '셋'의 의미를 여성의 '셋'이 희석하지나 않을까 하는 염려 때문이었던 것 같다.

그리고 누가도 알고 있었다. 하마터면 예수는 십자가에서 끌어내려지지도, 무덤에 묻히지도, 유대의 장례 관습에 따라 최소한의 시신 수습 절차도 밟지 못할 뻔한 전승적 사실을 말이다. 십자가형은 중범죄자를 공개적으로 처형함으로써 소수의 지배권력이 다수의 피지배계층을 효과적으로 다스렸던 극악한 사법제도였다. 이와 같은 연장선상에서 볼 때 예수처럼 십자가형을 선고받은 자들의 시체는 "실상 그대로 방치함으로써 새나 들짐승들의 먹이가 되도록 하는 게 사회적 관례였다."[11] 이 끔찍한 내용은 로버트 펑크(Robert W. Funk)가 존 도미닉 크로산(John Dominic Crossan)의 글에서 인용해 쓴 것인데 원래 본문을 살펴보면 다음과 같다.

통상적으로 로마 병사들이 그 죄수가 죽기까지 지켰으며. 죽은 다음에는 시체를 까마귀와 들개와 다른 야생 동물들에게 던지다시피 해서 그 잔혹한 일이 마무리되도록 내버려 두었다. 이처럼 시체를 매장하지 않고 방치하는 것은 모든 구경꾼과 행인들을 향한 당국자의 무시무시한 경고를 극에 달하도록 만들었다. [12]

11　로버트 펑크, 김준우 옮김, 『예수에게 솔직히(Honest To Jesus: Jesus for a New Millennium)』(한국기독교연구소, 1999, 2017), 342쪽.

12　존 도미닉 크로산, 김기철 옮김, 『예수(Jesus A Revolutionary Biography)』(한국기독교연구소, 2001, 2006), 244쪽.

예수라고 해서 예외일 수는 없었을지도 모른다. 육신의 부활 논쟁은 제쳐두고서라도 그만큼 중범죄자의 시신을 수습해 장사지내는 일은 거의 불가능할 정도로 어려웠다는 뜻이다. 그럼에도 누가는 선지적 예견이나 극적 암시를 통한 서사적 효과에 미련을 두지 않았다. 미리 따로 살펴봤던 누가복음의 본문은 이렇다.

> 유월절이라고 하는 무교절이 다가왔다. 그런데 대제사장들과 율법학자들은 예수를 없애버릴 계책을 찾고 있었다. 그들은 백성을 두려워하였다. 열둘 가운데 하나인 가룟이라는 유다에게 사탄이 들어갔다. 유다는 떠나가서 대제사장들과 성전 경비대장들과 더불어 어떻게 예수를 그들에게 넘겨줄지를 의논하였다. 그래서 그들은 기뻐하여, 그에게 돈을 주겠다고 약조하였다. 유다는 동의하고, 무리가 없을 때 예수를 그들에게 넘겨주려고, 기회를 노리고 있었다. (누가복음 22,1-6)

그리고 누가는 장차 삼위일체 개념으로 발전할 성스러운 '셋'을 마태처럼 표현하지는 않았어도, 이를 염두에 두었던지 여성들의 수를 '둘'로 줄이는 마태의 방식 대신 오히려 늘리는 쪽을 택했다. 누가복음 24장 10절에서 "이 여자들은 막달라 마리아와 요안나와 야고보의 어머니인 마리아다. 이 여자들과 함께 있던 다른 여자들도, 이 일을 사도들에게 말하였다"라는 식으로 말이다. 이때 '살로메'라는 이름이 '요안나'로 바뀐 것은 누가가 예수의 공생애를 도운 여자들을 소개하는 대목, 즉 누가복음 8장 3절에서 "헤롯의 청지기인 구사의 아내 요안나"를 언급한 탓인 듯하다. 아무튼 그녀들은 예수가 붙들려 끌려가던 날 뿔뿔이 흩어진 모든 남성 제자들이 저마다 어디에선가 계명대로 안식일을 지키고 있을 때, 그 "이레의 첫날 이른 새벽에, 준비한 향료를 가지고 무덤으로 갔던" 것이다. 누가는 이 정도만으로도 충분하다고 여겼던 것 같다. 왜냐하면 그녀들은 이를 위해 "안식일에는 이천 보의 걸음 이상을 걷지 못한다"[13]라는 율법의 규정마저 개의치 않았기 때문이다. 한평생 아버지와 남편의 재산 목록 정도로만 취급되던 가부장적 사회의 여성들이 말이다. 모든 남성 제자들이 예수가 부활했다는 소식을 접하기 전까지 무덤 근처에는 얼씬도 하지 않았던 것과 지극히 대조적이다. 심지어 모세가 썼다고 알려진 토라에 대한 교육도 여성들에게는 사치였을 뿐이다.

> "이스라엘은 들으십시오. 주님은 우리의 하나님이시오. 주님은 오직 한 분뿐이십니다. 당신들은 마음을 다하고 뜻을 다하고 힘을 다하여, 주 당신들의 하나님을 사랑하십시오. 내가 오늘 당신들에게 명하는 이 말씀을 마음에 새기고, 자녀에게 부지런히 가르치며, 집에 앉아 있을 때나 길을 갈 때나, 누워 있을 때나 일어나 있을 때나, 언제든지 가르치십시오. 또 당신들은 그것을 손에 매어 표로 삼고, 이마에 붙여 기호로 삼으십시오. 집 문설주와 대문에도 써서 붙이십시오." (신명기 6,4-9)

성인 남성들 위주로 이뤄진 토라의 교육은 가정 안에서 아버지와 남편을 어머니와 아내, 그리고 자녀들의 교사로 만들었다. 이랬던 남

---

13 주원준 · 박태식 · 박현도, 『신학의 식탁』, 159쪽.

성 제자들이 '두 번째 율법'이라는 뜻의 신명기를 통해 전해진 다음과 같은 성서적 가르침을 몰랐던 것일까?

죽을 죄를 지어서 처형된 사람의 주검은 나무에 매달아 두어야 합니다. 그러나 당신들은 그 주검을 나무에 매달아 둔 채로 밤을 지내지 말고, 그날로 묻으십시오. 나무에 달린 사람은 하나님께 저주를 받은 사람이기 때문입니다. 당신들은 주 당신들의 하나님이 당신들에게 유산으로 준 땅을 더럽혀서는 안 됩니다. (신명기 21,22–23)

그렇다면 모든 남성 제자들은 부활 선포가 있기 전까지 십자가라는 나무에 달려 죽은 예수를 하나님께 저주받은 사람으로 간주했던 것일까? 신명기는 "나무에 달린 사람은 누구든 저주 아래 있다"라고 전하지 않았는가. 설령 그렇다고 하더라도 예수의 제자들이라면, 그의 주검을 십자가에 매달아 둔 채 밤을 지새우지는 말아야 한다고 결단했어야 하지 않았을까? 아무리 그것이 하나님께 유산으로 물려받았다는 땅을 더럽히지 않으려는 율법적 행위였다고 하더라도 말이다.

아무튼 이제까지 논의 과정에서 제기된 문제의식은 별안간 등장하는 아리마대 요셉이 해결한다. 마가는 마가복음 15장 43절을 통해 그를 "명망 있는 의회 의원이고, 하나님 나라를 기다리는 사람인데, 이 사람이 대담하게 빌라도에게 가서, 예수의 시신을 내어 달라고 청하였다"라고 했다. 마태의 경우에는 마태복음 27장 57절을 통해 "날이 저물었을 때, 아리마대 출신으로 요셉이라는 한 부자가 왔다. 그도 역시 예수의 제자였다"라고 했다. 누가는 누가복음 23장 50절과 51절에 걸

쳐 하나님의 나라를 기다리는 "요셉이라는 사람이 있었는데, 그는 공의
회 의원이고, 착하고 의로운 사람이었다. 이 사람은 의회의 결정과 처
사에 찬성하지 않았다"라고까지 했다. 그리고 요한은 이렇게 전한다.

> 그 뒤에 아리마대 사람 요셉이 예수의 시신을 거두게 하여 달라고 빌라도에
> 게 청하였다. 그는 예수의 제자인데, 유대 사람이 무서워서, 그것을 숨기고
> 있었다. 빌라도가 허락하니, 그는 가서 예수의 시신을 내렸다. 또 전에 예수
> 를 밤중에 찾아갔던 니고데모도 몰약에 침향을 섞은 것을 백 근쯤 가지고 왔
> 다. 그들은 예수의 시신을 모셔다가, 유대 사람의 장례 풍속대로 향료와 함께
> 삼베로 감았다. 예수가 십자가에 달리신 곳에, 동산이 있었는데, 그 동산에는
> 아직 사람을 장사한 일이 없는 새 무덤이 하나 있었다. 그날은 유대 사람이
> 안식일을 준비하는 날이고, 또 무덤이 가까이 있었기 때문에, 그들은 예수를
> 거기에 모셨다. (요한복음 19,38-42)

이 지점에서 다시금 묻지 않을 수 없다. 그렇다면 요한은 어째서 누
가가 지우고자 했던 본문을 애써 되살리려고 한 것일까? 이 글에서
처음으로 인용한 성서 본문을 말이다. 그것도 마가와 마태가 베다니
의 나병환자 시몬의 집에서 벌어진 일이라고 했는데도, 요한은 굳이
베다니에 사는 마르다와 마리아의 오빠 나사로의 집으로 각색까지 했
다. 물론 그러다 보니 이름 모를 여인이 등장할 필요도 없어졌다. 요
한에 따르면 그 역할은 나사로의 누이 마리아의 몫이었다. 그러나 누
가의 관점에서 보자면 요한은 요한복음 20장 1절을 통해 그 "주간의
첫 날 이른 새벽에 막달라 사람 마리아가 무덤에 가서 보니, 무덤 어

귀를 막은 돌이 이미 옮겨져 있었다"라고 했으니, 혼자서 무덤을 찾은 막달라 마리아와 베다니의 마리아가 다른 두 여인이라고 하더라도 이보다 더 극적인 암시나 사후예언이라는 인상을 풍기게 하는 것도 없으리라고 평가했으리라. 그럼에도 요한은 마가와 마태가 각각 마가복음 14장 9절과 마태복음 26장 13절에서 이구동성으로 그녀의 행동을 두고 "온 세상 어디든지, 복음이 전파되는 곳마다, 이 여자가 한 일도 전해져서, 사람들이 이 여자를 기억하게 될 것이다"라고 전했을 때, 익명성이 마음에 걸렸던 모양이다. 그래서 요한은 요한복음 12장 3절을 통해 마리아로 하여금 온 집안에 향유 냄새가 진동하도록 "순 나드 향유 한 근을 가져다가 예수의 발에 붓고, 자기 머리털로 그 발을 닦았다"라고 기록했을 것이다.

이러한 요한복음의 영향 때문이기도 한 듯한데, 초기 그리스도교 공동체의 한 분파였던 몬타누스주의자들은 몬타누스와 함께 두 명의 여성 예언자에 의해 세워진 교파로 알려져 있다.

> 프리스카와 막시밀라라는 두 여인은 몬타누스가 회심 후 접신 상태에서 방언을 말하기 시작하자, 이것이 예수가 요한복음을 통해 제자들에게 약속한 보혜사 성령의 파견에 대한 응답이라고 믿었다. [14]

이 때문에 "초기 정통주의자들은 몬타누스주의자들이 요한복음과 긴밀히 관계하고 있다며 요한복음마저 헐뜯었다." [15] 한 가지 흥미로운

---

14 로버트 펑크, 『예수에게 솔직히』, 179쪽.
15 위의 책, 179~180쪽.

점은 초기 그리스도교의 교부로 그 명성이 자자했던 테르툴리아누스의 입장 변화다.

> 테르툴리아누스가 일부 공동체를 이단의 무리라고 부를 때. 그 가운데서도 여자들이 가르치고 논쟁하고 구마도 하고 병자 치유도 하고 심지어 세례까지 베푸는 공동체를 유독 비난했다. 이 경우. 주님께서 제자들에게 명하신 모든 일을 어떻게 여자들이 똑같이 행할 수 있는가 하는 게 정죄의 핵심이었다. 그러나 테르툴리아누스가 작성한 이런 비난의 글 덕분으로 당시 일부 공동체에서는 여자들도 사도들의 임무와 역할을 똑같이 수행했음을 알 수 있다. 더욱이 교회에서 여자가 사도처럼 활동하는 것을 극렬하게 반대했던 테르툴리아누스 자신이 나중에 몬타누스의 추종자가 된 것은 아이러니라고 하지 않을 수 없다.[16]

오늘날까지 부정적이기만 한 유다라는 명칭

또 그렇다면 요한은 마가복음에서 마태가 은밀히 지웠던 '삼백 데나리온'이라는 향유의 가격을 어째서 되살려냈을까? 이 역시도 '시몬 가룟의 아들 유다'라는 이름의 경우와 마찬가지로 누가복음이 요한에게 직간접적으로 영향을 끼쳤던 것일까? 아무래도 그런 듯하다. 우선 요한은 공관복음서에서 유다가 대제사장들과 미리 만난 것이 탐탁지 않았던 모양인지 이 장면을 빼버렸다. 그러면서도 누가가 "열둘 가

---

16 송혜경, 『영지주의자들의 성서』(한남성서연구소, 2014, 2022), 330쪽.

운데 하나인 가롯이라는 유다에게 사탄이 들어갔다"라고 전한 이 한 문장에 자신도 모르게 꽂힌 것 같으니 말이다. 그도 그럴 것이 요한의 관점에서 보자면 마가복음은 유다의 배신 동기가 막연할 뿐만 아니라, 마태복음의 '은돈 삼십 닢'이라는 것도 세상 물정에 밝아 회계를 담당했던 유다의 배신 동기라고 하기에는 턱없이 적은 보상 액수였기 때문이다. 그리하여 요한은, 누가로부터 자극받은 영감을 들킬까 봐서, 미리 예수의 입을 빌어 이렇게 기록했다.

예수께서 그들에게 대답하셨다. "내가 너희 열둘을 택하지 않았느냐? 그러나 너희 가운데서 하나는 악마다." 이것은 시몬 가롯의 아들 유다를 가리켜서 하신 말씀인데, 그는 열두 제자 가운데 한 사람으로, 예수를 넘겨줄 사람이었다. (요한복음 6,70-71)

내가 아는 바에 따르면 요한복음에서 가롯 유다의 이름을 최초로 거론한 데는 바로 여기다. 게다가 이때 요한은 이미 예수를 넘겨줄 유다를 두고 악마라고까지 했다. 그러므로 요한의 입장에서는 이런 유다라면 삼백 데나리온씩이나 하는 아까운 향유를 예수의 발에다 붓는 광경을 차마 지켜만 볼 수 없었기에 위선을 떨었다고 이해한 것이다. 요한은 이렇게 적었다.

예수의 제자 가운데 하나이며 장차 예수를 넘겨줄 가롯 유다가 말하였다. "이 향유를 삼백 데나리온에 팔아서 가난한 사람들에게 주지 않고, 왜 이렇게 낭비하는가?" 그가 이렇게 말한 것은, 가난한 사람을 생각해서가 아니다. 그는 도둑이어서 돈 자루를 맡아 가지고 있으면서, 거기에 든 것을 훔치고는 했기 때문이다. (요한복음 12.4-6)

물론 이것이 이유의 전부는 아니겠으나 기독교 세계 전체가 '유다'라는 이름을 꺼림칙하게 여겨온 것은 부정할 수 없는 사실이다.

서구 세계에서는 개에게도 유다라는 이름을 붙이지 않는다. 독일의 경우 자식에게 유다라는 이름을 지어주는 것을 법으로 금지하기까지 한다.[17]

그러나 근현대사를 통해 유대인들이 겪은 참혹한 역사가 가룟 '유다'와 직접적인 연관성은 없으며, 앞서 요셉 이야기에 등장한 '유다'라는 이름에서 유래한 그들의 인종적 명칭과 관련이 있다는 점은 알아두는 게 좋겠다.

기독교인들은 유다(Judas)라는 이름이 다만 유다(Judah)라는 단어의 그리스어 철자법이라는 것과 더불어 그 유다(Judah)가 본래는 유대 민족의 선조 가운데 한 족장의 이름에서 유래했다는 것을 인식할 필요가 있다. 즉 예수가 태어나기 전, 그러니까 10세기 전 즈음 이스라엘 민족은 유다라고 불렸다가, 차츰 유대아(Judea)로 불렸다. 그래서 유대인을 뜻하는 쥬(Jew)라는 명칭도 원래는 유다 민족의 한 사람을 지칭하는 의미였다. (이러한 문헌적 사실과는 별개로) 히틀러의 독일에 살던 유대인들은 유대(JUDE)라고 표기한 명찰을 강압적으로 달고 다녀야만 했다.[18]

---

17 허버트 크로즈니, 『유다의 사라진 금서』, 12쪽.
18 존 S. 스퐁, 『예수를 해방시켜라』, 338쪽.

아무리 강조해도 지나치지 않지만 유대인들이 예수를 하나님의 아들은커녕 메시아로도 인정하지 않는다는 이유로 특히 기독교에서는 알게 모르게 유대인 개개인을 배신자 가룟 유다와 동일시했다. 그리고 이들이 예수를 거부했기에 그에 상응하는 징벌로 거의 재건할 수 없을 만큼 예루살렘 성전의 파괴가 자행되었다고 믿는다. 이와 같은 배타적 신앙의 경향은 오늘날까지도 여전히 끔찍하기만 한 종교의 몰지각한 일면을 노출할 뿐이다. 거듭 강조하지만 가룟 '유다'라는 이름은 다수의 제자들이 갈릴리 지방 출신이었던 것과 달리 유다가 '게리옷'이라는 지명과 관련된 유대 어느 지방 출신이었으리라는 점에서 단순히 '유대에서 온 사람'을 지칭한 사례일 수 있다. 만일 그렇더라도 가룟 유다를 포함해서 '유다'라는 이름 모두가 반드시 '유대에서 온 사람'이라는 식으로 출신을 의미하지는 않았을 것이다. 가룟 유다가 사악한 인물로 그려지기 전까지는 열두 지파 가운데 유다는 다윗 왕조의 시조였으니 말이다. 유다라는 이름을 살펴본 김에 정경복음서에서 '유다'라는 이름과 관련된 인물들은 누가 있었는지 알아보고 넘어가자.

예수의 족보와 유다라는 이름들

27권으로 구성된 신약성서에는 유다서라는 서신이 있다. 이 서신의 저자는 자신이 "예수 그리스도의 종이요 야고보의 동생인 유다"라고 주장한다. 그렇다면 그는 예수가 고향에서 배척당할 때 잠깐 언급되었던 인물이다.

안식일이 되어서, 예수께서 회당에서 가르치기 시작하셨다. 많은 사람이 듣고, 놀라서 말하였다. "이 사람이 어디에서 이런 모든 것을 얻었을까? 이 사람에게 있는 지혜는 어떤 것일까? 그가 어떻게 그 손으로 이런 기적들을 일으킬까? 이 사람은 마리아의 아들 목수가 아닌가? 그는 야고보와 요셉과 유다와 시몬의 형이 아닌가? 또 그의 누이들은 모두 우리와 같이 여기에 살고 있지 않은가?" 그러면서 그들은 예수를 달갑지 않게 여겼다. (마가복음 6,2-3)

이 에피소드를 두고 마태는 전반적으로 마가의 전승에 충실하면서도 두 가지 점에서 서술을 달리한다. 한 가지는, 마가복음의 '마리아의 아들 목수'를 유대인들의 관습에 따라 마태복음 13장 55절에서 요셉이라는 '목수의 아들'이라고 고쳐 적었다. 이를 통해 유추해볼 수 있는 사실은 마가복음이 집필되기 이전부터 벌써 예수의 출생을 두고 설왕설래가 있었으리라는 점이다. 왜냐하면 유대인들은 아버지가 죽었다고 해서 아무개의 아들이라는 표현을 '마리아의 아들'처럼 어머니의 이름을 내세우지는 않았기 때문이다. 당장 누가복음 4장 22절만 보더라도 예수의 고향 사람들도 "이 사람은 요셉의 아들이 아닌가?"라고 말한다. 혹자는 요한복음 8장 41절에서 다른 에피소드를 두고 유대인들이 예수에게 말하기를 "우리는 음행으로 태어나지 않았으며, 우리에게는 하나님이신 아버지만 한 분 계십니다"라고 한 구절에 대해 '예수 당신은 음행으로 태어났다'라고 해석한다면, 이것이야말로 '동정녀 탄생' 교리를 부정하는 단적인 예라고까지 주장한다. 바울이 빌립보서 2장 6절과 7절을 통해 예수에 대해 "하나님의 모습을 지니셨으나, 하나님과 동등함을 당연하게 생각지 않으시고, 오히려 자기를 비워서 종의 모습을 취하시고, 사람과 같이 되셨다"라고 했을지라도 그때 음란한 방식을 택하지는 않았던 것은 아니라는 의미에서 말이다. 두 번째는 마태가 마가복음 6장 3절에서 예수를 두고 "야고보와 요셉과 유다와 시몬의 형이 아닌가?"라고 한 것을 마태복음 13장 55절을 통해서는 "그의 아우들은 야고보와 요셉과 시몬과 유다가 아닌가?"라고 고쳐 적은 것이다. 누가는 '유다와 시몬'이 '시몬과 유다'로 바뀐 게 그다지 대수롭지 않았을까? 예수의 형제와 자매에 대한 소개를 아예 생략해버렸다. 그러나 잠시 뒤면 알 수 있지만, 누가가 이렇게 한 것은 깊은 고민의 결과였다.

한편 우리는 누가복음을 통해서 예수로부터 거슬러 올라가는 요셉 집안의 족보를 훑어볼 수 있는데, 하나님에게까지 가닿는 이 거룩한 계보를 자세히 살펴보면 조상 가운데 3장 29절의 '예수'라는 이름 말고도 3장 30절의 '유다'라는 이름이 딱 한 번 등장하는 것을 발견할 수 있다. "아브라함의 자손이요 다윗의 자손인 예수 그리스도의 계보는 이러하다"라고 시작하는 마태복음의 예수 족보에서도 '유다'라는 이름을 두 차례 발견할 수 있다. 그러나 이 두 족보가 한 집안의 계보가 맞나 싶을 정도로 상이하다는 점은 우리를 혼란스럽게 한다.

마태와 누가의 족보에는 문제가 있다. 왜냐하면 예레미야 22장 30절만 보더라도 예언자 예레미야가 여고냐의 후계자는 왕위에 오르지 못한다고 선포하였기 때문이다. "나 주가 말한다. 너희는 이 사람을 두고 '그는 자녀가 없고, 한평생 낙을 누리지도 못할 사람'이라고 기록하여라. 다윗의 왕위에 앉아서 유다를 다스릴 자손

이, 그에게서는 나지 않을 것이다." 그런데 마태는 예수가 여고냐의 후손이었다고 말한다.[19]

예수의 족보에서 이 부분만 옮겨 적으면 다음과 같다.

예루살렘 주민이 바빌론으로 끌려갈 무렵에, 요시야는 여고냐와 그의 형제들을 낳았다. 예루살렘 주민이 바빌론으로 끌려간 뒤에, 여고냐는 스알디엘을 낳고, 스알디엘은 스룹바벨을 낳고. (마태복음 1,11-12)

이처럼 마태가 예레미야의 예언을 깜빡하거나 이를 의도적으로 무시한 채 예수의 조상 가운데 왕의 족보에 여고냐의 이름을 떡하니 올린 것이라면, 부주의한 측면에서는 예레미야의 예언을 간과한 것이지만 고의적이었다면 이는 예레미야가 전한 주의 말씀 자체를 가볍게 여겼다는 의미다.

마태는 자신이 이행해야 할 책무를 소홀히 했다. 누가는 예수의 족보가 왕들로 이어지는 와중에 레위 가문에 해당하는 이름을 삽입하기까지 했다. 누가복음 3장 23절부터 26절까지 살펴보면 이들의 이름은 '엘리, 맛닷, 레위, 맛다디아, 마앗'이다. 누가의 예수 족보에 하스몬가의 족보가 영향을 미쳤던 것일까? 필사적인 시도가 있었지만, 마태와 누가의 족보를 절충하는 것은 사실상 불가능하다. 이를테면 어떤 이들은 누가의 족보가 실제로 마리아의 족보였다고 말한다. 하지만 누가

---

19   로버트 프라이스, 이해청 옮김, 『복음서의 탄생(The Incredible Shirinking Son of Man)』(예린출판, 2021), 68쪽.

의 족보가 전반적으로 요셉의 족보, 즉 마태가 기획한 왕의 족보에 기초하고 있다는 점을 고려하면 이것은 설득력이 떨어진다.[20]

그러므로 마태와 누가는 서로 다른 방식으로 바울이 예수에 관해 로마서 1장 2절과 3절을 통해 주장한 내용, 즉 "이 복음은 하나님께서 예언자들을 통하여 성경에 미리 약속하신 것으로 그의 아들을 두고 하신 말씀입니다. 이 아들은, 육신으로는 다윗의 후손으로 태어나셨으며"라고 한 구절에서 영감을 얻어 예수의 족보를 체계화하고자 했던 시도였을 것이다.

예수가 다윗 가문이었다는 게 알려져 있었다면 과연 어느 누가 시간을 들여 예수가 다윗의 자손이었다는 것을 증명하려고 했을까?[21]

오늘날까지 성서의 이해에서 혼란만 초래하는 정경복음서의 이와 같은 불일치는 아마도 갈라디아서 4장 4절, 즉 "하나님께서 자기 아들을 보내셔서, 여자에게서 나게 하시고"라고 한 바울의 꾸밈없는 진술에서 초래되었을 것이다. 하지만 아무래도 예수의 추종자조차 이러한 진술이 부활까지 한 구세주의 탄생을 설명하기에는 터무니없이 부족해 보였던 모양이다. 바울의 입장에서야, 갈라디아서 1장 19절을 통해 밝혔듯이, '주님의 동생 야고보'를 만난 마당에 동정녀 탄생이라니 감히 상상조차 할 수 없는 일이었을 테지만 말이다. 왜냐하면 동정녀

---

20 위의 책, 68쪽.
21 위의 책, 69쪽.

탄생이 움직일 수 없는 사실이라면, 이후 요셉은 하나님이 고르고 고른 거룩한 여인과 동침을 밥 먹듯이 해서 여럿의 자식을 낳았다는 이야기가 되기 때문이다. 그래서 바울과 가까운 사이였던 누가의 경우에는 마리아의 자식들을 차마 언급하기가 곤란했을 것이다.

육신으로 얽힌 예수의 가족

심지어 누가는 물론이고 이번에는 마태조차도 예수와 바알세불의 관계를 다루면서, 예수의 가족이라는 표현이 부담스러웠던지 마가복음 3장 21절의 내용, 즉 "예수의 가족들이, 예수가 미쳤다는 소문을 듣고서, 그를 붙잡으러 나섰다"라는 문장 자체를 지워버렸다. 그리고 보면 동정녀 탄생을 아예 다루지도 않은 마가는 이 문제에서만큼은 바울의 입장을 지지했던 것 같다. 바울이 갈라디아서 4장 4절을 통해 예수에 대하여 "하나님께서 자기 아들을 보내셔서, 여자에게서 나게 하시고, 또한 율법 아래에 놓이게 하셨습니다"라고 말한 것을 그 후 "하나님의 모습을 지니셨으나, 하나님과 동등함을 당연하게 생각지 않으시고, 오히려 자기를 비워서 종의 모습을 취하시고, 사람과 같이 되셨다"라고 한 걸음 더 나아갔을 때조차 이러한 진술은 출생에서만큼은 예수도 우리와 결코 다르지 않았다는 점을 강조했기 때문이다.

그는 모든 사람과 똑같이 여자에게서 태어났고 모든 유대인과 똑같이 율법 아래

놓여 있었다.[22]

그러나 예나 지금이나 사람들은 위대한 인물에게는 그와 어울릴 법한 신비로운 탄생 이야기가 있으리라고 기대하며 그에 걸맞은 이야기라면 믿기를 마다하지 않는다. 이러한 심리와 정서가 작용했을 것이다.

동정녀 탄생의 전승이 기독교의 내러티브 속에 스며들 수 있는 배경이었다. 동정녀 탄생은 떠돌던 전승을 수집한 마태가 자신의 창작력을 발휘해 부단히 가다듬은 성과물이다. 그것은 아름다운 것이지만 분명히 창작된 이야기다. 심지어 마태는 이 이야기의 근거를 히브리 성서에 두고자 했는데, 이러한 작업이야말로 그의 장기다. 그는 마리아의 수태가 성서의 예언을 성취했다고 말할 뿐만 아니라, 그리스어 번역판 이사야를 예수의 기적적인 출생의 성서적 근거로 삼았다. 과거나 현재나 이와 같은 시도에는 의도치 않았던 많은 문제가 내포될 수밖에 없다. 첫째, '동정녀'란 단어가 참고되었던 이사야에는 있었을지 모르겠으나 히브리 원문에는 없다는 점이다.[23]

이에 해당하는 이사야 본문부터 살펴보고 좀 더 구체적인 논의로 넘어가도록 하자.

그때 이사야가 말하였다. "다윗 왕실은 들으십시오. 다윗 왕실은 백성의 인내

---

22 존 쉘비 스퐁, 이계준 옮김, 『만들어진 예수 참 사람 예수(Jesus for the Non-Religious)』(한국기독교연구소, 2009), 65쪽.
23 위의 책, 70~71쪽.

를 시험한 것만으로는 부족하여, 이제 하나님의 인내까지 시험해야 하겠습니까? 그러므로 주님께서 친히 다윗 왕실에 한 징조를 주실 것입니다. 보십시오, 처녀가 잉태하여 아들을 낳을 것이며, 그가 그의 이름을 임마누엘이라고 할 것입니다. 그 아이가 잘못된 것을 거절하고 옳은 것을 선택할 나이가 될 때, 그 아이는 버터와 꿀을 먹을 것입니다. 그러나 그 아이가 잘못된 것을 거절하고 옳은 것을 선택할 나이가 되기 전에, 임금님께서 미워하시는 저 두 왕의 땅이 황무지가 될 것입니다." (이사야 7,13~16)

그리스어 번역판인 칠십인역이 '처녀', 그러니까 동정녀로 번역한 히브리어 '알마'는 결혼 적령기의 여성을 통칭해 일컫던 단어였다. 이는 알마라는 단어의 의미가 단순히 젊은 여성을 뜻한 것이었지, 성적 관계를 가져본 적 없는 여성을 지칭한 것은 아니었다는 뜻이다. 하지만 마태는 이번에도 이러한 기본적 사실을 의도적으로 무시한 듯하다.

마태는 칠십인역을 활용함으로써 히브리어 알마가 아니라 성적으로 처녀라는 뜻을 지닌 그리스어 '파르테노스'를 사용한 게 틀림없다.[24]

그 당시 사람들은 이를 두고 예언의 성취이자 예수를 통해 하나님의 말씀이 이뤄졌다며 감동했을 테지만 말이다.

예수 그리스도의 태어나심은 이러하다. 그의 어머니 마리아가 요셉과 약혼하고

---

24   로버트 프라이스, 『복음서의 탄생』, 96~97쪽.

나서, 같이 살기 전에, 마리아가 성령으로 잉태한 사실이 드러났다. 마리아의 남편 요셉은 의로운 사람이라서 약혼자에게 부끄러움을 주지 않으려고, 가만히 파혼하려 하였다. 요셉이 이렇게 생각하고 있는데, 주님의 천사가 꿈에서 그에게 나타나 말하였다. "다윗의 자손 요셉아, 두려워하지 말고, 마리아를 네 아내로 맞아들여라. 그 태중에 있는 아기는 성령으로 말미암은 것이다. 마리아가 아들을 낳을 것이니, 너는 그 이름을 예수라고 하여라. 그가 자기 백성을 그들의 죄에서 구원하실 것이다." 이 모든 일이 일어난 것은, 주님께서 예언자를 시켜서 이르시기를, "보아라, 동정녀가 잉태하여 아들을 낳을 것이니, 그의 이름을 임마누엘이라고 할 것이다" 하신 말씀을 이루려고 하신 것이다. (임마누엘은 번역하면 '하나님이 우리와 함께 계시다'는 뜻이다.) (마태복음 1,18-23)

둘째, 히브리 성서의 이사야 본문은 마태복음과 같이 마리아가 '잉태한' 사건에 초점이 맞춰져 있는 게 아니라, 아이의 이름 '임마누엘'이라는 뜻에서도 드러나듯이 그 여인과 아이가 함께 있을 때 일어날 일에 초점이 맞춰져 있다. 혹시라도 누군가는 이렇게 반문할지 모르니 짚고 넘어가자. 마태복음 1장 21절에도 예수가 "자기 백성을 그들의 죄에서 구원하실 것이다"라고 했으니 말이다. 그러나 예수의 어머니 마리아는 예수의 공생애는 물론 예수가 십자가 수난을 겪을 때조차 함께하지 않았다. 그러므로 '수태고지'의 실현을 젊은 여자가 아닌 처녀라는 동정녀에 초점을 맞출 경우, 또 다른 누군가는 예수가 '사생아'였으리라는 주장까지 하는 것이다. 이에 대하여 헬렌 본드(Helen K. Bond)는 다음과 같이 적었다.

분명히 사생아라는 표현은 기독교의 적대자들에게서 유래한 비난이었을 것이다. 우리는 그 표현을 켈수스라는 신플라톤 철학자의 글에서 처음으로 발견할 수 있는데, 그의 작품 『참된 교리』는 기독교에 대해 날 선 비판을 하는 가장 초기의 문헌이다. 현재 이 작품 자체는 남아 있지 않지만, 대략 A.D. 250년경에 기록된 것으로 추정되며 이에 대한 오리게누스의 응답서 『켈수스에 반대하여』에 많은 부분이 보존되어 있다. 켈수스는 당시 유대인의 반기독교 논쟁에 사상적으로 종군하여 예수가 어머니인 마리아의 음행 결과로 잉태되었으며, 그의 진짜 아버지는 판데라라는 로마 병사였다고 주장했던 것으로 보인다. 후대의 랍비 전승 가운데 다수도 예수를 '판데라의 아들'로 묘사하며, 판데라를 마리아의 음행 상대로 언급한다.[25]

그런데 이러한 논의를 다룰 때의 쟁점은, 헬렌 본드도 언급한 대로 처녀 잉태 전승이 판데라 이야기를 각색한 기독교의 전통인지, 아니면 예수가 처녀 잉태를 통해 태어났다는 기독교의 교리에 대한 반감에서 비롯된 왜곡인지 판가름하기가 곤란하다는 것이다. 또한 간과할 수 없는 문제 제기는 다음과 같은 고찰이다.

제인 샤버그(Jane Schaberg)는 왜 마태가 누가와는 달리 예수의 족보에 네 명의 여성들, 즉 다말과 라합과 룻과 밧세바를 구태여 포함시켰는지 묻는다.[26]

이들은 남편과 정상적 관계로 가문이나 왕가의 혈통을 이은 여성들이 아니다. 마태가 마태복음 1장 2절과 3절을 통해 "야곱은 유다와 그

---

25 헬렌 본드, 『역사적 예수 입문』, 123쪽.
26 로버트 프라이스, 『복음서의 탄생』, 105쪽.

의 형제들을 낳고 유다는 다말에게서 베레스와 세라를 낳았다"라고 전할 때, 다말은 창세기 38장에 따르면 그녀의 남편이 죽은 뒤 가문의 대를 잇고자 창부로 치장한 채 시아버지 유다와 동침한 여인이다. 또한 마태복음 1장 5절에서 "살몬은 라합에게서 보아스를 낳고, 보아스는 룻에게서 오벳을 낳았다"라고 마태가 전하는 라합은 여호수아기 2장에 따르면 여호수아가 여리고에 파견한 이스라엘의 세작 두 명을 숨겨주고 탈출까지 도와주었던 여리고의 창부였다. 룻은 죽은 남편 대신 시어머니인 나오미의 집안사람이었던 보아스와 동침해서 오벳을 낳았다. 룻기 4장 17절은 "그가 바로 이새의 아버지요, 다윗의 할아버지다"라고 전한다. 한편 사무엘하 11장에 따르면 성군인 줄로만 알았던 다윗도 파렴치한 행동을 한 뒤에 선지자 나단에게 꾸지람을 듣고서야 자신의 악행을 뉘우치는 일이 있었다. 그 악행이란 욕정에 눈이 멀어 밧세바를 취하고자 그녀의 지아비를 전장의 최전선으로 내몰아 죽게 만든 것이었다. 워낙에 유명한 에피소드라서 그랬는지 마태는 밧세바를 거론하지는 않고 마태복음 1장 6절을 통해 "다윗은 우리야의 아내였던 이에게서 솔로몬을 낳았다"라는 식으로 상기하게 할 뿐이다. 두말할 것도 없이 예수의 족보에 대한 종래의 해석은 다음과 같았다.

> 이 여성들은 다윗, 솔로몬, 그리고 예수의 여성 조상들이었다. 하나님은 이들의 죄 가운데서도 선한 것을 이끌어냈던 것이다.[27]

---

27 위의 책, 106쪽.

그렇다면 셋째, 성서를 문자 그대로 믿으려고 하는 이들이 어째서 앞서 발췌해 살펴보았던 이사야 본문에 대해서는 과도한 해석으로 정금과 같은 자신들의 문자주의를 망각하는지 모를 일이다.

> 아기와 함께 있는 젊은 여인이 유다 왕국의 연속성과 관련한 표징이라는 것이다. 그 당시 유다 왕국은 북이스라엘 왕국과 동맹한 시리아 왕국에 포위되어, 그들이 맞서고 있던 앗시리아 군대와의 전투에 파병을 압박받고 있었다. 이사야는 아기와 함께 있는 젊은 여인의 표징을 유다 왕에게 심어줌으로써, 오히려 그들의 땅이 앗시리아 군대에 의해 결코 폐허가 되지 않으리라고 예언했던 것이다. 그러나 예수의 출현 전까지 800년 이상을 거의 침묵으로 일관하다시피 하는 와중에 이런 하나님의 표징이 당시 유대인들에게 얼마나 위로가 되었을지는 모를 일이다.[28]

더욱이 이제까지 모든 문제 제기가 동정녀 탄생으로 인해 발생한 것임에도 예수가 성령으로 잉태되었다고 한다면, 생물학적으로는 아무런 연관도 없는 요셉과 부자 관계를 내세워 피 한 방울도 섞이지 않은 예수가 혈통적으로 다윗의 후손이었다고 하는 주장이야말로 언어도단이 아니면 무엇이란 말인가? 이 역시도 신비라면 나는 당신이 닫힌 신비의 세계에 갇혀 행복하게 사느니보다 차라리 불행하더라도 불확실성으로 흔들릴 수 있는 열린 신비의 세계로 걸어 나가길 응원하겠다.

아무튼 무엇보다 정경복음서에서 '유다'라는 이름과 연관된 인물들

---

28 존 쉘비 스퐁, 『만들어진 예수 참 사람 예수』, 71쪽.

을 살펴보다가 논의가 다소 장황해졌다. 이와 관련해서는 불신앙을 지적하는 자리라면 단골손님처럼 빠지지 않는 도마의 이름이 유다 디두모 도마였다는 것, 서신에서 자신을 야고보의 동생이라고 밝혀 가룟 유다와의 혼동은 피했으나 야고보의 동생인 요한의 또 다른 짤막한 서신들, 즉 요한1·2·3서와 구분할 필요성이 제기되어 서신을 유다서라고 명명하기까지 한 편지의 저자로 추정하는 유다가 유다 도마로 알려져 있다는 것이다. 그러다 보니 간혹 '도마'라는 이 두 사람을 혼동하기도 했다는 점만 재확인하고 넘어가자.

다시 말하지만, 예수를 배신한 가룟 유다에 대해 요한은 마가가 그 배신 동기를 막연한 상태로 방치했고, 마태가 제시한 '은돈 삼십 닢'도 배신 동기로는 불충분하다고 판단한 듯하다. 그러다 보니 요한은 마가복음 14장 4절과 5절에 걸쳐 향유를 두고 몇몇 사람이 화를 내면서 자기들끼리 주고받았다는 언사, 즉 "어찌하여 향유를 이렇게 허비하는가? 이 향유는 삼백 데나리온 이상에 팔아서, 그 돈을 가난한 사람들에게 줄 수 있었겠다!"라며 여자를 꾸짖은 일과 마태복음 26장 8절과 9절에서 제자들이 이를 두고 분개해 다음과 같이 했던 언사, 즉 "왜 이렇게 낭비하는 거요? 이 향유를 비싼 값에 팔아서, 가난한 사람들에게 줄 수 있었을 텐데요!"라고 한 일에서, 그 '몇몇'과 '제자들'을 불특정한 채로 남겨두기보다 꼭 집어 '시몬 가룟의 아들 유다'로 몰아갔을 것이다. 이는 요한이 보기에 유다라는 작자가 타고나기를 사탄(누가복음에서 얻은 영감일 테지만), 즉 태생적으로 악마였다고 말해야만 했던 이유이기도 했으리라.

그런데 요한복음에서만큼은 유다가 대제사장들과 만나는 장면이 없다. 앞서 지적했듯이 요한은 이 장면을 의도적으로 배제해버렸다. 왜냐하면 예수가 되살려낸 베다니의 나사로, 즉 마르다와 마리아의 오빠 에피소드와 함께 이렇게 서술하는 것만으로도 충분하다고 여겼을 테니 말이다.

마리아에게 왔다가 예수께서 하신 일을 본 유대 사람들 가운데서 많은 사람이 예수를 믿게 되었다. 그러나 그 가운데 몇몇 사람은 바리새파 사람들에게 가서, 예수가 하신 일을 그들에게 알렸다. 그래서 대제사장들과 바리새파 사람들은 공의회를 소집하여 말하였다. "이 사람이 표징을 많이 행하고 있으니, 어떻게 하면 좋겠습니까? 이 사람을 그대로 두면 모두 그를 믿게 될 것이요, 그렇게 되면 로마 사람들이 와서 우리의 땅과 민족을 약탈할 것입니다." 그 가운데 한 사람으로서, 그해의 대제사장인 가야바가 그들에게 말하였다. "당신들은 아무것도 모르오. 한 사람이 백성을 위하여 죽어서 민족 전체가 망하지 않는 것이, 당신들에게 유익하다는 것을 생각하지 못하고 있소." 이 말은, 가야바가 자기 생각으로 한 것이 아니라, 그해의 대제사장으로서, 예수가 민족을 위하여 죽으실 것을 예언한 것이니, 민족을 위할 뿐만 아니라, 흩어져 있는 하나님의 자녀를 한데 모아서 하나가 되게 하기 위하여 죽으실 것을 예언한 것이다. 그들은 그날로부터 예수를 죽이려고 모의하였다. 그래서 예수께서는 유대 사람들 가운데로 더 이상 드러나게 다니지 아니하시고, 거기에서 떠나, 광야에서 가까운 지방 에브라임이라는 마을로 가서, 제자들과 함께 지내셨다. 유대 사람들의 유월절이 가까이 다가오니, 많은 사람이 자기의 몸을 성결하게 하려고, 유월절 전에 시골에서 예루살렘으로 올라왔다. 그들은 예수를 찾다가, 성전 뜰에 서서 서로 말하였다. "당신들은 어떻게 생각합니까? 그가 명절을 지키러 오지 않겠습니까?" 대제사장들과 바리새파 사람들은 예수를 잡으려고, 누구든지 그가 있는 곳을 알거든 알려달라는 명령을 내려 두었다. (요한복음 11,45-57)

예수 시대의 대제사장들

먼저 가야바라는 인물에 대해 다시금 살펴보자. 그의 대제사장직 수행 시기가 부정확하다는 점만 빼면 검토할 가치가 여전히 유효한 또 하나의 관점이다. 이를 통해 우리는 예수 시대에 대제사장 간의 권력관계와 백성 위에 군림하던 대제상 가문의 민낯을 파편적으로나마 엿볼 수 있다. 이는 앞서 언급하기도 한 에르네스트 르낭(Ernest Renan)의 다음과 같은 질문, 즉 '예수와 유대교가 공존할 수 있는가?' 하는 것이 여전히 시대적 물음이기도 하기 때문이다. 우선 문헌 연구에 있어 우리는 에르네스트 르낭의 성과를 바탕으로 다음과 같은 사실을 알 수 있다. 요한복음 11장 49절에서는 요셉 가야바를 가리켜 '그해의 대제사장'이라고 표현하는데, 이는 그 무렵 대제사장의 자리가 종신직이 아니었다는 사실을 간접적으로 알려준다. 그러니까 로마 총독이 예루살렘을 통치하기 위해 부임하고 나서부터 대제사장직은 이들에 의해 언제든지 파면될 수 있는 직책으로 추락하고 말았으며, 거의 해마다 해임 처분이 내려졌다고 한다. 하지만 가야바는 본디오 빌라도가 부임한 이후로도 한동안 대제사장직을 유지했는데, 이는 그만큼 가야바가 로마 당국에 대단히 협조적이었다는 뜻이다.

그는 25년에 처음으로 그 자리에 올랐고 35년에서야 그 자리에서 내려왔다. ……
그러나 그의 곁은 물론이고 그의 위에는 언제나 또 한 사람이 있었다. 이 인물이
우리가 지금 문제 삼고 있는 결정적 시기에 종교적 전권을 휘두르고 있었던 것 같
다. 이 인물은 가야바의 장인으로, 하난 혹은 안나스라고 불리던 사람이었다. ……
하난은 서기 7년 총독 퀴리노로부터 대사제직을 받는데, 디베료 즉위로 14년에
그 직위를 잃었다. 그러나 그는 여전히 아주 중요한 인물이었다. 비록 그가 자리
에서 물러나기는 했으나 사람들은 계속 그를 '대사제'라고 불렀고, 모든 중대한 사
안에 대해서는 그의 의견을 경청했다. 50년 동안 대사제직은 거의 중단 없이 그의
집안에서 차지했다. 그의 사위인 가야바 외에도, 그의 아들 가운데 다섯이 연이어
이 높은 자리에 올랐다. 사람들은 마치 사제직이 이 집안의 세습직인 양 그 가문
을 '사제 집안'이라고 칭송했다. 성전의 요직도 거의 모두 그들에게 귀속되어 있었
다. …… 그러므로 하난이야말로 사실상 사제들의 우두머리였다. 가야바는 무슨
일을 하든지 하난의 결정에 따랐다. 사람들은 이들의 이름을 함께 붙여 부르고는
했는데, 그때마다 먼저 부르는 것은 항상 하난의 이름이었다. …… 성전의 귀족들
과 마찬가지로 그 역시 사두개인이었다. 요세푸스의 표현대로라면, '그 재판은 특
별히 잔인한 일족'에 속한 사람들의 소행이었다.[29]

    그리고 에르네스트 르낭이 요세푸스의 표현대로라고 했던 '그 재판'
은 『유대 고대사』를 통해 추정할 수밖에 없는데, 이마저도 본서에서
예수에 대한 언급 자체가 매우 한정적이기 때문에 추론에 의지할 수
밖에 없다. 본명이 요세프 벤 막타티야후였던 플라비우스 요세푸스는

---

29 에르네스트 르낭, 『예수의 생애』, 341~342쪽.

이렇게 썼다.

한편 바로 이때 예수라는 지혜로운 사람, 너무나 신기한 일들을 많이 행했기 때문에 인간이라고 볼 수 있을지는 모르겠으나 인간으로 보는 것이 합당하다면, 그런 이가 있었다. 그는 사람들로 하여금 기쁜 마음으로 진리를 받아들일 수 있게 만드는 선생이었다. …… 빌라도가 유대의 유력 인사들의 청에 의해 예수를 십자가에 달려 죽게 했으나 그를 처음부터 사랑하던 자들은 그를 버리지 않았다. 왜냐하면 하나님의 선지자들이 그에 관해 예언한 대로 3일 만에 다시 살아나서 그들에게 나타났기 때문이었다. 하나님의 선지자들은 이뿐 아니라 그에 관해서 수많은 놀라운 일들을 예언했었다. 그의 이름을 본떠 그리스도인이라고 불리는 사람들은 오늘날까지도 남아 있다.[30]

놀랍게도 이것이 전부다. 플라비우스 요세푸스는 세례자 요한에 대해서도 기록을 남겼는데, 예수의 기록에 비하면 상대적으로 많은 편이다. 우리는 "빌라도가 유대의 유력 인사들의 청에 의해 예수를 십자가에 달려 죽게 했으나"라는 문장만으로 유추해야만 한다. 그러므로 '그 재판'이란 안나스와 가야바가 예수를 빌라도 앞으로 끌고 가기 전 공의회를 소집한 자신들의 가문 뜰에서 집행한 예수에 대한 일종의 종교적 재판을 가리키는 듯하다. 그런데 공관복음서를 전체적으로 살펴봤을 때 특이한 점은 유독 마가복음에만 안나스라는 이름은커녕 가야바라는 이름조차 거명되지 않는다는 것이다. 단지 마가는 마가복음

---

30 요세푸스, 김지찬 옮김, 「요세푸스 유대 고대사 II(Josephus The Antiquities of the Jews(II))」(생명의말씀사, 1987, 2023), 506~508쪽.

14장 53절에서 예수를 체포한 "그들이 예수를 대제사장에게로 끌고 갔다. 그러자 대제사장들과 장로들과 율법학자들이 모두 모여들었다"라고만 했다. 예수가 체포되어 그해의 대제사장 뜰로 끌려간 상황만으로 좁혀봤을 경우 누가복음 22장 54절에도 "그들은 예수를 붙잡아서, 끌고 대제사장의 집으로 데리고 갔다"며, 이후 안나스는 물론이고 가야바의 이름이 거명되지는 않는다. 그러나 앞서 간단히 언급했듯이 누가는 시대적 배경을 기술한 대목, 즉 누가복음 3장 2절에서 이들의 이름을 '안나스와 가야바'라고 밝혀두기는 했다. 그러니까 공관복음서에서는 마태복음 26장 57절만이 "예수를 잡은 사람들은 그를 대제사장 가야바에게 끌고 갔다. 거기에는 율법학자들과 장로들이 모여 있었다"라고 기술했다.

예수가 빌라도 앞으로 끌려가기 전에

아무튼 우리는 다음과 같이 묻지 않을 수 없다.

그날 산헤드린이라고 하는 공의회가 예수에게 유죄판결을 내렸던가? 마가와 마태와 누가는 그렇다고 대답한다. 요한은 아니라고 한다.[31]

그렇다면 어째서 요한은 이러한 유죄판결조차 다루지 않았는가?

---

31 존 S. 스퐁, 『예수를 해방시켜라』, 338쪽.

이와 관련해 작성 시기에 따른 순서대로 공관복음서부터 살펴보자.

> 대제사장이 예수께 물었다. "그대는 찬양을 받으실 분의 아들 그리스도요?"
> 예수께서 말씀하셨다. "내가 바로 그이요. 당신들은 인자가 전능하신 분의 오
> 른쪽에 앉아 있는 것과, 하늘의 구름을 타고 오는 것을 보게 될 것이오." 대제
> 사장은 자기 옷을 찢고 말하였다. "이제 우리에게 무슨 증인들이 더 필요하겠
> 소? 여러분은 이제 하나님을 모독하는 말을 들었소. 여러분의 생각은 어떠하
> 오?" 그러자 그들은 모두, 예수는 사형을 받아야 마땅하다고 정죄하였다. 그
> 들 가운데서 더러는, 달려들어 예수께 침을 뱉고, 얼굴을 가리고 주먹으로 치
> 고 하면서 "알아 맞추어 보아라" 하고 놀려대기 시작하였다. 그리고 하인들
> 은 예수를 손바닥으로 쳤다. (마가복음 14,61-65)

마태는 이 일을 두고 다음과 같이 서술한다. 마가복음을 거의 그대
로 옮겨놓은 듯한 마태복음을 군이 살펴보는 것은 누가가 이 두 본문
의 내용을 약간씩 수정하기도 했고 일의 전후 관계를 완전히 뒤바꾸
기도 했기 때문이다.

> 대제사장이 예수께 말하였다. "내가 살아 계신 하나님을 걸고 그대에게 명
> 령하니, 우리에게 말해주시오. 그대가 하나님의 아들 그리스도요?" 예수께
> 서 그에게 말씀하셨다. "당신이 말하였소. 그러나 내가 당신들에게 다시 말하
> 오. 이때로부터 당신들은, 인자가 권능의 보좌 오른쪽에 앉아 있는 것과, 하
> 늘 구름을 타고 오는 것을, 보게 될 것이오." 그때 대제사장은 자기 옷을 찢
> 고, 큰 소리로 말하였다. "그가 하나님을 모독하였소. 이제 우리에게 이 이상

증인이 무슨 필요가 있겠소? 여러분은 방금 하나님을 모독하는 말을 들었소. 여러분의 생각은 어떠하오?" 그러자 그들이 대답하였다. "그는 사형을 받아야 합니다." 그때 그들은 예수의 얼굴에 침을 뱉고, 그를 주먹으로 치고, 또 더러는 손바닥으로 때리기도 하며, 말하였다. "그리스도야, 너를 때린 사람이 누구인지 알아 맞추어 보아라." (마태복음 26,63-68)

그런데 누가는 마가복음이나 마태복음과 달리 예루살렘 공의회가 예수를 이처럼 정죄한 사건이 한밤중에 벌어졌던 게 아니라 날이 밝고 나서 벌어진 것이라고 진술한다. 그렇다면 왜 누가는 이 일을 시간까지 늦추려고 했던 것일까?

예수를 지키는 사람들이 예수를 때리면서 모욕하였다. 또 그들은 예수의 눈을 가리고 말하였다. "너를 때린 사람이 누구인지 알아 맞추어 보아라." 그들은 그 밖에도 온갖 말로 모욕하면서 예수에게 욕설을 퍼부었다. 날이 밝으니, 백성의 장로회, 곧 대제사장들과 율법학자들이 모여서, 예수를 그들의 공의회로 끌고 가서, 이렇게 말하였다. "그대가 그리스도이면, 그렇다고 우리에게 말해주시오." 예수께서 그들에게 말씀하셨다. "내가 그렇다고 여러분에게 말하더라도, 여러분은 믿지 않을 것이요, 내가 물어보아도, 여러분은 대답하지 않을 것이오. 그러나 이제부터 인자는 전능하신 하나님의 오른쪽에 앉게 될 것이오." 그러자 모두가 말하였다. "그러면 그대가 하나님의 아들이오?" 예수께서 그들에게 말씀하셨다. "내가 그라고 여러분이 말하고 있소." 그러자 그들이 말하였다. "이제 우리에게 무슨 증언이 더 필요하겠소? 우리가 그의 입에서 나오는 말을 직접 들었으니 말이오." (누가복음 22,63-71)

당신도 간파했을 테지만 마가복음과 마태복음은 예수가 견뎌야 했던 수모를 산헤드린의 결단 뒤로 배치한 반면, 누가는 그것을 산헤드린의 결단 앞에다 두었다. 그렇다고 해서 누가가 사건의 전후만 단순히 뒤바꾸려고 했던 것은 아니다. 이러한 사건의 역전적 전개를 통해 도치된 맥락에는 숨은 의도가 있기 마련이다. 마가와 마태는 베드로가 예수를 모른다며 잡아떼었던 부인 사이에 예루살렘 공의회의 종교적 결의와 그에 따른 예수의 수모를 위치시켜 놓았다. 누가복음 22장 34절에서 예수가 베드로에게 "오늘 닭이 울기 전에, 네가 세 번 나를 모른다고 할 것이다"라고 말한 바로 그 예언의 성취 사이에서 말이다. 그러다 보니 베드로가 세 차례에 걸쳐 예수를 모른다고 발뺌하는 부인은 한껏 두드러졌다. 하지만 산헤드린의 결의는 결의대로, 예수가 감당한 조롱과 모욕은 또 그것대로 본래의 의미란 것이 반감되고 말았다. 누가는 이 모든 것을 회복하려면 특단의 조치가 필요하다고 결심한 듯하다. 그리고 누가가 찾아낸 묘수란 바로 시간을 늦추는 것이었다. 누가는 베드로가 예수를 부인한 사건만 먼저 서술했다. 한편 액자 속에서 그림을 빼내듯 분리해낸 산헤드린의 결의와 예수가 겪은 수모는 그 순서를 역전시켜 이번에는 전자가 된 후자를 그 뒤에 이어붙였다. 그렇게 해놓고 보니 졸지에 가장 뒤로 밀린 산헤드린의 결의는 누가복음 22장 66절처럼 시간의 경과에 따라 "날이 밝고 나서" 거행되는 게 훨씬 더 자연스러워 보였을 것이다. 이처럼 대담한 수정 작업이 유발할 역효과는 단 한 가지뿐이다. 누가복음만 따로 읽을 경우 그전까지 베드로의 세 차례 부인을 통해 한껏 돋보이던 예수의 예언 성취가 자칫 흐릿해져버릴 수 있다는 것이다. 그러나 이 역시 따져봤을 누가는 베드로의 마지막 부인 때 예수가 그와 눈을 마주치게 함으로써 훨씬 더 강렬한 인상을 후대에 남겼다.

한 시간쯤 지났을 때, 또 다른 사람이 강경하게 주장하였다. "틀림없이, 이 사람도 그와 함께 있었소. 이 사람은 갈릴리 사람이니까요." 그러나 베드로는 이렇게 말하였다. "여보시오, 나는 당신이 무슨 소리를 하는지 모르겠소." 베드로가 아직 말을 채 끝내기도 전에, 곧 닭이 울었다. 주님께서 돌아서서 베드로를 똑바로 보셨다. 베드로는, 주님께서 자기에게 "오늘 닭이 울기 전에, 네가 세 번 나를 모른다고 할 것이다" 하신 그 말씀이 생각났다. 그리하여 그는 바깥으로 나가서 비통하게 울었다. (누가복음 22,59-62)

그리고 곧바로 예수를 희롱하는 자들의 비웃음과 모욕주기가 이어졌으니 예수 또한 얼마나 참담한 심정이었겠는가. 이것이 베드로의 발뺌은 발뺌대로 예수의 수모는 수모대로, 날이 밝자 예수가 빌라도 앞으로 끌려가기 전 결의된 예루살렘 공의회의 결정은 결정대로 본래 함의된 의도를 극대화하려고 한 누가의 글쓰기 재구성 방식이다.

그러나 어째서인지 요한복음에는 예루살렘 공의회의 결의, 즉 율법에 따라 사형에 처해야 할 예수의 신성모독에 대한 유죄판결 장면이 빠져 있다. 다시 한번 더 이렇게 묻지 않을 수 없다. 그렇다면 그 이유는 무엇인가? 예수가 십자가에서 숨을 거뒀어야 할 만큼 치명적이고 예수를 신성모독으로 정죄한 유죄판결을 대신할 수 있을 만큼 효과적인 대의적 명분이란 게 과연 또 무엇이었을까?

로마 군대 병정들과 그 부대장과 유대 사람들의 성전 경비병들이 예수를 잡아 묶어서 먼저 안나스에게로 끌고 갔다. 안나스는 그해의 대제사장인 가야바의 장인인데, 가야바는 '한 사람이 온 백성을 위하여 죽는 것이 유익하다'고 유대 사람들에게 제언한 사람이다. (요한복음 18,12-14)

그러니까 요한복음에서는 바로 가야바가 천명한 "한 사람이 온 백성을 위하여 죽는 것이 유익하다"라고 한 제언이 예수를 죽음으로 몰아갔다. 요한복음 11장 49절과 50절에 걸쳐 가야바는 이렇게 말했다. "당신들은 아무것도 모르오, 한 사람이 백성을 위하여 죽어서 민족 전체가 망하지 않는 것이, 당신들에게 유익하다는 것을 생각하지 못하고 있소." 앞서 발췌한 본문에서 살펴봤듯이, 그때 요한은 이 말을 두고 다음과 같이 부연 설명까지 했다.

가야바가 자기 생각으로 한 것이 아니라, 그해의 대제사장으로서, 예수가 민족을 위하여 죽으실 것을 예언한 것이니, 민족을 위할 뿐만 아니라, 흩어져 있는 하나님의 자녀를 한데 모아서 하나가 되게 하기 위하여 죽으실 것을 예언한 것이다. (요한복음 11,51-52)

이렇게 말함으로써 요한이 강조하고자 하는 바는 명확해진다. 가야바는 그를 통해 하나님이 인류에게 전하려고 한 메시지를 전적으로 곡해하고 말았다는 것이다. 하나님은 가야바로 하여금 예수가 유대 민족을 위해 죽기도 하겠지만, 이는 곧 유대 민족조차도 세상에 흩어져 있는 하나님의 자녀와 하나가 되는 결정적 계기일 것임을 알리려고 했다. 그러나 가야바는 예수의 죽음 이후 반세기도 채 지나지 않아 그들에게 닥칠 파멸을 내다볼 수 없었기에, 요한복음 11장 48절과 같이 예수에 대해 "이 사람을 그대로 두면 모두 그를 믿게 될 것이요, 그렇게 되면 로마 사람들이 와서 우리의 땅과 민족을 약탈할 것입니다"라고 전하는 게 고작이었다. 그렇다면 요한은 어떻게 이런 역사적 사실들을 꿰뚫어 보면서 이처럼 작성할 수 있었을까? 이는 제2차 예루살렘 성전의 무자비한 파괴가 그의 생애 한가운데서 벌어진 일이었기 때문에 가능했다. 그러므로 십자가에서 맞게 될 예수의 죽음에만 한정할 경우, 가야바의 결정에 대한 르네 지라르(Rene Girard)의 다음과 같은 견해가 결코 지나친 주장은 아닐 듯하다.

> 가야바는 하나의 명분, 그것도 정치적인 측면에서 희생양의 명분을 말하고 있다. 폭력을 최대한으로 억제할 것, 그러나 더 큰 폭력을 피하기 위해서는 필요하다면 마지막 극한에 달한 그 폭력을 이용할 것. 이것이 그가 말한 명분의 골자다.[32]

예수가 베드로에게 했던 예언과 관련해서 한 가지 성서적 사실을 덧붙이자면, 그 이유까지는 알 수 없으나 마가만이 마가복음 14장 30절을 통해 "오늘 밤에 닭이 '두 번' 울기 전에, 네가 세 번 나를 모른다고 할 것이다"라고 했다. 왜 이런 이야기를 이제야 다시 꺼내느냐면 예수가 베드로의 부인을 예고한 시점이 최후의 만찬 직후이기 때문이다.

---

32 르네 지라르, 김진식 옮김, 『희생양(Le bouc émissaire)』(민음사, 1998), 186쪽.

2장

유다,
최후의 만찬 자리에서 슬그머니 빠져나오다

흔히 우리는 이날 벌어진 일들을 두고 대체로 이렇게 믿거나 믿으려고 하는 경향이 있다. 예수는 자신이 죽을 때가 가까워지자 열두 제자가 한창 만찬을 즐기던 와중에 요한복음 13장 21절처럼 어렵사리 "내가 진실로 진실로 너희에게 말한다. 너희 가운데 한 사람이 나를 팔아넘길 것이다"라고 말했다. 이에 사도들이 모두 놀라며 저마다 걱정스럽게 본인은 아니길 바랐다. 그러자 예수는 누가복음 22장 21절에서처럼 "보아라, 나를 넘겨줄 사람의 손이 나와 함께 상 위에 있다"라고 했고, 마태복음 26장 23절처럼 "나와 함께 이 대접에 손을 담근 사람이, 나를 넘겨줄 것이다"라며 비통해했다. 그러고는 빵 한 조각을 적셔서는 그것을 건네자, 유다가 이를 받아드는데 사탄이 그에게 들어갔다. 그러자 가룟 유다는 그가 악해졌음에도 마태복음 26장 25절대로라면 "선생님, 나는 아니지요?"라고 했고 이에 대해 예수는 그에게 "네가 말하였다"라고 했다. 그러더니 마침내 예수가 요한복음 13장 27절처럼 "네가 할 일을 어서 하여라"라고 하자 곧이어 30절에서 일말의 망설임도 없이 "유다는 그 빵조각을 받고 나서 밖으로 나갔다. 때는 밤이었다."

최후의 만찬에 대한 정경복음서 저자들의 입장

어쩌면 당신은 이미 눈치챘거나 그전부터 이미 알았을지 모른다. 우리가 줄곧 들어왔던 이러한 내용을 확인해보려고 어느 날 마가복음을 펼쳐놓고 읽노라면 신기하게도 이와 같은 내용이 없다는 사실을 말이다. 그러니까 마가는 '레고 휘민', 즉 '진실로 말한다'라고 할 때 '진실로'라는 표현을 두 번씩이나 쓰지 않았고, '팔아넘기다'라는 단어 대신 '넘겨주다'라는 단어를 썼는데, 그 또한 "나를 넘겨줄 사람의 손이 나와 함께 상 위에 있다"라고 하지 않고 마가복음 14장 18절처럼 "나와 함께 먹고 있는 사람이 나를 넘겨줄 것이다"라고 했다. 어디 그 뿐인가. 만찬 자리에서 마가는 사탄을 들먹이지도 않았고, 예수와 가룟 유다가 대화를 나누었다고 하지도 않았다. 물론 마가복음 14장 19절처럼 "나는 아니지요?"라고 묻는 장면이 있기는 하지만 이 역시도 유다로 특정하지 않았다. 그때가 밤이기는 했을 것이다. 그러나 주위의 이목을 끌지 않고 조용히 그 자리를 빠져나왔을 가룟 유다의 손에는 빵조각조차 들려있지 않았을 것이다. 마가가 전하는 그날 마지막 만찬의 실상은 다음과 같다.

그들이 자리를 잡고 앉아서 먹고 있을 때, 예수께서 말씀하셨다. "내가 진실로 너희에게 말한다. 너희 가운데 한 사람, 곧 나와 함께 먹고 있는 사람이 나를 넘겨줄 것이다." 그들은 근심에 싸여 "나는 아니지요?" 하고 예수께 말하기 시작하였다. 예수께서 그들에게 말씀하셨다. "그는 열둘 가운데 하나로서, 나와 함께 같은 대접에 빵을 적시고 있는 사람이다. 인자는 자기에 관하여 성경에 기록되어 있는 대로 떠나가지만, 인자를 넘겨주는 그 사람에게는 화가 있다. 그 사람은 차라리 태어나지 않았더라면 자기에게 좋았을 것이다."
(마가복음 14,18-21)

그러니까 우리가 마지막 만찬의 진정한 모습이라고 익히 알았던 것은, 이러한 마가복음의 내용을 토대로 자신들의 관점에 따라 어떤 대목은 고치고 또 어떤 대목은 더하고 빼고 해서 제각각 작성한 정경복음서 내용들의 헝클어진 마구잡이식 이해인 셈이다.

'13'이라는 불길한 숫자와 다락방

그건 그렇고 서양에서는 오늘날까지도 13을 불길한 숫자로 여기는 듯하다. 그 유래도 최후의 만찬 자리에서 비롯되었으리라는 게 지배적 의견이다. 제자들은 우리로 따지면 설날 같은 대명절에 해당하는 자신들의 민족 절기인 유월절을 보내기 위해 살짝 들뜬 채로 예수가 일러준 적당한 장소부터 물색한다. 그곳이 최후의 만찬 자리일 것이라는 점도, 식사 자리에서 배신자가 지목되리라는 사실도 까맣게 모르는 채였다.

무교절 첫째 날에, 곧 유월절 양을 잡는 날에, 제자들이 예수께 말하였다. "우리가 가서, 선생님께서 유월절 음식을 드시게 준비하려 하는데, 어디에다 하기를 바라십니까?" 예수께서 제자 두 사람을 보내시며 말씀하셨다. "성 안으로 들어가거라. 그러면 물동이를 메고 오는 사람을 만날 것이니, 그를 따라 가거라. 그리고 그가 들어가는 집으로 가서, 그 집 주인에게 말하기를 '선생 님께서 하시는 말씀이, 내가 내 제자들과 함께 유월절 음식을 먹을 내 사랑방 이 어디에 있느냐고 하십니다' 하여라. 그러면 그는 자리를 깔아서 준비한 큰 다락방을 너희에게 보여줄 것이니, 거기에 우리를 위하여 준비를 하여라." 제 자들이 떠나서, 성 안으로 들어가서 보니, 예수께서 말씀하신 그대로였다. 그 리하여, 그들은 유월절을 준비하였다. (마가복음 14,12-16)

우리가 잘 아는 그런 공간은 아니다. 왜일까? 중앙에 앉은 예수의 양쪽 옆으로 열두 제자가 나란히 앉아 있을 만한 널따란 식탁이 없다. 왜냐하면, 마가복음에 따르면 집주인은 그저 "자리를 깔아서 준비한 큰 다락방"을 내주었을 뿐이기 때문이다. 그러니까 만일 마태가 마태 복음 26장 20절을 통해 "저녁 때가 되어서, 예수께서는 열두 제자와 함께 '식탁'에 앉아 계셨다"라고 적지 않았더라면, 이 다락방에서 식탁 을 구경하는 일은 없었을 것이다. 누가복음 22장 12절을 보면 누가 역 시 최후의 만찬 장소를 다만 "자리를 깔아놓은 큰 다락방"이라고 했기 때문이다. 그렇다고 해서 레오나르도 다 빈치의 명화, 〈최후의 만찬〉 에서 식탁을 지워버리겠다는 작심 따위 하지 말자. 요한은 자신이 그 날의 일을 다음과 같이 기억한다고 전한다.

저녁을 먹을 때, 악마가 이미 시몬 가롯의 아들 유다의 마음속에 예수를 팔아 넘길 생각을 불어넣었다. 예수께서는, 아버지께서 모든 것을 자기 손에 맡기 신 것과 자기가 하나님께로부터 왔다가 하나님께로 돌아간다는 것을 아시고,

잡수시던 자리에서 일어나서, 겉옷을 벗고, 수건을 가져다가 허리에 두르셨다. 그리고 대야에 물을 담아다가 제자들의 발을 씻기시고, 그 두른 수건으로 닦아주셨다. 시몬 베드로의 차례가 되었다. 이때 베드로가 예수께 말하였다. "주님, 주님께서 내 발을 씻기시렵니까?" 예수께서 그에게 대답하셨다. "내가 하는 일을 지금은 네가 알지 못하나, 나중에는 알게 될 것이다." 베드로가 다시 예수께 말하였다. "아닙니다. 내 발은 절대로 씻기지 못하십니다." 예수께서 그에게 말씀하셨다. "내가 너를 씻기지 아니하면, 너는 나와 아무런 상관이 없다." 그러자 시몬 베드로는 예수께 이렇게 말하였다. "주님, 내 발뿐만이 아니라, 손과 머리까지도 씻겨주십시오." 예수께서 그에게 말씀하셨다. "이미 목욕한 사람은 온몸이 깨끗하니, 발 말고는 더 씻을 필요가 없다. 너희는 깨끗하다. 그러나, 다 그런 것은 아니다." 예수께서는 자기를 팔아넘길 사람을 알고 계셨다. 그러므로 "너희가 다 깨끗한 것은 아니다" 하고 말씀하신 것이다. 예수께서 제자들의 발을 씻겨주신 뒤에, 옷을 입으시고 식탁에 다시 앉으셔서, 그들에게 말씀하셨다. (요한복음 13,2-12)

우선 당신은 예수가 제자들의 발을 씻겨주는 동안 자리만 차지하고 있어 걸리적거렸을 식탁이 요한복음에 다시 나타난 것에 안도할지도 모르겠다. 달력 그림에서 양 한 마리를 안고서 양 떼와 함께하는 예수의 모습을 우연히 보게 될 때의 따뜻한 감정처럼 말이다. 종교적 회화 밑에는 성경 한 구절이 이렇게 적혀 있을 것이다. "너희 가운데서 어떤 사람이 양 백 마리를 가지고 있는데, 그 가운데서 한 마리를 잃으면, 아흔아홉 마리를 들에 두고, 그 잃은 양을 찾을 때까지 찾아다니지 않겠느냐." 누가복음 15장 4절의 구절이다. 그런데 열셋씩이나 되는 장정들이 식탁의 맞은편은 텅텅 비워둔 채 왜 그렇게 비좁게 붙어 앉아 있었을까? 화가가 단 한 명의 제자라도 뒷모습으로 남기고 싶지 않아서였을까? 아니다. 그 이유는 레오나르도 다 빈치가 당시 로마의 식사 풍경을 이 다락방에다 그대로 투영했기 때문이다. 그러니까 식탁의 앞자리는 식사 시중을 드는 노예나 종이 음식을 나르는 통로로 주인과 손님들의 자리와 확실히 분리된 공간이었던 셈이다. 그러면 이 다락방에서도 여인네들이 음식 시중을 들기라도 했다는 말인가? 그랬다면 그게 누구든 간에 적어도 그림의 한 귀퉁이 어딘가에 그 여성이 서 있을 자격은 충분했을 것이다. 그러나 예수를 따라나서 더러는 유랑이나 다름없는 생활을 하던 이 공동체에서는 여자들이 밥이나 설거지를 하긴 했겠으나 노예나 종처럼 음식 시중을 드는 일은 없었으리라.

"내가 너희에게 한 일을 알겠느냐? 너희가 나를 선생님 또는 주님이라고 부르는데, 그것은 옳은 말이다. 내가 사실로 그러하다. 주이며 선생인 내가 너희의 발을 씻겨주었으니, 너희도 서로 남의 발을 씻겨주어야 한다. 내가 너희에게 한 것과 같이, 너희도 이렇게 하라고, 내가 본을 보여준 것이다." (요한복음 13,12-15)

그리고 누가복음에서는 예수가 또 이렇게 말했다. 누가복음 22장 27절의 구절이다. "누가 더 높으냐? 밥상에 앉은 사람이냐, 시중드는 사람이냐? 그러나 나는 섬기는 사람으로 너희 가운데 있다." 그러므로 평등한 인간관계를 지향하던 예수 공동체에게 어울릴 법한 거룩한 그림은 마가와 누가가 전했듯이 자리를 깔아놓은 큰 다락방에서 다들 둘러앉아 도란도란 식사하는 모습이었을 것이다. 그러나 레오나르도 다 빈치의 그림 고객들, 즉 당대를 호령하던 고위 성직자들의 해석은 이 그림의 주제에 관한 한 성과 속, 미와 추가 다른 것처럼 하늘과 땅 차이였던 모양이다. 그들은 공간의 주체와 장소에 지나지 않는 공간 이라는 주객이 전도되더라도 예수의 마지막 식사가 다음과 같은 곳에 서 이뤄지길 원한 것처럼 보인다.

> 유명한 성지는 모두 여기서 가깝다. 아겔다마에서 가파른 언덕을 오르면 최후의 만찬 장소로 추정되는 건물 앞에 당도한다. 이 건물은 물론 그 안에 있는 방도 십 자군이 최후의 만찬을 기념하기 위해 만든 것이다. [1]

그러나 교회의 안은 모든 게 거룩하고 교회 바깥은 전혀 그렇지 않 다고 말했을 이들이 오히려 간과한 것은 최초의 성만찬이 일반 가정 집에서 거행되었다는 성서적 사실이다. 그러므로 이들이 만족스러워 했을 그림의 배경, 즉 십자군이 살육을 통해 흘린 피의 대가로 얻은 풍경은 레오나르도 다 빈치의 해학과 풍자일 가능성마저도 배제할 수 없다. 아닌 게 아니라 이들은 예수가 강론하면서 제자들의 주의를 일 깨우고 싶을 경우 "아멘 아멘 레고 휘민"이라고 하고 나서 전한 메시 지를 적극적으로 선호한다. 물론 예수가 나는 "진실로 진실로 너희에 게 말한다"라고 할 때, 전하려는 메시지의 강조점이 뒤따른다는 것은

---

1   허버트 크로즈니, 『유다의 사라진 금서』, 62쪽.

부인할 수 없는 사실이다. 그렇기는 해도 다음과 같은 본문을 전통적인 해석 방식으로 이해하기에는 무리가 있다.

"내가 진실로 진실로 너희에게 말한다. 종이 주인보다 높지 않으며, 보냄을 받은 사람이 보낸 사람보다 높지 않다. 너희가 이것을 알고 그대로 하면, 복이 있다. 나는 너희 모두를 가리켜서 말하는 것이 아니다. 나는 내가 택한 사람들을 안다. 그러나 '내 빵을 먹는 자가 나를 배반하였다' 한 성경 말씀이 이루어질 것이다. 내가 그 일이 일어나기 전에 너희에게 미리 말하는 것은, 그일이 일어날 때, 너희로 하여금 '내가 곧 나'임을 믿게 하려는 것이다. 내가 진실로 진실로 너희에게 말한다. 내가 보내는 사람을 영접하는 사람은 나를 영접하는 사람이요, 나를 영접하는 사람은 나를 보내신 분을 영접하는 사람이다." (요한복음 13,16-20)

흔하디흔한 목사들의 설교 레퍼토리는 하나님 앞에서는 모두가 종이기에 인간은 다 똑같다는 것이다. "종이 주인보다 높지 않으며, 보냄을 받은 사람이 보낸 사람보다 높지 않다"라는 점에서 "하나님의 모습을 지니셨으나, 하나심과 동등함을 당연하게 생각하지 않으신" 예수마저도 하나님 앞에서는 자신을 낮추었는데 하물며 인간이 하나님은 물론 예수보다 높을 수 있냐는 이야기다. 그러나 예나 지금이나 이들의 언행만 보더라도 성직자들은 적어도 인간관계에서만큼은 자신들이 우월적 지위에 있다고 믿어 의심치 않는 듯하다. 그러다 보니 날마다 반복되는 생활에서 성직자들은 '아멘 아멘 레고 휘민'이라는 관용구를 통해 전해진 예수의 메시지 가운데서 '종이 주인보다 높지 않다'라는 점만 강조하려는 경향마저 보인다. 이때 이들은 요한복음 13장 17절을 즐겨 꺼내어 드는데 "너희가 이것을 알고 그대로 하면, 복이 있다"라고 덧붙이기까지 한다. 왜냐하면 이들은 자신들이 하나님께 부름 받은 자라고 철석같이 믿으며 그 증거 본문으로 요한복음 13장 20절, 즉 "내가 진실로 진실로 너희에게 말한다. 내가 보내는 사람을 영접하는 사람은 나를 영접하는 사람이요, 나를 영접하는 사람은 나를 보내신 분을 영접하는 사람이다"라는 이 구절을 내세우기 일 쑤기 때문이다. C. S. 루이스(Clive Staples Lewis)는 자신의 저서 『스크루테이프의 편지』에서 악마인 스크루테이프가 조카이자 신참 악마인 웜우드에게 써보낸 편지를 통해 "현재 우리의 가장 큰 협력자 중 하나는 바로 교회다"[2]라고 했다. 지옥으로 초대하겠다고 속삭이는 악마는 없다. 악마는 항상 천국행 티켓을 얻을 수 있다며 유혹한다.

하지만 이러한 폐해는 차치하더라도 기존의 해석 방식으로는 이해하기 곤란한 메시지의 또 다른 결이 있다. 나와 당신은 이제껏 괴로워하던 예수의 감정만 너무 당연시했다. 이어지는 문단의 첫 구절조차 다음과 같이 시작했다. 이 글 초반에 부분적으로 발췌하기도 한 문단의 전체 내용은 이렇다.

예수께서 이 말씀을 하시고 나서, 마음이 괴로우셔서, 환히 드러내어 말씀하셨다. "내가 진실로 진실로 너희에게 말한다. 너희 가운데 한 사람이 나를 팔아넘길 것이다." 제자들은 예수께서, 누구를 두고 하시는 말씀인지 몰라서, 서

---

2   C. S. 루이스, 김선형 옮김, 『스크루테이프의 편지(The Screwtape Letters)』(홍성사, 2000, 2018), 21쪽.

로 바라보았다. 제자들 가운데 한 사람, 곧 예수께서 사랑하시는 제자가 바로 예수의 품에 기대어 앉아 있었다. 시몬 베드로가 그에게 고갯짓하여, 누구를 두고 하시는 말씀인지 여쭈어보라고 하였다. 그 제자가 예수의 가슴에 바싹 기대어 "주님, 그가 누구입니까?" 하고 물었다. 예수께서 대답하셨다. "내가 이 빵조각을 적셔서 주는 사람이 바로 그 사람이다." 그리고 그 빵조각을 적셔서 시몬 가롯의 아들 유다에게 주셨다. 그가 빵조각을 받자, 사탄이 그에게 들어갔다. 그때 예수께서 유다에게 말씀하셨다. "네가 할 일을 어서 하여라." 그러나 거기 앉아 있는 사람들 가운데서 아무도, 예수께서 그에게 무슨 뜻으로 그런 말씀을 하셨는지를 알지 못하였다. 어떤 이들은, 유다가 돈자루를 맡고 있으므로, 예수께서 그에게 명절에 그 일행이 쓸 물건을 사라고 하셨거나, 또는 가난한 사람들에게 무엇을 주라고 말씀하신 것으로 생각하였다. 유다는 그 빵조각을 받고 나서, 곧 나갔다. 때는 밤이었다. (요한복음 13,21-30)

물론 예수는 배신자가 누가 될지 알았기에 괴로웠을 것이고, 이를 마음속에만 담아두려니 그의 심경은 이루 다 말할 수 없었을 것이다. 그렇다면 가롯 유다가 배신할 것이라는 사실을 공표했을 때 비로소 예수의 속은 후련해졌을까? 그렇지도 않았을 것이다. 바야흐로 배신자를 지목한다는 것은 당장 예수의 십자가 수난이 시작된다는 뜻이다. 마침내는 거부할 수 없는 운명 앞에서 자기가 십자가에 매달려 죽고 만다는 의미가 아닌가. 그런데도 제자들은 자신들이 배신자가 아니기만 바랐다. 심지어 그들은 적신 빵 조각을 받아드는 사람이 바로 배신자라고 일러주고 나서 예수가 즉시 그 빵조각을 가롯 유다에게 건네주었는데도 예수를 고발하게 될 자가 누구인지조차 모른다. 심지어 누가복음 22장 23절과 24절에 따르면 "그들은, 자기들 가운데 이런 일을 할 사람이 누구일까 하고, 자기들끼리 서로 묻더니 자신들 가운데서 누구를 가장 큰 사람으로 칠 것이냐는 물음을 놓고, 저희들끼리 말다툼까지 했다"라고 한다. 예수는 이마저도 알았기에 더욱 고통스러웠던 것일까? 그랬을 것이다. 베드로가 세 차례에 걸쳐 자신을 부인하리라는 것도 알았으니 이를 몰랐을 리 없다. 더욱이 축자영감론자라면 예수는 전에도 있던 제자들 사이의 언쟁, 즉 누가복음 9장 46절부터 48절까지에서 다뤄지던 논쟁이 그가 죽음을 앞둔 시점에서 또 벌어지리라는 것도, 이를 두고 나중에 누가가 그와 같이 기록하리라는 것도 전부 다 알았다고 말할지도 모르겠다. 하지만 기독교 변증가인 리처드 스윈번(Richard Swinburne)만 하더라도 이렇게 말하였다.

> 어느 누구도, 심지어 신이라 할지라도 (실수의 여지 없이) 내가 내일 무엇을 선택할지는 알 수 없다. 그러므로 우리는 신의 전지함을 신이 해당 시점에 논리적으로 알 수 있는 모든 것을 아는 것이라고 이해해야 한다.[3]

여하튼 마지막 만찬에 대하여 마가복음부터 순차적으로 살펴보자.

---

3   리처드 스윈번, 강영안·신주영 옮김, 『신은 존재하는가(Is There a God?)』(복 있는 사람, 2020), 35쪽.

최후의 만찬에 대한 사뭇 다른 관점

그들이 자리를 잡고 앉아서 먹고 있을 때, 예수께서 말씀하셨다. "내가 진실로 너희에게 말한다. 너희 가운데 한 사람, 곧 나와 함께 먹고 있는 사람이 나를 넘겨줄 것이다." 그들은 근심에 싸여 "나는 아니지요?" 하고 예수께 말하기 시작하였다. 예수께서 그들에게 말씀하셨다. "그는 열둘 가운데 하나로서, 나와 함께 같은 대접에 빵을 적시고 있는 사람이다. 인자는 자기에 관하여 성경에 기록되어 있는 대로 떠나가지만, 인자를 넘겨주는 그 사람에게는 화가 있다. 그 사람은 차라리 태어나지 않았더라면 자기에게 좋았을 것이다." 그들이 먹고 있을 때, 예수께서 빵을 들어서 축복하신 다음에, 떼어서 그들에게 주시고 말씀하셨다, "받아라, 이것은 내 몸이다." 또 잔을 들어서 감사를 드리신 다음에, 그들에게 주시니, 그들은 모두 그 잔을 마셨다. 그리고 예수께서 말씀하셨다. "이것은 많은 사람을 위하여 흘리는 나의 피, 곧 언약의 피다. 내가 진실로 너희에게 말한다. 이제부터 내가 하나님의 나라에서 새것을 마실 그날까지, 나는 포도나무 열매로 빚은 것을 다시는 마시지 않을 것이다." (마가복음 14,18-25)

마가복음에서는 예수의 거침없는 성격이 여과 없이 드러난다. 마지막 만찬임을 예감한 예수는 식사가 시작되자마자 즉시 나를 넘겨줄 사람이 "나와 함께 먹고 있고", "나와 함께 같은 대접에 빵을 적시고 있다"라고 누설한다. 예수는 배신자가 누구인지 알았으나 괴로워하지도 않았고, 이를 마음속에 담아두느라고 몹시 속상해 견디기 어려운 것도 아니다. 오히려 동고동락한 고발자에 대한 최소한의 예의를 지키느라고 실명조차 밝히지 않는다. 마침내 알려지기야 하겠지만 말이다. 다만 "그 사람은 차라리 태어나지 않았더라면 자기에게 좋았을 것이다"라며 고발자의 최후가 처참하리라고만 덧붙였다. 이는 마치 예수가 유다에게 그럼에도 불구하고 너는 나를 그들에게 넘겨줄 수 있겠느냐며 유다의 결의를 재차 점검하는 듯한 인상이다. 마가는 이런 예수의 마음을 알아차렸을지도 모른다. 왜냐하면 마가복음에는 누가가 그의 자매편인 사도행전 1장 18절에서 베드로의 입을 통해 유다는 "거꾸러져서, 배가 터지고, 창자가 쏟아져 죽었다"라고 하지도 않았고, 마태복음 27장 5절이 전하듯 유다가 예수의 몸값으로 흥정했던 "그 은돈을 성전에 내던지고 물러가서, 스스로 목을 매달아 죽었다"라고도 하지 않았기 때문이다. 마가 역시 가룟 유다에게 일말의 예의라도 지키고 싶었을지 모른다. 물론 곧장 이어지는 성만찬의 제정 분위기로 인해 배신행위가 두드러진다는 인상은 좀처럼 지울 수 없기는 하지만 말이다.

저녁 때가 되어서, 예수께서는 열두 제자와 함께 식탁에 앉아 계셨다. 그들이 먹고 있을 때, 예수께서 말씀하셨다. "내가 진실로 너희에게 말한다. 너희 가운데 한 사람이 나를 넘겨줄 것이다." 그들은 몹시 걱정이 되어, 저마다 "주님, 나는 아니지요?" 하고 말하기 시작하였다. 예수께서 대답하셨다. "나와 함께 이 대접에 손을 담근 사람이, 나를 넘겨줄 것이다. 인자는 자기에 관하여 성경에 기록되어 있는 대로 떠나가지만, 인자를 넘겨주는 그 사람은 화가 있다. 그 사람은 차라리 태어나지 않았더라면, 자기에게 좋았을 것이다." 예수를 넘겨줄 사람인 유다가 말하기를 "선생님, 나는 아니지요?" 하니, 예수께

서 그에게 "네가 말하였다" 하고 대답하셨다. (마태복음 26,20-25)

이처럼 논의를 마지막 식사 자리로만 국한하면, 마태는 마가보다 유다를 훨씬 더 야비하게 묘사한다. 왜냐하면 가룟 유다는 예수가 그를 비공개적으로 언급하자 뻔뻔하게도 "나는 아니지요?"라고 되물어 예수로 하여금 "네가 말하였다"라고 말하게끔 했다. 한편 요한복음에 끼친 영향의 비중 면에서 마태복음은 누가복음에 비하면 대체로 인상적이지 않다. 어쩌면 이는 "마태복음이 마가복음에서 대략 90퍼센트의 자료를 차용했다면 누가복음은 이보다 훨씬 적은 50퍼센트 가량만 차용했다"[4]라는 성서 분석의 결과와도 무관하지 않은 듯하다. 정경복음서 가운데 마태복음이 가장 긴 분량인 것도 이와 밀접한 연관이 있다. 그럼에도 이러한 문맥적 논의에서 마태가 가룟 유다에 대해 그가 "선생님, 나는 아니지요?"라고 한 대목은 마가복음에서 제자들이 너도나도 근심에 싸여 예수에게 말한 "나는 아니지요?"라고 한 것을 고쳐 적은 것일 테지만, 유다의 존재를 어떤 식으로라도 감추려는 누가복음의 병행 본문보다 눈에 띄게 요한복음에 영향력을 행사했다. 앞서 고가의 향유와 관련된 베다니의 에피소드에서 요한이 '몇몇'과 '제자들'을 '시몬 가룟의 아들 유다'라고 할 때와는 사뭇 달라진 양상이다. 왜냐하면 요한복음 13장 25절에서 "주님, 그게 누구입니까"라며 질문의 형식까지 바꿔 묻는 이가 '제자들'도 아니고 '시몬 가룟의 아들 유다'도 아닌 바로 요한 자신이기 때문이다. 그러고 보니 요한복음도

---

4 존 쉘비 스퐁, 『만들어진 예수 참 사람 예수』, 66쪽.

유다가 어떻게 죽었는지와 관련해서는 말을 아끼는 쪽을 택해 침묵했다. 그러나 이는 요한이 유다를 감싸려는 호의도 아니고, 또 그렇다고 값싼 동정도 아니다. 단지 요한은 예수의 마지막 만찬을 기점으로 자기 자신을 서사의 전면에 내세우려고 한 것이다. 이 시점부터 '예수의 가슴에 바싹 기대어' 있던 그는 예수가 십자가에서 죽음을 맞이하는 순간에는 요한복음 19장 26절이 전하듯 '사랑하는 제자'로, 예수가 부활하고 나서는 '사랑하시던 제자'(요한 21,20)로 어느새 변모해 있다. 그건 그렇고 마태는 예수가 대제사장들에게 자신을 넘겨줄 가룟 유다를 밝히는 장면과 성만찬을 제정하는 장면을 확연하게 두 패러그래프로 나누어 서사화했다. 예수의 죽음에 대해 "이것은 죄를 사하여 주려고 많은 사람을 위하여 흘리는 나의 피, 곧 언약의 피다"라는 점을 강조하기 위해서였다.

> 그들이 먹고 있을 때, 예수께서 빵을 들어서 축복하신 다음에, 떼어서 제자들에게 주시고 말씀하셨다. "받아서 먹어라. 이것은 내 몸이다." 또 잔을 들어서 감사 기도를 드리신 다음에, 그들에게 주시고 말씀하셨다. "모두 돌려가며 이 잔을 마셔라. 이것은 죄를 사하여 주려고 많은 사람을 위하여 흘리는 나의 피, 곧 언약의 피다. 내가 너희에게 말한다. 이제부터 내가 나의 아버지의 나라에서 너희와 함께 새것을 마실 그날까지, 나는 포도나무 열매로 빚은 것을 절대로 마시지 않을 것이다." (마태복음 26,26-29)

그러고 보면 요한복음은 최후의 만찬에 대하여 공관복음서와는 사뭇 다른 견해를 관철하기 위해 작성된 듯하다.

요한은 성만찬에 관한 사상에 대하여 공관복음서의 저자들보다 훨씬 더 열성적이고, 마지막 식사에 대해서도 아주 길게 이야기하고 있으며, 또 이 식사에다 그렇게도 많은 사연과 강론의 말씀을 결부시키고 있으면서도, 이와 같은 성례전에 관한 이야기는 간과한 듯하다. 이것은 전승을 중요시하는 종파에서는 성만찬 제도가 최후의 만찬이라는 특정한 사건에서 생겨났다고 보지 않았던 증거다. 요한에게는 발을 씻기는 행위가 바로 최후의 만찬 의식이었던 셈이다.[5]

그러나 성만찬이 예수의 공생애를 뛰어넘어 오늘날까지 교회를 지탱시켜온 중요한 성례전 가운데 핵심이라면 당신은 궁금하지 않은가. 가룟 유다는 예수가 우리를 위해 흘려야 하는 피의 길로 예수를 인도한 장본인이다. 그렇다면 어째서 가룟 유다는 사탄의 하수인이어야만 하는가? 유다의 배신 이야기에서 사탄을 처음으로 끌어들인 것은 누가였다. 누가는 누가복음 22장 3절을 통해 "열둘 가운데 하나인 가룟이라는 유다에게 사탄이 들어갔다"라고 하여 이후에는 유다가 예수를 대제사장들과 성전 경비대장들에게 넘겨줄 기회만 엿보았다고 진술했다. 이 정도면 충분하다고 여겼던 것인지, 미리 언급하기도 했지만, 누가복음처럼 마지막 만찬 자리에서 이토록 유다의 존재나 배신자의 최후를 극도로 감춘 글은 없다.

시간이 되어서, 예수께서 자리에 앉으시니, 사도들도 그와 함께 앉았다. 예수께서 그들에게 말씀하셨다. "내가 고난을 당하기 전에, 너희와 함께 이 유월

5   에르네스트 르낭, 『예수의 생애』, 357쪽.

절 음식을 먹기를 참으로 간절히 바랐다. 내가 너희에게 말한다. 유월절이 하나님의 나라에서 이루어질 때까지, 나는 다시는 유월절 음식을 먹지 않을 것이다." 그리고 잔을 받아서 감사를 드리신 다음에 말씀하셨다. "이것을 받아서 함께 나누어 마셔라. 내가 너희에게 말한다. 나는 이제부터 하나님의 나라가 올 때까지, 포도나무 열매에서 난 것을 절대로 마시지 않을 것이다." 예수께서는 또 빵을 들어서 감사를 드리신 다음에, 떼어서 그들에게 주시고 말씀하셨다. "이것은 너희를 위하여 주는 내 몸이다. 이것을 행하여 나를 기억하여라." 그리고 저녁을 먹은 뒤에, 잔을 그와 같이 하시고서 말씀하셨다. "이 잔은 너희를 위하여 흘리는 내 피로 세우는 새 언약이다. 그러나 보아라, 나를 넘겨줄 사람의 손이 나와 함께 상 위에 있다. 인자는 하나님께서 정하신 대로 가지만, 인자를 넘겨주는 그 사람에게는 화가 있다." 그들은, 자기들 가운데 이런 일을 할 사람이 누구일까 하고, 자기들끼리 서로 물었다. 제자들 가운데서 누구를 가장 큰 사람으로 칠 것이냐는 물음을 놓고, 그들 사이 말다툼이 벌어졌다. (누가복음 22,14-24)

성만찬의 전통에 좀 더 치중한 듯한 이 글 말미에서야 누가는 유다에 대해 "그러나 보아라, 나를 넘겨줄 사람의 손이 나와 함께 상 위에 있다"라고 했고, 그의 최후에 대해 "인자를 넘겨주는 그 사람에게는 화가 있다"라고 했을 뿐이다. 그러나 이 역시도, 요한이 그랬던 것처럼 유다에게 보인 선의나 선심 따위가 아니다. 만일 유다에 대한 일말의 동정심이라도 있었다면, 차라리 마가처럼 마가복음 14장 21절에다 "그 사람은 차라리 태어나지 않았더라면, 자기에게 좋았을 것이다"라는 식으로 적고서 유다의 말로에 대해서는 별도로 다루지 않는 편이 훨씬 더 나았을 것이다.

히브리 성서에서 차용했을 유다의 '은돈 삼십 닢'

그러나 누가는 그럴 마음이 전혀 없었다. 유다 같은 사탄의 조력자에게는 그에 걸맞은 참혹한 결말만이 준비되어 있어야 했다. 그리하여 유다에게는 "거꾸러져서, 배가 터지고, 창자가 쏟아져서" 죽어야 하는 생의 말로가 기다리고 있었다.

> 그 무렵 신도들이 모였는데, 그 수가 백이십 명쯤이었다. 베드로가 그 신도들 가운데 일어서서 말하였다. "형제자매 여러분, 예수를 잡아간 사람들의 앞잡이가 된 유다에 관하여, 성령이 다윗의 입을 빌어 미리 말씀하신 그 성경 말씀이 마땅히 이루어져만 하였습니다. 그는 우리 가운데 한 사람으로서, 이 직무의 한 몫을 맡았습니다. 그런데 이 사람은 불의한 삯으로 밭을 샀습니다. 그러나 그는 거꾸러져서, 배가 터지고, 창자가 쏟아졌습니다. 이 일은 예루살렘에 사는 모든 주민이 다 알고 있습니다. 그래서 그들은 그 땅을 자기들의 말로 아켈다마라고 하였는데, 그것은 '피의 땅'이라는 뜻입니다." (사도행전 1,15-19)

이와 같은 내러티브는 누가가 히브리 성서를 필사적으로 뒤져서 얻어낸 결과다. 그리고 이는 아무래도 마태가 스가랴에서 예수의 몸값으로 '은돈 삼십 닢'을 차용할 때부터 이미 가룟 유다의 인생 마지막 페이지에 대한 막연한 윤곽까지 결정했으리라는 추론과 결코 무관해 보이지 않는다.

내가 그들에게 말하였다. "너희가 좋다고 생각하면, 내가 받을 품삯을 내게 주고, 줄 생각이 없으면, 그만두어라." 그랬더니 그들은 내 품삯으로 은 삼십 개를 주었다. 주님께서 내게 말씀하셨다. "그것을 토기장이에게 던져버려라." 그것은 그들이 내게 알맞은 삯이라고 생각해서 쳐준 것이다. 나는 은 삼십 개를 집어, 주의 성전에 있는 토기장이에게 던져주었다. (스가랴 11,12-13)

그 출처도 밝히지 않을 만큼 타인의 저작물에 대한 인식이 오늘날과 확연히 달랐던 예수 시대의 저자들에게 히브리 성서는 축복인 동시에 저주였다. 왜냐하면 자신이 글을 쓸 때 참고한 저작물, 가령 누가에게는 마가복음과 마태복음일 텐데 이런 문서들을 통해 저자는 예상치 못하게 히브리 성서의 세계로 진입하기도 하지만 그 드넓은 서사의 세계 속에서 길을 잃고 헤매기도 하기 때문이다. 그러니까 누가가 마태복음을 통해 마태가 찾아냈을 유다 인생의 마침표를 스가랴에서 재확인하는 과정은 순탄하지 않았을 것이다. 그 이유는 마태가 스가랴의 내용을 차용하면서도 무슨 영문인지 버젓이 선지자 예레미야를 거론한 탓이다.

그래서 예언자 예레미야를 시켜서 하신 말씀이 이루어졌다. "그들이 은돈 서른 닢, 곧 이스라엘 자손이 값을 매긴 사람의 몸값을 받아서, 그것을 주고 토기장이의 밭을 샀으니, 주님께서 내게 지시하신 그대로다." (마태복음 27,9-10)

히브리 성서의 예레미야에는 이와 비슷한 이야기가 두 가지 버전으로 실렸는데, 사실 두 이야기는 '토기장이'와 '밭'이 별개이다 보니 누가에게는 골칫거리 그 이상도 그 이하도 아니었을 것이다. 첫 번째 버전은 '깨진 항아리'에 관한 이야기다.

> 주님께서 나에게 말씀하셨다. "너는 토기장이를 찾아가서 항아리를 하나 산 다음에, 백성을 대표하는 장로 몇 사람과 나이든 제사장 몇 사람을 데리고, '하시드 문' 어귀 곁에 있는 '힌놈의 아들 골짜기'로 나아가서, 내가 너에게 알려주는 말을 거기에서 선포하여라." (예레미야 19,1-2)

이러한 내용은 하나님이 우상을 섬기는 유대 왕국 전체를 진멸(殄滅)하겠다는 으름장이다.

> "이렇게 말하고 나서 너는 데리고 간 사람들이 보는 앞에서 그 항아리를 깨뜨리고, 그들에게 이렇게 전하여라. '만군의 주가 말한다. 토기 그릇은 한번 깨지면 다시 원상태로 쓸 수 없다. 나도 이 백성과 이 도성을 토기 그릇처럼 깨뜨려버리겠다.'" (예레미야 19,10-11)

그리고 두 번째 버전은 '밭'에 관한 이야기다. 예루살렘 도성 전체가 바빌로니아 왕의 군대에게 포위되었을 때, 예레미야는 하나님이 그 도성을 바빌로니아 왕의 손에 넘겨줄 것이고 유다 왕 시드기야는 바빌로니아로 끌려갈 것이라고 예언하다가 유다 왕궁의 근위대 뜰 안에 잡혀 있는 상태였다.

주님께서 나에게 말씀하셨다. "너의 숙부 살룸의 아들 하나멜이 너에게 와서, 아나돗에 있는 그의 밭을 너더러 사라고 하면서, 그 밭을 유산으로 살 우선권이 너에게 있기 때문에, 네가 그것을 사야 한다고 말할 것이다." (예레미야 32,6-7)

그런데 동서고금을 막론하고 나라의 명운이 풍전등화인 형국에서 땅을 사고판다는 것은 국가야 망하든 말든 이문을 취해 자신들 배나 불리겠다는 기회주의자들의 속물근성이다. 더구나 예레미야는 나라가 망하리라고 예언까지 했으니 변란의 혼란을 틈타 저가로 땅을 매입하려는 속셈으로 오해받기 십상이었다. 그럼에도 예레미야는 32장 9절을 통해 "나는 숙부의 아들 하나멜에게서 아나돗에 있는 그 밭을 사고, 그 값으로 그에게 은 열일곱 세겔을 달아주었다"라고 했다. 예레미야는 이스라엘의 국권 회복을 믿었기 때문이다. 예레미야 32장 15절은 이를 다음과 같이 분명히 표현했다. "참으로 나 만군의 주, 이스라엘의 하나님이 말한다. 사람들이 이 나라에서 다시 집과 밭과 포도원을 살 것이다."

그러나 누가가 보기에 이 역시도 구구절절한 사연이긴 하지만 '토기장이의 밭'과는 아무런 상관이 없고, "그래서 예언자 예레미야를 시켜서 하신 말씀이 이루어졌다"라고 보기는 힘들었다. 결국 누가는 천신만고 끝에 스가랴만한 게 없다고 여겼을 테고, 그 와중에 사무엘하와 시편에서 유다의 또 다른 인생 마침표로 쓸 영감을 찾아냈으리라. 한발 앞서 마태가 탐색했을 히브리 성서를 탐독하며 누가는 예수의 입을 빌어 누가복음 22장 21절을 통해 유다에 대하여 "보아라, 나를 넘겨줄 사람의 손이 나와 함께 상 위에 있다"라고 했던 것이다. 이에 대해 존 쉘비 스퐁은 다음과 같이 분석했다.

> 다윗 전설에는 왕의 식탁에서 먹는 자가 주님이 기름 부은 자, 즉 다윗 왕을 향해 배반의 손을 치켜들었다는 이야기가 있다. 하지만 그의 배반은 생각지도 못한 결과를 낳았고 그는 목매어 죽었다. 이 배반자의 이름은 아히도벨이고, 그에 대한 캐릭터는 시편 41편 9절, 즉 "내가 믿는 나의 소꿉친구, 나와 한 상에서 밥을 먹던 친구조차도, 내게 발길질을 하려고 뒤꿈치를 들었습니다"라며 기록되어 있다. 이것이 가롯 유다의 행동을 예언자들의 성취, 즉 '성경에 기록되어 있는 대로' 이루어졌음을 나타내려고 유다 이야기에 가져다가 쓴 히브리 성서의 서사다.[6]

이와 관련해서 조금 더 큰 내러티브의 틀에서 보자면 때는 바야흐로 다윗의 태평성대가 서서히 저물어갔고, 그의 아들 압살롬이 기세등등하게 치고 올라오던 시절이었다. 그리고 한때 다윗의 참모이기도 했던 아히도벨이 압살롬의 역모에 가담하자 반란 세력은 차츰 커져만 갔다. 사무엘하 16장 23절에서는 이를 "사람들은 아히도벨이 펼치는 모략은, 무엇이든지, 마치 하나님께 여쭈어서 받은 말씀과 꼭 같이 여겼기" 때문이라고 했다. 사무엘하 15장 31절을 보면 다윗조차 아히도벨이 압살롬 편에 가담했다는 소식을 전해 듣자 이렇게 기도할 정도였다. "주님, 부디, 아히도벨의 계획이 어리석은 것이 되게 하여 주십시오"라고 말이다. 하나님은 다윗의 수많은 허물에도 불구하고 끝끝

---

6   존 쉘비 스퐁, 『성경의 시대착오적인 폭력들』, 278~279쪽.

내 이와 같은 기도에 귀 기울였다.

아히도벨은 자기의 모략대로 이루어지지 않는 것을 보자, 나귀에 안장을 지워서 타고 거기에서 떠나, 자기의 고향집으로 돌아갔다. 거기에서 그는 집안일을 정리한 뒤에 목을 매어서 죽었다. (사무엘하 17,23)

마태는 이 지점에서 유다의 이야기를 멈췄다. 하지만 누가는 유다의 이야기에 훨씬 더 가혹한 요소를 가미하고 싶었다. 압살롬은 다윗의 군사령관인 요압 대신 아마사를 새로운 군사령관으로 발탁했다. 사무엘하 17장 25절에서는 그에 대하여 "아마사는 이드라라는 이스마엘 사람의 아들이다. 이드라는 나하스의 딸 아비갈과 결혼하여 아마사를 낳았는데, 아비갈은 요압의 어머니 스루야의 여동생이었다"라고 전한다. 스루야의 여동생이 아마사를 먼저 낳은 듯하다. 전쟁은 요압의 손에 압살롬이 최후를 맞이함으로써 싱겁게 끝나고 말았다. 그러나 다윗은 역모를 꾀하기는 했어도 아들을 사랑했던 터라 압살롬을 죽인 요압을 더는 신뢰하지 않고 아마사를 그대로 군사령관으로 삼았다. 얼마 지나지 않아 세바라는 자가 또 반란을 일으켰고 이를 진압하기 위해 다윗은 군대를 출병시켰다.

그들이 기브온의 큰 바위 곁에 이르렀을 때, 아마사가 그들의 앞으로 다가왔다. 요압은 군복을 입고, 허리에 띠를 차고 있었는데, 거기에는 칼집이 달려 있고, 그 칼집에는 칼이 들어 있었다. 요압이 나아가자 칼이 삐져나왔다. 요압은 아마사에게 "형님, 평안하시오?" 하면서, 오른손으로 아마사의 턱수염을 붙들고 입을 맞추었다. 요압이 다른 손으로 칼을 빼어 잡았는데, 아마사는 그것을 눈치채지 못하였다. 요압이 그 칼로 아마사의 배를 찔러서, 그의 창자가 땅바닥에 쏟아지게 하니, 다시 찌를 필요도 없이 아마사가 죽었다. (사무엘하 20,8-10)

그러니까 누가는 아마사의 비극적인 최후를 차용해 유다가 "거꾸러져서, 배가 터지고, 창자가 쏟아져서" 죽었다는 식으로 사도행전에 기록함으로써 정작 가룟 유다에게서 참회할 기회마저 박탈해버렸다. 그러고 보면 마지막 식사 자리에서 마태도 인색하다 못해 야박하리만큼 유다에게 매정하기는 했다. 하지만 이는 어쩌면 마태복음이 유다가 어떻게 숨을 거두게 되었는가 하는 인과응보 식의 관심보다 애초부터 유다의 뉘우침에 초점을 맞추었던 게 아닌가 하는 생각마저 들게 한다.

새벽이 되어서, 대제사장들과 백성의 장로들이 모두 예수를 죽이기로 결의하였다. 그들은 예수를 결박하여 끌고 가서, 총독 빌라도에게 넘겨주었다. 그때, 예수를 넘겨준 유다는, 그가 유죄판결을 받으신 것을 보고 뉘우쳐, 그 은돈 서른 닢을 대제사장들과 장로들에게 되돌려주고 말하였다. "내가 죄 없는 피를 팔아넘김으로 죄를 지었소." 그러나 그들은 "그것이 우리와 무슨 상관이요? 그대의 문제요" 하고 말하였다. 유다는 그 은돈을 성전에 내던지고 물러가서, 스스로 목을 매달아 죽었다. 대제사장들은 그 은돈을 거두고 말하였다. "이것은 피 값이니, 성전 금고에 넣으면 안 되오." 그들은 의논한 끝에, 그 돈으로 토기장이의 밭을 사서, 나그네들의 묘지로 사용하기로 하였다. 그 밭은 오늘날까지 피밭이라고 한다. (마태복음 27,1-8)

그러니까 마태는 가룟 사람 유다를 통해 이렇게 역설하려던 게 아니었을까? 적어도 용서와 사랑을 강조하는 예수의 공동체라면 대제사장들과 장로들처럼 누군가를 정죄해 죽이는 일 따윈 없어야 한다고 말이다. 이것이 누가로 하여금 유다의 파멸을 누가복음에서는 다룰 수 없게끔 만들고, 누가와 더불어 사탄을 끌어들여 유다의 배신을 가장 자극적으로 묘사한 요한조차 그의 파국적인 생의 마감에 대해 침묵할 수밖에 없게끔 만들지 않았을까? 그게 아니라면 마태복음과 누가복음을 통해서만 전해진 예수의 산상수훈이 도대체 무슨 의미가 있고 어떤 목적이 있겠는가.

"나는 너희에게 말한다. 너희 원수를 사랑하고, 너희를 박해하는 사람을 위하여 기도하여라. 그래야만 너희가 하늘에 계신 너희 아버지의 자녀가 될 것이다. 아버지께서는, 악한 사람에게나 선한 사람에게나 똑같이 해를 떠오르게 하시고, 의로운 사람에게나 불의한 사람에게나 똑같이 비를 내려 주신다. 너희를 사랑하는 사람만 너희가 사랑하면, 무슨 상을 받겠느냐? 세리도 그만큼은 하지 않느냐? 또 너희가 너희 형제자매들에게만 인사를 하면서 지내면, 남보다 나을 것이 무엇이냐? 이방 사람들도 그만큼은 하지 않느냐? 그러므로 하늘에 계신 너희 아버지께서 거룩하신 것 같이, 너희도 거룩하여라." (마태복음 5,44-48)

또 그게 아니라면 예수는 어째서 이렇게 말했는가.

"너희가 남의 잘못을 용서해주면, 너희 하늘 아버지께서도 너희를 용서해주실 것이다. 그러나 너희가 남을 용서해주지 않으면, 너희 아버지께서도 너희의 잘못을 용서해주지 않으실 것이다." (마태복음 6,14-15)

기도에 대한 예수의 유산

아울러 예수는 마태복음 6장 8절이 전하듯 "하나님 너희 아버지께서는, 너희가 구하기 전에, 너희에게 필요한 것이 무엇인지를 알고 계신다"라고 말하고는 다음과 같이 기도하라고도 가르쳤다.

하늘에 계신 우리 아버지, 그 이름을 거룩하게 하여 주시며, 그 나라를 오게 하여 주시며, 그 뜻을 하늘에서 이루심 같이, 땅에서도 이루어주십시오. 오늘 우리에게 필요한 양식을 내려 주시고, 우리가 우리에게 죄 지은 사람을 용서하여 준 것 같이 우리의 죄를 용서하여 주시고, 우리를 시험에 들지 않게 하시고, 악에서 구하여 주십시오. (나라와 권세와 영광은 영원히 아버지의 것입니다. 아멘.) (마태복음 6,9-13)

나 같은 무신론자도 어릴 적 기억을 더듬지 않더라도 여전히 또박또박 암송할 수 있는 익숙한 주기도문은 이렇다. "하늘에 계신 우리 아버지, 이름이 거룩히 여김을 받으시오며 나라가 임하옵시며, 뜻이 하늘에서 이루어진 것 같이, 땅에서도 이루어지이다. 오늘 우리에게 일용할 양식을 주옵시고, 우리가 우리에게 죄 죄은 자를 사하여 준 것 같이, 우리의 죄를 사하여 주옵시고, 우리를 시험에 들게 하지 마옵시며, 다만 악에서 구하옵소서. 대개 나라와 권세와 영광이 아버지께 영원히 있사옵나이다." 최근에서야 알게 되었지만 가톨릭에서는 "악에서 구하소서"로 마무리하고, 개신교에서는 "대개 나라와 권세와 영광이 아버지께 영원히 있사옵나이다"라고 마무리한다. 그러고 보니 주기도문은 두 문장, 즉 '하늘에 계신 우리 아버지'로 시작해서 '악에서 구하옵소서'로 끝맺는 긴 문장과 '대개 나라와 권세와 영광이 아버지께 영원히 있사옵나이다'로 끝맺는 짧은 문장으로 구성되어 있다. 천주교의 주기도문은 다음과 같다. "하늘에 계신 우리 아버지, 아버지의 이름이 거룩히 빛나시며, 아버지의 나라가 오시며, 아버지의 뜻이 하늘에서와 같이, 땅에서도 이루어지소서. 오늘 저희에게 일용할 양식을 주시고, 저희에게 잘못한 이를 저희가 용서하오니, 저희 죄를 용서하시고, 저희를 유혹에 빠지지 않게 하시고, 악에서 구하소서." 그렇다면 고개가 갸웃거려지지 않는가?

왜 이 두 교파 사이에 이런 차이가 생긴 것일까? 대답은 의외로 간단하다. 개신교인들은 보통 자기들이야말로 '근본'이 그게 뭐든 '근본으로 돌아가기'를 원하는 사람들이라고 주장하는데, 이 경우 가톨릭 판본이 원본에 더 가깝기 때문이다. 지금 개신교 판본에 붙어 있는 마지막 구절은 초대 교회 당시 기도 자체에 대한 일종의 반응을 덧붙인 것이다. 더욱이 개신교인들은 이 기도를 '주의 기도'라고 하고 가톨릭에서는 이를 '우리 아버지(Oratio Dominica)'라고 부른다. 그러나 학자들을 놀라게 하는 것은 이 기도문에 유대교적 특성이 두드러진다는 점인데, 더욱 놀라운 사실이 있다면 특별히 그리스도교에서 기원했다고 할 것이 없다는 점이다. 신약 주석가 셔먼 E. 존슨(Sherman E. Johnson)이 말한 것처럼, 이 기도는 철저히 유대교적인 것으로서 거의 매 구절이 카디쉬, 그리고 테필라라고 하는 '열여덟 가지 축복'과 평행을 이루고 있다. 따라서 이것은 예수가 그 자신의 백성들이 가지고 있던 경전으로부터 영감을 얻어 독창적으로 요약한 것이라고밖에 볼 수 없다.[7]

여기서 카디쉬란 유대인들의 전례 기도로 "그의 나라가 너의 일생과 너의 날과 이스라엘 온 족속이 살아 있을 때 속히 통치하기를!"[8]이라며 읊조리는 것이다. 그러나 여기서 놓치지 말아야 할 것은 예수가 카디쉬나 테필라를 가져다 썼다는 사실이 아니라, 요즘 자주 지적되듯이 '영적 허세'를 경계하라고 한 가르침이다. 즉 마태복음 6장 5절처럼 "너희는 기도할 때, 위선자들처럼 하지 말아라. 그들은 사람들에게 보이려고, 회당과 큰길 모퉁이에 서서 기도하기를 좋아한다"라거나 마태복음 6장 7절과 8절처럼 "너희는 기도할 때, 이방 사람들처럼 빈 말을 되풀이하지 말아라. 그들은 말을 많이 하여야만 들어주시는 줄로 생각한다. 그러므로 그들을 본받지 말아라. 하나님 너희 아버지께서는, 너희가 구하기 전에, 너희에게 필요한 것이 무엇인지를 알고 계신다"라고 했다는 사실이다. 아울러 주기도문은, 누가의 진술대로라면, 제자들 가운데 한 사람이 요구하고 예수가 이에 부응한 결과물이었다고 한다. 다음과 같이 말이다.

예수께서 어떤 곳에서 기도하고 계셨는데, 기도를 마치셨을 때 그의 제자들

---

7   하비 콕스, 오강남 옮김, 『예수 하버드에 오다(When Jesus Came To Havard: Making Moral Choices Today)』(문예출판사, 2004), 222~223쪽.

8   데일 C. 앨리슨, 김선용 옮김, 『역사적 그리스도와 신학적 예수(The Historical Christ and the Theological Jesus)』(비아, 2022), 222쪽.

가운데 한 사람이 그에게 말하였다. "주님, (세례) 요한이 자기 제자들에게 기도하는 것을 가르쳐준 것과 같이, 우리에게도 그것을 가르쳐주십시오." 예수께서 그들에게 말씀하셨다. "너희는 기도할 때, 이렇게 말하여라." (누가복음 11,1-2)

누가복음의 주기도문은 마태복음의 것을 요약한 듯한데, 누가복음 11장 4절, 즉 "우리의 죄를 용서하여 주십시오. 우리에게 빚진 모든 사람을 우리가 용서합니다" 같은 구절은 사뭇 다르다. 제자들 가운데 누가 그것을 요구했는지는 알 수도 없고 중요하지도 않다. 이와 같은 논의에서 주기도문과 관련하여 더 덧붙여야 할 게 있다면, C. S. 루이스의 고찰 정도다.

주기도문의 첫 문장은 '하늘에 계신 우리 아버지여'입니다. 무슨 뜻인지 아시겠습니까? 이것은 아주 정직하게 말해서, 여러분이 지금 하나님의 아들 행세를 한다는 뜻입니다. 조악하게 표현해서 그리스도로 가장하고 있다는 뜻이기도 하지요. 이 첫 문장의 뜻을 깨닫는 순간, 여러분은 자기가 하나님의 아들이 아니라는 사실 또한 깨닫게 될 것이기 때문입니다. 여러분은 성부와 한마음 한뜻을 품고 계시는 '그' 하나님의 아들과 같을 수가 없습니다. 여러분은 자기 중심적인 두려움과 소원, 욕심, 질투, 자만 등 망할 수밖에 없는 것들을 모아 놓은 꾸러미입니다. 이런 사람이 그리스도로 가장한다는 것은 어떤 점에서 파렴치한 짓이 아닐 수 없습니다. 그런데 이상한 사실은 그리스도 자신이 이렇게 하라고 명령하셨다는 것입니다.[9]

---

9   C. S. 루이스, 장경철·이종태 옮김, 『순전한 기독교(Mere Christianity)』(홍성사, 2001, 2018), 286~287쪽.

그렇다면 요한은 요한복음 13장 27절을 통해 예수가 유다에게 재촉하듯이 "네가 할 일을 어서 하여라"라고 했다고 전하는데, 그러면 예수는 유다의 배신을 두고도 마가복음 5장 48절에서와 같이 "하늘에 계신 너희 아버지께서 거룩하신 것 같이, 너희도 거룩하여라"라고 말했다는 것인가? 그렇지 않다.

예수에 대한 유다의 배신은 하나님의 명령인가

요한복음 13장 26절과 27절에 따르면 배신자 유다에 대해 예수는 이렇게 말하기 때문이다.

"내가 이 빵조각을 적셔서 주는 사람이 바로 그 사람이다." 그리고 그 빵조각을 적셔서 시몬 가롯의 아들 유다에게 주셨다. 그가 빵조각을 받자, 사탄이 그에게 들어갔다. "네가 할 일을 어서 하여라." (요한복음 13,26-27)

그러니까 예수는 사탄에게 그가 할 일을 재촉했다고 할 수 있다. 또 그렇다면 우리는 유다에게 죄를 따지는 것이 정당한지 묻지 않을 수 없다.

(이는 아주 오래전부터) 종종 제기되어오던 모순으로, 예수나 그를 죽인 자들이나 모두 하나님의 계획 가운데서 행동한 것이니, 따라서 예수를 (고발한 자든) 처형한

자들이든 죄가 없는 것이고, 단지 하나님을 대신해서 행동했을 뿐이라는 것이다.[10]

하지만 이에 대하여 C. S. 루이스는 다음과 같이 반박하고자 했다.

십자가의 죽음 자체는 역사적 사건 가운데 최악의 사건인 동시에 최선의 사건이지만, 유다의 역할은 여전히 악한 것입니다. 우리는 이것을 다른 이들이 겪는 고난의 문제에 먼저 적용해 볼 수 있습니다. 어떤 자비로운 사람이 이웃의 유익을 위해 '순수한 선'과 의식적으로 협력하는 가운데 '하나님의 뜻'을 행하고 있다고 합시다. 반대로 어떤 잔인한 사람은 이웃을 학대하면서 '순수한 악'을 행하고 있었는데 하나님이 그의 동의 없이, 그도 모르는 사이에 그 악을 사용하여 '총체적인 선'을 만들어 내셨다고 합시다. 이때 첫 번째 사람은 아들로서 하나님을 섬긴 것이고, 두 번째 사람은 도구로서 하나님을 섬긴 것입니다. 여러분이 어떤 행동을 하든 여러분은 하나님의 목적을 수행하게 되어 있습니다. 그러나 유다처럼 섬기느냐 요한처럼 섬기느냐가 문제입니다.[11]

그러나 이것이 우리가 가룟 유다에게 던질 수 있는 최선의 답변일까? "유다는 그 빵조각을 받고 나서, 곧 나갔다. 때는 밤이었다." 그는 예수가 명령했으니 이대로 예수를 죽이려고 혈안이 돼 있는 종교 지도자들에게로 갈 것인지, 아니면 그 명령을 어기고 요한처럼 섬길 것인지 갈등하지 않을 수 없었을 것이다. 유다 역시 '이마고 데이', 즉

10   월터 윙크, 한성수 옮김, 『참사람(The Human Being, Jesus and the Enigma of the Son of the Man)』 (한국기독교연구소, 2014), 229쪽.
11   C. S. 루이스, 이종태 옮김, 『고통의 문제(The Problem of Pain)』(홍성사, 2002, 2018), 168~169쪽.

'하나님의 형상'대로 만들어진 피조물이 아니었는가? 그는 별안간 예수가 일전에 했던 말이 떠올랐을 것이다. 즉 마태복음 6장 6절의 "너는 기도할 때, 골방에 들어가 문을 닫고서, 숨어서 계시는 네 아버지께 기도하여라. 그리하면 숨어서 보시는 너의 아버지께서 너에게 갚아 주실 것이다"라는 그 가르침을 말이다. 밤이었지만 유다는 그래도 급한 일로 지나던 사람이 보기라도 할까 싶어 후미진 곳에 몸을 숨긴 채 은밀히 지켜보는 하나님에게 간구했으리라.

> "하늘에 계신 아버지여, 아버지께서는 모든 일을 하실 수 있으시니, 내게서
> 이 잔을 거두어주십시오. 그러나 내 뜻대로 하지 마시고, 아버지의 뜻대로 하
> 여 주십시오." (마가복음 14,36)

당황스러운 점이라면 신비스럽게도 유다의 기도가 우리에게 익숙한 예수의 기도와 닮아 있었으리라는 것이다. 그리고 예수가 그랬듯이 유다도 간절했을 것이다. 왜 아니었겠는가. 가룟 유다도 다음과 같은 예수의 가르침을 마음에 새겨두고 있지 않았겠는가?

> "내가 너희에게 말한다. 구하여라. 그리하면 너희에게 주실 것이다. 찾아라,
> 그리하면 찾을 것이다. 문을 두드려라, 그리하면 너희에게 열어주실 것이다.
> 구하는 사람마다 받을 것이요, 찾는 사람마다 찾을 것이요, 문을 두드리는 사
> 람에게 열어주실 것이다." (누가복음 11,9-10)

그러나 하나님은 예수가 그토록 거두어주길 바랐던 잔을 치우지 않

았듯이 유다의 잔도 거두지 않았다. 그런데도 당신은 유다에게 죄를 묻겠다는 것인가! '모든 사건은 예외 없이 기도에 대한 응답들이라고 믿었던' C. S. 루이스는 이 상황에서조차 다음과 같이 말할 수 있었을까?

들어주시든 거절하시든, 여하튼 하나님은 관계된 모든 이들의 기도와 그들의 필요를 다 고려하십니다. 하나님은 모든 기도를 다 들으십니다. 비록 모든 기도의 내용을 다 들어주시는 것은 아니지만 말입니다. …… 어떤 사건이 여러분의 기도 때문에 일어났는지 아닌지 여부를 묻는 것은 질문이 되지 않습니다. 여러분이 기도한 그 일이 일어난다면 여러분의 기도가 그 일에 기여한 것입니다. 그러나 그 일이 일어나지 않은 경우에도 여러분의 기도는 결코 그저 무시된 것이 아닙니다. 그것은 고려되었으나 여러분의 궁극적 유익을 위해, 또 우주 전체의 유익을 위해 거부된 것입니다. [12]

이처럼 C. S. 루이스의 변증은 현실의 그것과는 사뭇 다르기는 하더라도, 기도에 대해 믿는 이들이 취해야 할 입장을 더할 나위 없이 잘 대변한다. 하지만 나는 차라리 도스토옙스키가 기도에 관해 쓴 다음과 같은 대목이 유다를 위한 중보기도였으면 하고 바란다.

청년이여, 기도하는 것을 잊지 말라. 그대가 기도를 할 때마다, 만약 그것이 참되다면, 새로운 감정이 솟구칠 것이며 거기에는 그대가 이전에는 몰랐지만 새롭게 그대의 기운을 북돋을 새로운 생각도 들어 있다. 그리하여 기도가 곧 교육임을 깨

---

12 C. S. 루이스, 이종태 옮김 · 강영안 감수, 『기적(Miracles)』(홍성사, 2008, 2019), 356쪽.

달아라. 이것도 기억해 두어라. "주여, 오늘 하루 주님 앞에서 산 모든 이들을 어여삐 여기시옵소서"라고 되뇌도록 하라. …… 자, 이제, 그들의 명복을 비는 그대의 기도가 이 땅의 반대편 끝에서부터 주님께로 올라갈 것이니, 비록 그대도 그들을 모르고 그들도 그대를 전혀 몰랐다고 할지라도 그럴 것이다. 주님 앞에 공포감을 느끼며 섰던 그의 영혼이 자신을 위해서도 기도를 해주는 자가 있으며 지상에 자기를 사랑해주는 인간 존재가 남아 있음을 느낀다면 바로 그 순간 얼마나 감동하겠는가. 더욱이 하느님은 그대들 둘을 모두 더욱더 자비롭게 바라볼 것이니, 이는 그대가 그들을 이미 그토록 안쓰러워했다면, 하나님은 그대보다 더 헤아릴 수 없는 자비와 사랑을 지니고 그들을 가여워할 것이기 때문이다. 또한 그대를 봐서라도 그를 용서할 것이다. [13]

그러나 오늘날까지도 여전히 가룟 유다의 최후에만 골몰한 나머지 마태복음과 사도행전 간의 불일치가 성경의 무오성을 해친다며 안절부절못하는 이들은 히포의 아우구스티누스가 제시한 다음과 같은 문자적 해석에서 이 두 저작의 조화와 신앙의 안식을 찾는 듯하다. 마태복음에서는 대제사장들과 장로들이 나그네의 묘지로 사용하려고 샀다고 했고, 사도행전에서는 유다가 직접 불의의 삯으로 샀다는 그 밭에 나무 한 그루가 있었고 유다는 나뭇가지에다 밧줄을 걸어 목매달아 죽었다. 그런데 나뭇가지가 버둥거리는 유다의 무게를 이겨내지 못해 부러지고 말았다. 그 바람에 거꾸러지며 터져버린 유다의 배에서 창자가 쏟아져나왔다. 물론 이러한 문자적 해석은 아우구스티누스가 이룩한

---

13 도스토옙스키, 김연경 옮김, 『카라마조프 가의 형제들2(Братья Карамазовы)』(민음사, 2007), 86~87쪽.

신학의 아주 작고 어두운 일부분이다. 그렇다고 해서 가룟 유다를 향해 일깨워진 증오심이라든지 그 적대감 속에서 자라며 또 다른 유다를 매달 나무 한 그루까지 무시할 수는 없다. 만일 배신자라는 유다의 운명에 합당한 비극적 최후를 전하는 게 목적이었다면, 마태는 나무부터 고르는 일에 소홀히 하지 말았어야 했다. 아무 나무든 상관없었던 게 아니라 유다가 목매달 나뭇가지는 예수가 저주해 말라 죽게 한 그 무화과나무여야 하지 않았을까? 그날 유다는 죽기로 마음먹었다.

구불구불한 길을 지나자, 그 죽은 무화과나무가 나를 기다리고 있었다. 나는 서서 조심스럽게 가지들을 하나하나 살펴보고, 쓸 만한 가지를 찾은 다음 그곳에 밧줄을 묶는다. [14]

예수가 저주한 무화과나무

자기 자신을 불행하게 만드는 것은 자기 자신의 믿음 때문일 수도 있다.

(표도르의 늙은 하인) 그리고리가 아침 녘에 상인 루키아노프의 상점에서 물건을 사다가 그에게서 어떤 러시아 병사 이야기를 들었는데, 그 사람은 어딘가 멀리 외국에서 아시아인들의 손아귀에 포로로 잡혀, 고통스럽고도 끈질긴 죽음의 공포와

---

14 아모스 오즈, 최창모 옮김, 『유다(Judas)』(현대문학, 2021), 409쪽.

더불어 기독교를 버리고 이슬람교로 개종하라는 강요를 받았으나 끝내 자신의 종교를 배반하지 않고 고통을 감내했을뿐더러 그리스도를 찬양하고 칭송하면서 자신의 살가죽이 벗겨지는 가운데 죽었다는 것이었고―이 대단한 위업에 관한 뉴스가 바로 그날 받은 신문에 마침 실려 있었다. 그리고 바로 이 일에 대해 지금 그리고리가 식탁에서 말을 꺼냈던 것이다. …… 그때 갑자기 문 곁에 서 있던 (표도르의 사생아이자 하인 겸 요리사) 스메르자코프가 피식 웃는 것이었다. …… "설령 이 칭송할 만한 병사의 위업이 아주 위대하다고 할지라도, 제 소견으로는, 이런 경우 대략 그리스도의 이름과 자신의 세례를 거부했다고 해도 죄가 될 건 없을 듯한데요. 그렇게 자기 목숨을 구함으로써 앞으로 살아가면서 좋은 일 많이 해서 자신의 비겁함을 보상하면 되니까요." [15]

믿음에 대하여 아침 댓바람부터 맞붙은 입씨름은 그리고리 바실리예비치와 스메르자코프, 이 두 하인을 아주 뜨겁게 달구었다.

"침착하게 생각 좀 해보시라구요, 그리고리 바실리예비치. 성경에도 쓰여 있지 않습니까, 사람이 아주 작은 깨알만 한 믿음이라도 갖고 있다면, 그래서 이 산을 향해 바다로 가라고 말한다면. 명령이 떨어지자마자 조금도 지체하지 않고 그렇게 갈 거라고. 자, 그리고리 바실리예비치. 저는 믿음이 없는 자이고 당신은 쉴 새 없이 저를 욕할 만큼 신앙이 깊으니, 어디 한번 직접 저 산을 향해 바다는 고사하고라도, 여기서 바다까지는 머니까요. 저기 우리 동네의 악취 나는 개천에라도, 아니면 바로 저기 우리 집 정원 뒤로 흐르는 개천에라도 한번 와보라고 말씀해보시죠.

---

15 도스토옙스키, 김연경 옮김, 『카라마조프 가의 형제들1(Братья Карамазовы)』(민음사, 2007), 267 ~268쪽.

그 즉시, 당신이 아무리 소리를 질러도, 아무것도 움직이지 않고 여전히 제자리에 얌전히, 고스란히 있는 걸 보실 테죠. 하지만 이것이야말로, 그리고리 바실리예비치, 당신도 참된 믿음을 갖고 있지 않으면서 믿음을 건수로 그저 다른 사람들에게 욕을 해댄다는 뜻이 아니겠습니까요. …… 그러니까 저는 한번 의심을 품었다가 나중에 참회의 눈물을 흘릴 때 용서를 받을 것이라고 믿는 것뿐입니다요." [16]

도스토옙스키가 논쟁이라고까지 명명한 이 입씨름 장면은 예수에게 제자들이 우리는 왜 당신처럼 기적을 일으킬 수 없느냐고 묻자, 예수가 이렇게 답했다고 하는 구절에서 촉발된 것이다. 마태복음 17장 20절에 따르면 예수는 "너희의 믿음이 적기 때문이다. 내가 진실로 너희에게 말한다. 너희에게 겨자씨 한 알만 한 믿음이라도 있으면, 이 산더러 '여기에서 저기로 옮겨가라!' 하면 그대로 될 것이요, 너희가 못 할 일이 없을 것이다"라고 말했다고 한다. 그러나 믿음이 어때야 하는지는 제쳐두더라도 예수가 어떤 상황에서 그렇게 말했는지 알아두는 것은 지면을 낭비하는 일처럼 보이지는 않는다.

이른 아침에 그들이 지나가다가, 그 무화과나무가 뿌리째 말라버린 것을 보았다. 그래서 베드로가 전날 일이 생각나서 예수께 말하였다. "랍비님, 저것 좀 보십시오, 선생님이 저주하신 저 무화과나무가 말라 버렸습니다." 예수께서 그들에게 말씀하셨다. "하나님을 믿어라. 내가 진실로 너희에게 말한다. 누구든지 이 산더러 '번쩍 들려서 바다에 빠져라' 하고 말하고, 마음으로 의심

16 위의 책, 273~274쪽.

하지 않고 말한 대로 될 것을 믿으면, 그대로 이루어질 것이다. 그러므로 나는 너희에게 말한다. 너희가 기도하면서 구하는 것은 무엇이든지, 이미 그것을 받은 줄로 믿어라. 그리하면, 너희에게 그대로 이루어질 것이다." (마가복음 11,20-24)

그런데 예수가 저주했다니 이게 도대체 무슨 말인가. 베드로가 그렇게 말한 것이기는 해도 예수는 이를 부정하지 않았다. 베드로는 불평불만 정도가 아니라 저주라고 했는데도 말이다. 시편에도 일명 '저주의 시편'이라는 장들이 있다. 대체로 37편, 69편, 79편, 109편, 139편, 143편 정도를 그렇게 부르는데 다윗이 원수와 적들에 대한 하나님의 의로운 분노를 간구하며 복수가 이뤄지길 염원하는 글들이다. 그런데 이조차도 '저주의 시편'이라고 하지 않고 순화하여 '탄식의 시편'이라고 부르니 하는 소리다. 그 가운데서 한 편만 살펴보자.

"악인을 시켜, 그와 맞서게 하십시오. 고소인이 그의 오른쪽에 서서, 그를 고발하게 하십시오. 그가 재판을 받을 때, 유죄 판결을 받게 하십시오. 그가 하는 기도는 죄가 되게 하십시오. 그가 살아갈 날을 짧게 하시고 그가 하던 일도 다른 사람이 하게 하십시오. 그 자식들은 아버지 없는 자식이 되게 하고, 그 아내는 과부가 되게 하십시오. 그 자식들은 떠돌아다니면서 구걸하는 신세가 되고, 폐허가 된 집에서마저 쫓겨나서 밥을 빌어먹게 하십시오. 빚쟁이가 그 재산을 모두 가져가고, 낯선 사람들이 들이닥쳐서, 재산을 모두 약탈하게 하십시오. 그에게 사랑을 베풀 사람이 없게 하시고, 그 고아들에게 은혜를 베풀어줄 자도 없게 하십시오. 자손도 끊어지고, 후대에 이르러, 그들의 이름까지도 지워지게 하십시오. 그의 아버지가 지은 죄를 주님이 기억하시고, 그의 어머니가 지은 죄도 지워지지 않게 하십시오. 그들의 죄가 늘 주님에게 거슬리게 하시고, 세상 사람들이 그를 완전히 잊게 하여 주십시오." (시편 109,6-15)

이와 비교할 때 다음과 같은 시편은 단 한 구절이라고 할지라도 요청하는 저주의 내용만 보면 소름이 오싹 끼칠 만큼 잔인하다. 바빌론 포로기의 유대 민족이 겪은 애환을 다뤘다는 점에서 다윗의 글은 아니기에 '저주의 시편'으로는 묶이지 않는 것 같지만 말이다.

우리가 바빌론의 강변 곳곳에 앉아서, 시온을 생각하면서 울었다. 그 강변 버드나무 가지에 우리의 수금을 걸어 두었더니, 우리를 사로잡아 온 자들이 거기에서 우리에게 노래를 청하고, 우리를 짓밟아 끌고 온 자들이 저희의 흥을 돋우어주기를 요구하며, 시온의 노래 한 가락을 저희를 위해 불러 보라고 하는구나. 우리가 어찌 이방 땅에서 주님의 노래를 부를 수 있으랴. 예루살렘아, 내가 너를 잊는다면, 내 오른손아, 너는 말라비틀어져 버려라. 내가 너를 기억하지 않는다면, 내가 너 예루살렘을 내가 가장 기뻐하는 것보다도 더 기뻐하지 않는다면, 내 혀야, 너는 내 입천장에 붙어 버려라. 주님, 예루살렘이 무너지던 그 날에, 에돔 사람이 하던 말, "헐어 버려라, 헐어 버려라" 하던 그 말을 기억하여 주십시오. 멸망할 바빌론 도성아, 네가 우리에게 입힌 해를 그대로 너에게 되갚는 사람에게, 복이 있을 것이다. 네 어린아이들을 바위에다가 메어치는 사람에게 복이 있을 것이다. (시편 137,1-9)

저주라는 게 이런 것인데도 예수가 저주를 했다는 말인가. 그리고 그 저주가 이뤄진 것을 보고 마가복음 11장 22절처럼 "하나님을 믿어라"라고 말할 수 있다는 말인가. 마가복음 11장 24절처럼 저주조차도 "너희가 기도하면서 구하는 것은 무엇이든지, 이미 그것을 받은 줄로 믿으면 너희에게 그대로 이루어질 것이다"라는 기도의 내용이 될 수 있는가. 마태는 그렇다고 믿었다.

새벽에 성 안으로 들어오시는데, 예수께서는 시장하셨다. 마침 길 가에 있는 무화과나무 한 그루를 보시고, 그 나무로 가셨으나, 잎사귀밖에는 아무것도 없으므로, 그 나무에게 말씀하셨다. "이제부터 너는 영원히 열매를 맺지 못할 것이다!" 그러자 무화과나무가 곧 말라버렸다. 제자들은 이것을 보고 놀라서 말하였다. "무화과나무가 어떻게 그렇게 당장 말라버렸을까?" 예수께서 그들에게 말씀하셨다. "내가 진실로 너희에게 말한다. 너희가 믿고 의심하지 않으면, 내가 이 무화과나무에 한 일을 너희도 할 수 있을 뿐 아니라, 이 산더러 '들려서 바다에 빠져라' 하고 말해도, 그렇게 될 것이다. 또 너희가 기도할 때, 이루어질 것을 믿으면서 구하는 것은, 무엇이든지 다 받을 것이다." (마태복음 21,18-22)

그렇지만 예수가 누구인가. 마태는 무화과나무에 관한 에피소드를 이렇게 마무리했으나 마가는 마가복음 11장 25절을 통해 그렇게 하지 않았다. "너희가 서서 기도할 때, 어떤 사람과 서로 등진 일이 있으면, 용서하여라. 그래야, 하늘에 계신 너희 아버지께서도 너희의 잘못을 용서해주실 것이다." 더구나 요한복음 19장 5절을 통해 전해진 빌라도는 예수에 대하여 '호모 에고', 즉 "보시오, 이 사람이오"라며, 니체의 자서전 제목이기도 한 "이 사람을 보라"며 그가 예수에게서 죄를 찾고자 했으나 찾지 못했다고 두둔하기까지 했다고 성서에는 기록되어 있지 않은가. 버트런드 러셀(Bertrand Russell)은 마가가 11장 12절부터 14절까지, 그리고 20절부터 25절까지로 나누어 쓴 마가복음을 바탕으로 다음과 같은 견해를 보탰다.

들을 때마다 늘 사람을 어리둥절하게 만드는, 무화과나무에 관한 희한한 이야기가 있다. 여러분도 잘 아는 이야기일 테지만 그 내막은 이렇다. 시장기를 느낀 예수께서 멀리 서 있는 이파리 무성한 무화과나무를 보시고 먹을 것이 있을까 하고 그리로 가셨다. 무화과나무에 가보니 아직 열매 맺을 때가 되지 않아 잎사귀 외엔 아무것도 없음을 아시게 되었다. 그때 예수께서 대답하시고 나무에 이르기를 "지금부터 영원히 아무도 네 열매를 먹지 못하리라" 하시니, 베드로가 예수께 말씀드리기를 "주여, 주께서 저주하신 저 무화과나무를 보소서. 시들어버렸나이다"라고 하였다. 참으로 이상한 이야기가 아닐 수 없다. 무화과가 열릴 철도 아닌데 나무를 탓하다니 말이다. 나로서는 예수가 지혜로 보나 도덕성으로 보나 역사에 남은 다른 사람들만큼 높은 위치에 있다고 도저히 볼 수 없다. 그런 점들에 있어서는 석가나 소크라테스를 예수 위에 놓아야 한다고 생각한다. [17]

그날 가롯 유다는 예수에 대해 이렇게 생각했을지 모른다.

그는 왜 그 나무를 저주했을까? 그 나무가 그에게 무슨 나쁜 짓을 했던가? 그 무화과나무는 아무런 잘못이 없었다. 이 세상에 있는 어떤 무화과나무가 유월절이

---

17 버트런드 러셀, 송은경 옮김, 『나는 왜 기독교인이 아닌가(Why I am not a Christian)』(사회평론, 1999, 2005), 36~37쪽.

되기 전에 열매를 맺거나 내어줄 수 있다는 말인가. 만약 그가 무화과를 먹고 싶었다면. 돌들을 빵으로 물을 포도주로 바꾼 것처럼. 자기가 원하는 기적을 하나 일으켜서. 아직 제철이 되려면 많은 날이 남았지만. 그 무화과나무가 그를 위해서 이른 열매를 내도록 만든다고 해서 누가 못 하게 말렸겠는가? 그는 왜 그 나무를 저주했을까? 그 무화과나무가 그에게 무슨 죄를 지었다는 말인가? 어떻게 자기 입에 담겼던 복음을 잊어버리고 별안간 혐오스럽고 잔인한 말들로 채울 수 있었는가? 거기서, 바로 그 무화과나무 밑에서, 그 순간에, 나는 내 눈을 크게 뜨고 그도 결국은 우리와 똑같은 인간임을 보았어야 했다. 우리 중에 가장 위대하고, 우리보다 훌륭하며, 우리와 비교할 수 없을 정도로 깊이가 있지만, 그러나 살과 피를 가진 존재라는 것을, 바로 그 장소에서 나는 온 힘을 다해 그의 옷자락을 붙잡고 그와 우리가 모두 발길을 돌렸어야만 했다. [18]

아무튼 마가복음, 그리고 마태복음과 누가복음을 통해서는 최후의 만찬 직후 가룟 유다가 한동안 그 자리에서 꾸물거렸는지 아니면 그 자리를 박차고 나왔는지조차 알 수 없다. 그래서 유독 요한복음의 다음과 같은 구절이 눈길을 사로잡았을 것이다. "유다는 그 빵조각을 받고 나서, 곧 나갔다. 때는 밤이었다." 이것이 13이라는 숫자에 불길한 기운을 불어넣었을 믿음의 강요였던 셈이다. 그리고 이러한 믿음이 점차 집단적인 신앙으로 자리 잡으면서 낮보다 밤이, 빛보다 어둠이, 사랑보다 증오가, 자비보다 분노가, 축복보다 저주가 오직 한 사람, 바로 가룟 유다에게만 퍼부어졌다.

---

18 아모스 오즈, 『유다(Judas)』, 407~408쪽.

3장

죽지 않았더라면 유다,
그날의 일들을 다르게 전했을 것이다

하지만 그래 봐야 유다가 전한, 그의 목소리를 담아내려는 노력의 결과인 필사본의 형식이었을 것이다. 그런데 필사본의 경우 가톨릭에서 성서로 채택한 73권이든 개신교에서 채택한 성서 66권이든 어떤 것이든 원본이 아니라는 사실이다. 개신교에서 외경으로 취급해 성경에서 제외한 토비트, 유딧, 마카베오상·하, 지혜서, 집회서, 바룩, 이 7권과 에스더기와 다니엘서에 첨부된 일부 내용은 말할 것도 없다. 다시 말해, 우리에게 전해진 성서의 사본이 원본에 가까운지, 아니면 그나마 가장 신뢰할 수 있는 본문을 제공하는 정본인지조차 알 수 없다는 이야기다. 상황이 이러한데도 성서의 진실성을 주장할 때 종종 다른 고대 문서, 이를테면 자주 거론되는 『일리아드』·『오디세이』와 비교만 해도 성서의 사본이 그 수적인 면에서 압도적이라며 성서의 우월성을 고집하는데, 이는 지중해 문화권에서 신약성서의 이야기가 A.D. 2세기 이후부터 인기가 높아져 사본의 형태로 지중해 각지에 널리 퍼졌다는 뜻이지 본문 자체의 진실성과는 아무런 관련도 없다는 점을 간과한 맹목적 지지의 표명이다. 로버트 펑크는 다음과 같이 소신껏 강조한다.

신약성서에 포함된 문서들의 원문 필사본들은 소실되었다. 신약성서의 파편적 단편들 가운데 가장 오래된 것은 요한복음 사본의 파피루스 조각이다. 이 파피루스 조각은 A.D. 125년에서 160년 사이, 그러니까 예수가 죽은 지 약 100년 뒤에 기록된 것이다. 파피루스 필사본들 가운데 제법 그 내용이 풍부해진 조각들은 2세기 말엽의 것이며, 완전한 복음서 사본들 가운데 남아 있는 것들은 3세기의 것이다. …… 이런 문제뿐 아니라, 신약성서 문서들의 사본은 모두 손으로 베껴 썼기 때문에, 사본들 가운데 2개가 똑같은 사본들조차 없다는 점이다. 신약성서의 그리스어 필사본들에서 그 의미상 차이가 발견되는 곳은 어림잡아 7,000여 군데 이상이나 되는 것으로 추정하고 있다. 오늘날 우리에게 전해진 판본들은 이러한 엄청난 차이점들을 분류하고 평가하고, 수많은 가능성 가운데 적절하다 싶은 것을 선별하여, 그 차이점들을 줄인 것이다. 즉, 우리에게 전해진 성서는 사실상 초기의 본문 비평가들과 편집자들의 산물인 것이다.[1]

사본으로만 구성된 신약성서

어쨌든 "그들은 찬송을 부르고, 올리브 산으로 갔다." 가룟 유다는 그 자리에 없었다.

그때 예수께서 제자들에게 말씀하셨다. "오늘 밤에 너희는 모두 나를 버릴 것이다. 성경에 기록하기를 '내가 목자를 칠 것이니, 양 떼가 흩어질 것이다' 하

---

1 로버트 펑크, 『예수에게 솔직히』, 154~155쪽.

였다. 그러나 내가 살아난 뒤에, 너희보다 먼저 갈릴리로 갈 것이다." 베드로가 예수께 말하였다. "비록 모든 사람이 다 주님을 버릴지라도, 나는 절대로 버리지 않겠습니다." 예수께서 그에게 말씀하셨다. "내가 진실로 네게 말한다. 오늘 밤에 닭이 울기 전에, 네가 세 번 나를 모른다고 할 것이다." 베드로가 예수께 말하였다. "주님과 함께 죽는 한이 있을지라도, 절대로 주님을 모른다고 하지 않겠습니다." 그리고 다른 제자들도 모두 그렇게 말하였다. (마태복음 26,31-35)

마태는 마가의 전승에 충실하다. 앞서 지적했듯이 마가복음 14장 30절에서는 "오늘 밤에 닭이 두 번 울기 전에"라고 한 것을 마태는 "오늘 밤에 닭이 울기 전에"라고 한 것이 다르기는 해도 말이다. 그런데 누가복음을 보면 예수가 베드로에게 "오늘 닭이 울기 전에, 네가 세 번 나를 모른다고 할 것이다"라고 했다는 말을 전하는 문단도 마찬가지지만 앞뒤로 위치한 패러그래프는 한두 구절을 제외하면 누가만이 전하는 독자적인 내용이다. 그 시작은 이 또한 앞에서도 이미 언급한 바 있는 마지막 만찬 직후 '제자들 간의 말다툼'으로 시작한다.

제자들 가운데서 누구를 가장 큰 사람으로 칠 것이냐는 물음을 놓고, 그들 사이에 말다툼이 벌어졌다. 예수께서 그들에게 말씀하셨다. "뭇 민족들의 왕들은 백성들 위에 군림한다. 그리고 백성들에게 권세를 부리는 자들은 은인으로 행세한다. 그러나 너희는 그렇지 않다. 너희 가운데서 가장 큰 사람은 가장 작은 사람과 같이 되어야 하고, 또 다스리는 사람은 섬기는 사람과 같이 되어야 한다. 누가 더 높으냐? 밥상에 앉은 사람이냐, 시중드는 사람이냐?

그러나 나는 섬기는 사람으로 너희 가운데 있다. 너희는 내가 시련을 겪는 동안에 나와 함께한 사람들이다. 내 아버지께서 내게 왕권을 주신 것과 같이, 나도 너희에게 왕권을 준다. 그리하여 너희가 내 나라에 들어와 내 밥상에서 먹고 마시게 하고, 옥좌에 앉아서 이스라엘의 열두 지파를 심판하게 하겠다." "시몬아, 시몬아, 보아라, 사탄이 밀처럼 너희를 체질하려고 너희를 손아귀에 넣기를 요구하였다. 그러나 나는 네 믿음이 꺾이지 않도록, 너를 위하여 기도하였다. 네가 다시 돌아올 때는, 네 형제를 굳세게 하여라." 베드로가 예수께 말하였다. "주님, 나는 감옥에도, 죽는 자리에도, 주님과 함께 갈 각오가 되어 있습니다." 그러나 예수께서 말씀하셨다. "베드로야, 내가 네게 말한다. 오늘 닭이 울기 전에, 네가 세 번 나를 모른다고 할 것이다." 예수께서 제자들에게 말씀하셨다. "내가 너희를 돈주머니와 자루와 신발이 없이 내보냈을 때, 너희에게 부족한 것이 있더냐?" 그들이 대답하였다. "없었습니다." 예수께서 그들에게 말씀하셨다. "이제는 돈주머니가 있는 사람은 그것을 챙겨라, 또 자루도 그렇게 하여라. 그리고 칼이 없는 사람은, 옷을 팔아서 칼을 사라. 내가 너희에게 말한다. '그는 무법자들과 한패로 몰렸다'라고 하는 이 성경 말씀이, 내게서 반드시 이루어져야 한다. 과연, 나에 관하여 기록한 일은 이루어지고 있다." 제자들이 예수께 말하였다. "주님, 보십시오. 여기에 칼두 자루가 있습니다." 예수께서 그들에게 말씀하시기를 "넉넉하다" 하셨다.

(누가복음 22,24-38)

당신도 읽으며 느꼈을 테지만 "옥좌에 앉아서 이스라엘 열두 지파를 심판하게 하겠다"라고 끝맺는 누가복음 22장 30절과 "시몬아, 보아라"라고 시작하는 31절은 그 사이에 '그런데'라는 접속사라도 있어야 예수가 전하는 메시지의 흐름이 원활해지고 파송 당시의 이야기를 꺼내는 35절부터는 베드로의 부인을 예고하는 내용과는 동떨어진 화제로 전환된다. 그러다 보니 오래전부터 신학계에서는 22장 24절부터 30절까지 내용이나 35절부터 38절까지 내용 등을 누가복음만의 독립적인 출처로 보는 시각이 점차 확산되었다. 그 순서야 어찌 되었든지 간에 이러한 고찰 과정에서 마태복음 역시도 독립적 출처가 있다는 사실이 밝혀졌다. 그런데 더 놀라운 사실은 이 두 복음서에 마가복음이라는 출처와는 별도의 공통된 자료가 없었다면 쓸 수 없는 내용이 훨씬 더 자주 눈에 띄었다는 점이다.

> 마태와 누가는 마가에서 따오지 않은 상당수의 말씀과 비유들을 더러는 일화들과 함께 기록하고 있다. 두 복음서에 기록된 이런 부분들은 단어들과 문구들, 심지어 문장들까지도 대개 똑같거나 아주 비슷하다. 따라서 마태와 누가가 자신들 앞에 어떤 기록된 문서를 놓고 자신들만의 복음서를 기록했다고 보는 게 합당하다. 1838년, 헤르만 바이스(Hermann Christian Weiss)가 이러한 마가 이외의 일치들을 설명하기 위해, 마태와 누가가 가져다 썼지만 현재는 소실된 자료가 있었을 것이라고 추정했다. 그 추정의 '자료'를 'Q' 문서라고 부르는데, 이는 '자료'를 뜻하는 독일어 '크벨레(Quelle)'에서 유래하여 하나의 명칭으로 굳어졌다.[2]

그리고 마태복음과 누가복음의 독립된 출처에 대해서는 각각 저자들의 이름 앞 철자를 따서 'M'과 'L' 문서라고 부른다. 이와 같은 입장

---

2   위의 책, 210쪽.

은 주로 예수에 관해 역사적 연구를 하는 성서학자들에게 지지를 얻었다. 그 대표적인 신학자가 '예수 세미나'라는 연구기관의 공동 창립자인 존 도미닉 크로산과 로버트 펑크다. 하지만 존 쉘비 스퐁은 자신의 견해를 다음과 같이 밝히기도 했다.

> 나는 Q 자료 가설에 대해 의심하고 있다. 그 때문에 나는 Q문서를 다룰 때 '가정한다'라거나 '만일 그것이 정확하다면'이라는 식의 표현을 자주 사용한다. [3]

제자들과 함께라서 더욱 고독했을 예수

이 정도로 각설하고 다시 본론으로 눈길을 돌리자. 우선 누가복음에서 나머지 두 공관복음서와 겹치는 내용만 따로 떼어놓아 보겠다.

> "시몬아, 시몬아, 보아라. 사탄이 밀처럼 너희를 체질하려고 너희를 손아귀에 넣기를 요구하였다. 그러나 나는 네 믿음이 꺾이지 않도록, 너를 위하여 기도하였다. 네가 다시 돌아올 때에는, 네 형제를 굳세게 하여라." 베드로가 예수께 말하였다. "주님, 나는 감옥에도, 죽는 자리에도, 주님과 함께 갈 각오가 되어 있습니다." 그러나 예수께서 말씀하셨다. "베드로야, 내가 네게 말한다. 오늘 닭이 울기 전에, 네가 세 번 나를 모른다고 할 것이다." (누가복음 22,31-34)

---

3   존 쉘비 스퐁, 『성경의 시대착오적인 폭력들』, 271쪽.

여기서 누가는 사탄이 "열둘 가운데 하나인 가룟이라는 유다에게 들어간" 것도 모자라 예수의 입을 빌어 나머지 제자들까지 "밀처럼 체질하려고 너희를 손아귀에 넣기를 요구하였다"라고 전한다. 그런데 예수가 이렇게 말했다는 누가의 전언은 마가복음 14장 27절의 경우 "너희가 모두 걸려서 넘어질 것이다. 성경에 기록하기를 '내가 목자를 칠 것이니, 양 떼가 흩어질 것이다' 하였기 때문이다"라고 했다. 마태복음 26장 31절의 경우에도 "오늘 밤에 너희는 모두 나를 버릴 것이다. 성경에 기록하기를 '내가 목자를 칠 것이니, 양 떼가 흩어질 것이다' 하였다"라고 한 대목을 완전히 개작했다. 아마도 누가는 이 대목에서 마태가 가룟 유다의 최후에 대해 마태복음 27장 9절을 통해 '예레미야'를 언급한 점은 부주의한 실수였다고 비로소 확신했을 것이다. 왜냐하면 "내가 목자를 칠 것이니, 양 떼가 흩어질 것이다"라는 성서 구절은 그 출처가 히브리 성서의 스가랴이기 때문이다. "나 만군의 주가 하는 말이다. 목자를 쳐라. 그러면 양 떼가 흩어질 것이다." 그러나 누가는 차마 이 대목을 그대로 옮겨 적을 수 없었을 것이다. 바로 이어지는 다음과 같은 구절, 즉 "나 또한 그 어린 것들을 칠 것이다"라는 내용이 마음에 걸렸을 것이다. '나'란 곧 '만군의 주'이기 때문이다.

"칼아, 깨어 일어나서, 내 목자를 쳐라. 나와 사이가 가까운 그 사람을 쳐라. 나 만군의 주가 하는 말이다. 목자를 쳐라. 그러면 양 떼가 흩어질 것이다. 나 또한 그 어린 것들을 칠 것이다." (스가랴 13,7)

그렇다면 제자들을 쳐서 흩어지게 한 게 하나님이란 말인가. 설상 가상으로 하나님은 '칼'까지 동원해서 목자를 치겠다고 한다. 그러면 결국 '목자'인 예수를 십자가에서 죽게 한 장본인 역시 하나님이 아닌가! 그러므로 누가는 누가복음 22장 31절에서 하는 수 없이 '나'라는 만군의 주 대신 사탄을 불러낸 것이다. "시몬아, 시몬아, 보아라, 사탄이 밀처럼 너희를 체질하려고 너희를 손아귀에 넣기를 요구하였다." 이제 사탄은 신변의 안전이라는 유혹으로 제자들을 뿔뿔이 흩어져 달아나게 할 것이다. 그리고 바로 그 중심에는 베드로가 있다. 그것도 요한복음 13장 24절에 따르면 마지막 만찬 자리에서 배신자가 궁금해 "요한에게 고갯짓을 하여, 누구를 두고 하시는 말씀인지 여쭈어보라고 하였던" 그런 우물쭈물하는 시몬 베드로는 아니다.

시몬 베드로가 예수께 물었다. "주님, 어디로 가십니까?" 예수께서 대답하셨다. "내가 가는 곳에 네가 지금은 따라올 수 없으나, 나중에는 따라올 수 있을 것이다." 베드로가 예수께 말하였다. "주님, 왜 지금은 내가 따라갈 수 없습니까? 나는 주님을 위하여서는 내 목숨이라도 바치겠습니다." 예수께서 대답하셨다. "네가 나를 위하여 네 목숨이라도 바치겠다는 말이냐? 내가 진실로 진실로 너에게 말한다. 닭이 울기 전에, 너는 세 번 나를 모른다고 할 것이다." (요한복음 13,36-38)

물론 베드로는 후일 교회의 반석으로 추앙받는다. 그러나 그 과정이 순조로웠을 것 같지는 않다. 바울의 서신, 즉 고린도전서 1장 12절만 보더라도 고린도교회의 경우 "나는 바울 편이다, 나는 아볼로 편이다, 나는 게바 편이다, 나는 그리스도 편이다"라며 갈려졌다고 한다. 그러므로 가룻 유다의 고발이 있기 전 베드로에게 다음과 같이 말한 예수의 선언은 '게바'로 불리기도 했고 '베드로'라고 부르기도 한 '시몬 바요나'라는 예루살렘 공동체의 지도자, 즉 '주님의 동생 야고보'(갈라디아서 1,19)와 '요한'(갈라디아서 2,9)과 함께 초대 교회를 이끈 베드로를 특히 지지하던 세력에게는 더할 나위 없이 반가운 소식이었을 것이다.

> "너는 베드로다. 나는 이 반석 위에다 내 교회를 세우겠다. 죽음의 문들이 그
> 것을 이기지 못할 것이다. 내가 너에게 하늘나라의 열쇠를 주겠다. 네가 무엇
> 이든지 땅에서 매면 하늘에서도 매일 것요, 땅에서 풀면 하늘에서도 풀릴 것
> 이다." (마태복음 16,18-19)

그러나 예수의 이러한 메시지가 마태복음에만 적혀 있다는 것은 그 진의마저 의심케 한다. 게다가 그와 같은 선포가 베드로인 시몬이 예수를 그리스도로 고백하고 나서 행해진 일이었다고 하니 더욱더 그러한데 마가복음부터 살펴보는 게 순서겠다.

> 예수께서 제자들과 함께 빌립보의 가이사랴에 있는 여러 마을로 길을 나서셨
> 는데, 도중에 제자들에게 물으셨다. "사람들이 나를 누구라고 하느냐?" 제자
> 들이 예수께 말하였다. "세례자 요한이라고 합니다. 엘리야라고 하는 사람들
> 도 있고, 또 예언자 가운데 한 분이라고 하는 사람들도 있습니다." 예수께서
> 그들에게 물으셨다. "그러면, 너희는 나를 누구라고 하느냐?" 베드로가 예수

께 대답하였다. "선생님은 그리스도이십니다." 예수께서 그들에게 엄중히 경고하시기를, 자기에 관하여 아무에게도 말하지 말라고 하셨다. 그리고 예수께서는, 인자가 반드시 많은 고난을 받고, 장로들과 대제사장들과 율법학자들에게 배척을 받아, 죽임을 당하고 나서, 사흘 후에 살아나야 한다는 것을 그들에게 가르치기 시작하셨다. 예수께서 드러내 놓고 이 말씀을 하시니, 베드로가 예수를 바싹 잡아당기고, 그에게 항의하였다. 그러나 예수께서는 돌아서서, 제자들을 보시고, 베드로를 꾸짖어 말씀하셨다. "사탄아, 내 뒤로 물러가라. 너는 하나님의 일을 생각하지 않고, 사람의 일만 생각하는구나!" 그리고 예수께서 제자들과 함께 무리를 불러 놓고 그들에게 말씀하셨다. "나를 따라오려고 하는 사람은, 자기를 부인하고, 자기 십자가를 지고, 나를 따라오너라. 누구든지 제 목숨을 구하고자 하는 사람은 잃을 것이요, 누구든지 나와 복음을 위하여 제 목숨을 잃는 사람은 구할 것이다. 사람이 온 세상을 얻고도 제 목숨을 잃으면, 무슨 이득이 있겠느냐? 사람이 제 목숨을 되찾는 대가로 무엇을 내놓겠느냐? 음란하고 죄가 많은 이 세대에서, 누구든지 나와 내 말을 부끄럽게 여기면, 인자도 자기 아버지의 영광에 싸여 거룩한 천사들을 거느리고 올 때, 그를 부끄럽게 여길 것이다." (마가복음 8,27-38)

마태는 마가복음 8장 30절과 31절 사이에다 예수가 "너는 베드로다. 나는 이 반석 위에다 내 교회를 세우겠다"라는 선언이 포함된 세 구절을 삽입했다. 그런데 이후 내용을 읽고 있노라면 아무리 예수를 그리스도로 시인했다고 하더라도 예수에게 사탄이라고 불린 베드로가 어떻게 교회의 반석이 될 수 있는지 의아해질 따름이다. 예수는 그가 말한 '내 교회'라는 것을 사탄이라는 반석 위에다 세우려고 했다.

그래서 오늘날까지도 세상의 교회란 교회는 죄다 사탄이라는 반석 위에 세워져 있다는 말인가. 그렇다면 스크루테이프의 표현대로 "현재 우리의 가장 큰 협력자 중 하나는 바로 교회다"라는 말도 전혀 근거가 없는 이야기는 아닐 것이다. 그럼에도 마태는 자신이 삽입한 세 구절 외는 대체로 마가의 전승에 충실하다.

예수께서 빌립보의 가이사랴 지방에 이르러서, 제자들에게 물으셨다. "사람들이 인자를 누구라고 하느냐?" 제자들이 대답하였다. "세례자 요한이라고 하는 사람들도 있고, 엘리야라고 하는 사람들도 있고, 예레미야나 예언자들 가운데에 한 분이라고 하는 사람들도 있습니다." 예수께서 그들에게 물으셨다. "그러면 너희는 나를 누구라고 하느냐?" 시몬 베드로가 대답하였다. "선생님은 살아 계신 하나님의 아들 그리스도십니다." 예수께서 그에게 말씀하셨다. "시몬 바요나야, 너는 복이 있다. 너에게 이것을 알려주신 분은, 사람이 아니라, 하늘에 계신 나의 아버지시다. 나도 너에게 말한다. 너는 베드로다. 나는 이 반석 위에다가 내 교회를 세우겠다. 죽음의 문들이 그것을 이기지 못할 것이다. 내가 너에게 하늘나라의 열쇠를 주겠다. 네가 무엇이든지 땅에서 매면 하늘에서도 매일 것이요, 땅에서 풀면 하늘에서도 풀릴 것이다." 그때 예수께서 제자들에게 엄명하시기를, 자기가 그리스도라는 것을 아무에게도 말하지 말라고 하셨다. 그때부터 예수께서는, 자기가 반드시 예루살렘에 올라가야 하며, 장로들과 대제사장들과 율법학자들에게 많은 고난을 받고 죽임을 당해야 하며, 사흘째 되는 날에 살아나야 한다는 것을, 제자들에게 밝히기 시작하셨다. 이에 베드로가 예수를 따로 붙들고, "주님, 안 됩니다. 절대로 이런 일이 주님께 일어나서는 안 됩니다" 하고 말하면서 예수께 대들었다. 그러나 예수께서는 돌아서서, 베드로에게 말씀하셨다. "사탄아, 내 뒤로 물러가라. 너는 나에게 걸림돌이다. 너는 하나님의 일을 생각하지 않고, 사람의 일만 생각하는구나!" 그때 예수께서는 제자들에게 말씀하셨다. "누구든지 나를 따라오려거든, 자기를 부인하고, 제 십자가를 지고, 나를 따라오너라. 누구든지 자기 목숨을 구하고자 하는 사람은 잃을 것이요, 나 때문에 자기 목숨을 잃는 사람은 찾을 것이다. 사람이 온 세상을 얻고도 제 목숨을 잃으면, 무슨 이득이 있겠느냐? 또 사람이 제 목숨을 되찾는 대가로 무엇을 내놓겠느냐? 인자가 자기 아버지의 영광에 싸여, 자기 천사들을 거느리고 올 터인데, 그때 그는 각 사람에게, 그 행실대로 갚아 줄 것이다." (마태복음 16,13-27)

마태가 마가복음에다 더한 첫 구절, 즉 "너에게 이것을 알려주신 분은, 사람이 아니라, 하늘에 계신 나의 아버지시다"라고 한 것은 성령으로 말미암지 않고는 '예수는 그리스도이시다'라고 고백하는 게 불가능하다는 의미다. 물론 이는 고린도 공동체에 적어 보낸 서신, 즉 고린도전서 12장 3절에서 바울이 강조한 "성령을 힘입지 않고서는 아무도 '예수는 주님이시다' 하고 말할 수 없습니다"라는 구절의 반향이다. 그러니까 마태는 이를 통해 그 불가능에 가까운 고백을 베드로가 최초로 한 것으로 전하고자 한 듯하다. 하지만 그러고도 베드로는 예수에게 "사탄아, 내 뒤로 물러가라. 너는 나에게 걸림돌이다"라는 지울 수 없는 악담까지 듣는다. 예수는 가롯 유다에게도 이렇게까지 말하지는 않았다. 그렇다면 예수에게 진정한 걸림돌은 가롯 유다가 아니라 베드로였던 것일까? 아니다. 안 그래도 그 당시 이미 예수는 장로들과 대제사장들과 율법학자들에게 미운털이 박혀 있었다. 단단히 예수를 벼르던 그들이 예수에게 터무니없는 죄라도 뒤집어씌워 해코지라도 하면, 그러다 정말 예수가 죽기라도 하면 어쩌란 말인가? 아마도 그날로 하늘마저 무너져내릴 것이다. 그런데도 예수는 한사코 예루살렘에 입성하겠다고 한다. "주님, 안 됩니다. 절대로 이런 일이 주님께 일어나서는 안 됩니다." 그러니까 베드로는 제자 된 자의 도리로 그 앞을 막아선 채 대들다시피 해가며 예수를 말린 것이다. 그러다 듣지 않아도 될 소리까지 들었는데, 이런 베드로를 배신자 가룟 유다와 비교한다는 것은 도무지 말도 안 된다고 생각하는 게 당연하다. 하지만 이마저도 아니다. 왜냐하면 마가복음에서는 예수가 베드로에게 "사탄아, 내 뒤로 물러가라"라고 했고 마태복음에서는 한술 더 떠 "너는 나에게 걸림돌이다"라고까지 덧붙이며 베드로를 두고 "너는 하나님의 일을 생각하지 않고, 사람의 일만 생각하는구나!"라고 했으니 말이다. 그러니까 베드로는 인간적으로 예수가 겪을 고초만 걱정한 나머지 정작 예수가 반드시 지고 가야만 하는 십자가의 길, 즉 '하나님의 일'을 막으려 했다. 이에 대해서는 누가복음을 보면 알 수 있는데, 예수에 대한 베드로의 이런 강경한 태도가 자신의 글을 읽을 사람들에게 모순된 감정을 불러일으키리라는 것을 누가는 직감적으로 알아차렸던 것 같다. 그러므로 누가복음에는 "예수가 베드로라는 반석 위에다 내 교회를 세우겠다"라고 하거나 특별히 "베드로에게 하늘나라의 열쇠를 주겠다"라고 했다는 기록도 없을뿐더러 예수와 베드로의 실랑이마저도 없다.

예수께서 혼자 기도하고 계실 때 제자들이 그와 함께 있었다. 예수께서 제자들에게 물으셨다. "사람들이 나를 누구라고 하느냐?" 그들이 대답하였다. "세례자 요한이라고 합니다. 그러나 엘리야라고 하는 사람들도 있고, 옛 예언자 가운데 한 사람이 살아났다고 하는 사람들도 있습니다." 예수께서 그들에게 물으셨다. "그러면 너희는 나를 누구라고 하느냐?" 베드로가 대답하였다. "하나님의 그리스도이십니다." 그런데 예수께서는 그들에게 엄중히 경고하셔서, 이것을 아무에게도 말하지 말라고 명하시고, 말씀하셨다. "인자가 반드시 많은 고난을 받고, 장로들과 대제사장들과 율법학자들에게 배척을 받아 죽임을 당하고서, 사흘날에 살아나야 한다." 그리고 예수께서 모든 사람에게 말씀하셨다. "나를 따라오려는 사람은, 자기를 부인하고, 날마다 자기 십자가를 지고, 나를 따라오너라. 누구든지 제 목숨을 구하려고 하는 사람은 잃을 것이요, 누구든지 나를 위하여 제 목숨을 잃는 사람은 목숨을 구할 것이다. 사람이 온 세상을 얻고도 자기를 잃거나 빼앗기면, 무슨 이득이 있겠느냐? 누구든지 나와 내 말을 부끄럽게 여기면, 인자도 자기의 영광과 아버지와 거룩한 천사들의 영광에 싸여 올 때, 그 사람을 부끄럽게 여길 것이다." (누가복음 9,18-26)

만일 누가가 마태처럼 예수로 하여금 "너는 베드로다. 나는 이 반석 위에다 내 교회를 세우겠다"라거나 "내가 너에게 하늘나라의 열쇠를 주겠다"라고 했다면, 누가복음에서 예수가 다음과 같이 말한 대목과 충돌했을 것이다. 나중에 가룟 유다와 관련해서 한 번 더 다루겠지만, 누가복음 22장 28절과 29절의 경우 "너희는 내가 시련을 겪는 동안에 나와 함께한 사람들이다. 내 아버지께서 내게 왕권을 주신 것과 같이, 나도 너희에게 왕권을 준다"라고 한 예수의 선언과 불일치하기 때문이다. 심지어 누가는 마가복음과 마태복음에서 베드로와 실랑이한 이후 예수가 말했다는 "사람이 제 목숨을 되찾는 대가로 무엇을 내놓겠느냐?"라는 구절마저 지워버렸다. 이것은 누가가 자신이 쓴 글이나 참고하는 글이 무오하다거나 축자적 영감에 의해 쓰였다고 믿었다면 감히 상상할 수도 없는 일이었다. 그럼에도 작금의 현실은 성서를 문자 그대로 받아들이려는 경향이 있다.

> 하나님의 말씀에 대하여 일부 그리스도교인, 특히 개신교인들은 이 표현을 성서가 전하는 모든 내용, 성서의 모든 구절이 곧 하나님이 전하는 내용이라는 의미로 받아들인다. '하나님의 말씀'을 '하나님이 하신 말씀들'로 간주하는 것이다. 하지만 기나긴 시간 동안 그리스도교는 성서를 '하나님이 하신 말씀들'이 아닌, '하나님에 관한 말씀'이라고 불렀다. …… 성서를 '하나님에 관한 말씀', '하나님의 말씀'이라고 부르는 이유는 성서가 하나님과 소통하기 위한 수단이자 매개이기 때문이다. 그러한 면에서 성서는 신성하다. 기원이 신성하거나, 권위가 신성하기 때문이 아니라 그리스도교인의 삶에서 성서가 갖는 목적과 기능이 신성하기에 성서는 신성하다. …… 요한복음은 예수가 육신이 된 '말씀', 인간의 생명을 입은 '말씀'이라고 말한다. 이때 예수는 당연히 문자 그대로 '말'이 아니며, 소리나 책에 기록된 문자, 단어의 조합도 아니다. 예수는 인간이었다. 책이 '하나님의 말씀'일 수 있듯, 인간도 '하나님의 말씀'일 수 있다. 예수를 통해 드러나고, 밝혀지고, 알려진, 육체를 입은 '하나님의 말씀'이야말로 그리스도교인에게 결정적인 '하나님의 말씀'이다. 이 말씀이 성서보다도 중요하다. [4]

---

4 마커스 J. 보그, 김태현 옮김, 『그리스도교 신앙을 말하다(Speaking Christian, Why Christian Words Have Lost Their Meaning and Power)』(비아, 2013, 2017), 96~97쪽.

보수적인 기독교 가정에서 자란 사람일수록 거의 대다수가 마커스 보그(Marcus J. Borg)의 이런 글귀에는 관심도 없을 것이다. 혹여나 우연한 기회로 알게 되더라도 자신들의 신앙생활을 반추하기보다는 자신들의 믿음이 흔들리는 게 부담스러워 이를 기피하려고 한다. 그렇다면 예수가 마가복음 8장 34절을 통해 "나를 따라오려고 하는 사람은, 자기를 부인하고, 자기 십자가를 지고, 나를 따라오너라"라고 한 것이나 마태복음 16장 24절을 통해 "누구든지 나를 따라오려거든, 자기를 부인하고, 제 십자가를 지고, 나를 따라오너라"라고 한 것이나 누가복음 9장 23절을 통해 "나를 따라오려는 사람은, 자기를 부인하고, 날마다 자기 십자가를 지고, 나를 따라오너라"라고 한 것에서 '자기 십자가를 진다'라는 진정한 의미를 다음과 같이 해석하는 시도마저도 거부할 것인가?

진정한 의미의 십자가

우리가 받은 단 하나의 소명, 단 하나의 요구는 우리의 십자가를 지고 가는 것입니다. 우리는 이 십자가가 무엇인지 이미 알고 있습니다. 실로 이상한 일입니다. 그리스도교에서는 하나님의 도움이 아닌 십자가를 제시합니다. 편안하고 안락한 삶을 약속하는 대신 요한복음 15장 20절에서와 같이 '그들은 나를 박해했고, 너희를 박해할 것이다'라는 이야기를 전합니다.[5]

---

5   알렉산더 슈메만, 황윤하 옮김, 『죽음아, 너의 독침이 어디에 있느냐(O Death, Where Is The Sting?)』(비아, 2022), 53쪽.

예수는 기꺼이 십자가에서 죽음을 맞이했다. 혹시라도 계속해서 오해할지 몰라서 미리 밝혀두지만 좀 더 인용하게 될 글의 저자인 알렉산더 슈메만(Alexander Schmemann)은 당신에게 편안하고 안락한 삶을 꿈꾸면 안 된다고 말하려는 게 아니다. 만일 당신이 진정한 기독교인이라고 자부한다면 적어도 당신은 하나님에게 요구하는 삶보다는 예수처럼 하나님이 요구하는 삶을 살아야 한다고 말하는 것이다. 혹시라도 당신이 나는 큰 것을 바라지도 않고 작은 것을 바랄 뿐인데, 어쩌다 보니 그것이 절실해졌다며 내가 믿는 하나님은 쩨쩨한 하나님이 아니시니 이 정도는 들어주실 거라고 기도하고 싶어진다든가, 아니면 사소한 것도 그렇지만 거창한 것, 이를테면 거룩한 교회 건축은 절대로 저 혼자서는 할 수 없고 하나님만이 하실 수 있으니 도와달라며 전교인의 기도까지 강제로 동원하고 싶어지는 당신이라면 십자가의 신비를 되새기라는 것이다. 특히 후자의 경우에 이들은 말로는 교인들을 섬긴다고 하지만 실제로는 교인들 위에 군림해온 목회자들일게 자명하다. 이런 지적에 직면하기라도 하면, 앞서 언급했듯이 이들은 예수께서 말씀하시길 "종이 주인보다 높지 않으며, 보냄을 받은 사람이 보낸 사람보다 높지 않다. 너희가 이것을 알고 그대로 하면, 복이 있다"라는 이 구절을 제멋대로 해석하고 들먹이며 자신들이야말로 하나님으로부터 보냄을 받은 사람이기에 자신들과 교인들은 말하자면 예수와 제자들의 관계와 같으니 하나님이 보내신 자신들을 섬길 때 교인들은 복을 받는다고 강론한다. 그러나 이들은 요한복음 15장 20절에서 "내가 너희에게 종이 그의 주인보다 높지 않다고 한 말을 기억하여라"라고 한 예수의 당부를 완전히 곡해하고 있다. 왜냐하면 바로 이어지는 예수의 부연 설명, 즉 요한복음 15장 20절에 따르면 "사람들이 나를 박해했으면 너희도 박해할 것이요"라는 예고에서도 드러나듯이 예수는 너희들이 주인이라고 섬기는 나도 박해했는데 종이라고 하는 너희들이라고 가만히 내버려 두겠느냐며, 그러니 강인해지지 않으면 안 된다고 제자들을 독려한 셈이다. 그러니까 예수는 여러분이 맺는 하나님과 관계 말고는 주인과 종이나 왕과 노예가 따로 있을 수 없다고 말한 것이다.

세속적인, 너무나 세속적인 교회의 전통

그렇지만 정경복음서가 바울 서신의 영향력 아래 쓰인 축약적 예수의 일대기라는 점에서 바울은 예수와는 또 다른 입김을 복음서의 저자들에게 불어넣었을 것이다.

사람은 누구나 위에 있는 권세에 복종해야 합니다. 모든 권세는 하나님께로부터 온 것이며, 이미 있는 권세들도 하나님께서 세워주신 것입니다. 그러므로 권세를 거역하는 사람은 하나님의 명을 거역하는 것이요, 거역하는 사람은 심판을 받게 될 것입니다. 치안관들은, 좋은 일을 하는 사람에게는 두려울 것이 없고, 나쁜 일을 하는 사람에게만 두려움이 됩니다. 권세를 행사하는 사람을 두려워하지 않으려거든, 좋은 일을 하십시오. 그러면 그에게서 칭찬을 받을 것입니다. 권세를 행사하는 사람은 여러분 각 사람에게 유익을 주려고 일하는 하나님의 일꾼입니다. 그러나 그대가 나쁜 일을 저지를 때에는 두려워해야 합니다. 그는 공연히 칼을 차고 있는 것이 아닙니다. 그는 하나님의 일꾼으로서, 나쁜 일을 하는 자에게 하나님의 진노를 집행하는 사람입니다. 그러므로 진노를 두려워해서만이 아니라, 양심을 생각해서도 복종해야 합니다. 같은 이유로, 여러분은 또한 조세를 바칩니다. 그들은 하나님의 일꾼들로서, 바로 이 일을 하는 데 힘쓰고 있습니다. 여러분은 모든 사람에게 의무를 다하십시오. 조세를 바쳐야 할 이에게는 조세를 바치고, 관세를 바쳐야 할 이에게는 관세를 바치고, 두려워해야 할 이는 두려워하고, 존경해야 할 이는 존경하십시오. (로마서 13,1-7)

바울의 견해, 즉 예수의 입장과는 천지 차이인 바울의 목소리가 정경복음서 군데군데에 스며들어 있다. 그 대표적인 예가 공관복음서 저자들이 다루는 동시대 권세자들과 예수가 벌인 세금 논쟁이다. 이 일에 대해 공관복음서의 저자들은 대동소이한 목소리로 전하기에 그들의 질문과 예수의 반응과 그리고 예수의 대답과 그들이 보인 반응을 마가와 마태와 누가의 순서로 발췌해보겠다.

그들은 말로 예수를 책잡으려고, 바리새파 사람들과 헤롯 당원 가운데서 몇 사람을 예수께로 보냈다. 그들이 와서, 예수께 말하였다. "선생님, 우리는, 선생님이 진실한 분이시고 아무에게도 매이지 않는 분이심을 압니다. 선생님은 사람의 겉모습으로 판단하지 않으시고, 하나님의 길을 참되게 가르치십니다. 그런데 황제에게 세금을 바치는 것이 옳습니까, 옳지 않습니까? 바쳐야 합니까, 바치지 말아야 합니까?" (마가복음 12,13-14)

예수께서 그들의 간악한 생각을 아시고 말씀하셨다. "위선자들아, 어찌하여 나를 시험하느냐? 세금으로 내는 돈을 나에게 보여 달라." 그들은 데나리온 한 닢을 예수께 가져다드렸다. 예수께서 그들에게 물으셨다. "이 초상은 누구의 것이며, 적힌 글자는 누구를 가리키느냐?" 그들이 대답하였다. "황제의 것입니다." (마태복음 22,18-21)

예수께서 그들에게 말씀하셨다. "그러면 황제의 것은 황제에게 돌려주고, 하나님의 것은 하나님께 돌려드려라." 그들은 백성 앞에서 예수의 말씀을 책잡지 못하고, 그의 답변에 놀라서 입을 다물었다. (누가복음 20,25-26)

이처럼 예수가 로마 황제의 권위를 인정하는 듯한 발언은 공관복음서에서 베드로가 예수를 그리스도로 시인하고 나서의 일이라서 더욱 바울이 천명한 견해를 두드러져 보이게 했다. 게다가 이는 기독교가 권력자들과 밀월 관계를 유지할 수 있게끔 하는 성서의 증거 본문으로 시도 때도 없이 끈질기게 활용되었고, 종교 지도지도자들이 즐겨 말하듯이 권력자는 바뀌어도 하나님은 변하지 않는다는 미명 아래서 앞으로도 영원무궁토록 재활용될 것이다. 물론 극히 일부 예외적 사례가 소수의 의견으로 존재하겠으나, 다수의 이들은 자신들의 주장이 좀처럼 먹히지 않을 때는 관철하고자 하는 자신들의 세속적 욕망을 철저히 감춘 채 다음과 같은 성서 구절을 사골국물 우려내듯 반복하리라. 이 역시도 예수가 말한 것이라고 전해지니 말이다. 요한복음 18장 36절에 따르면 예수는 자신에게 죄를 추궁하는 빌라도에게 "내 나라는 이 세상에 속한 것이 아니오. 나의 나라가 세상에 속한 것이라면, 나의 부하들이 싸워서, 나를 유대 사람들의 손에 넘어가지 않게 하였을 것이오. 그러나 진실로 내 나라는 이 세상에 속한 것이 아니오"라고 했다. 저들은 가렴주구의 참혹한 실정에서도 이를 외면한 채 현실을 혁파하기보다는 예수가 "내 나라는 이 세상에 속한 것이 아니오"라는 했으니, 저 나라에 가려거든 아무리 관리들이 가혹하게 세금을 거두거나 당신들의 재산을 빼앗아 가더라도 주일성수와 마찬가지로 교회에 헌금하는 일만큼은 무슨 일이 있든 지켜야 한다고 말할 것이다. 그러면서 요한복음 16장 33절, 즉 "내가 세상을 이겼다"라는 예수의 말을 기필코 덧붙이고야 말 것이다.

더욱이 이를 빌미로 삼아 기독교는 흰 바탕에 붉게 믿음이라고 쓴 깃발을 내걸고 일으킨 모든 종교전쟁을 미화하기에 바빴다. 신교와 구교가 서로를 사탄의 무리로 규정하고 전쟁마저 불사하겠다고 작정했을 때, 그것이 아마포에 밴 예수의 선혈인 줄도 모르고 양쪽 모두는 그가 못 박혔던 십자가를 은과 금으로 치장하는 게 신 앞에 좀 더 진실한 자세라며 우겨댔을 것이다. 그러나 "십자가를 은과 금으로 치장한다고 해도 소용없다"며 알렉산더 슈메만은 이렇게 말한다.

십자가는 다시금 우리를 이 길에 데려다 놓습니다. …… 십자가를 짊어지는 길로 우리를 초대합니다. 이 초대에 응하면 무언가 기이한 일이 일어납니다. 나 자신의 문제, 나의 어려움, 나의 고통에서 다른 사람에게로 시선이 돌려집니다. 슬픔 속에서 숨죽이며 고통당하는 사람이 눈에 들어옵니다. 그리고 이 공포와 배신과 외로움의 밤에 감사와 사랑과 승리 또한 있음을 보게 됩니다. 그때 우리에게는 기이한 일이 일어납니다. 우리도 모르는 사이, 자기중심적이던 싸구려 종교, 자신만을 위해 무언가를 요구하는 종교, 하나님을 향한 예배조차 자신들의 요구에 가두어버리는 종교는 증발해버립니다. 그리고 우리가 믿던 그리스도교 신앙이 그런 종교와는 완전히 다른 차원의 것이라는 점이 분명하게 다가옵니다.[6]

그러나 앞으로도 거의 모든 성직자와 교인은 자신이 하나님에게 요구하는 삶을 하나님이 요구하는 삶으로 착각하고 살 것이다. 더 거슬러 올라가 되짚어보면 가톨릭부터가 그랬다. 이들은 땅에서 매면 하늘에서도 매이고 땅에서 풀면 하늘에서도 풀리는 '하늘나라의 열쇠'가 예수를 통해 베드로에게 수여되었다고 하는 마태의 기록을 지지하고 나섰다. 그 이유는 베드로를 로마의 초대 교황으로 추대한 것만 보더라도 알 수 있듯이, 지상에서만큼은 교황들의 교권이 절대적이라는 근거가 되기 때문이다. 베드로에게 교황의 직분을 물려받은 이들 또한 베드로가 예수로부터 부여받은 '하늘나라의 열쇠'를 갖고 있으니 자신들의 정통성을 의심하지 말라는 것이다.

1095년 11월 27일 클레르몽 공의회에서 교황 우르바누스 2세는 설교 중에 '십자가를 지는 자'들의 죄를 사하고 면벌부를 주겠다고 약속했다. 게다가 그는 십자가를 지고 오스만 투르크의 이단자들과 싸우다 전사한 이들에 대하여 그들은 그리스도의 수난과 죽음에 동참한 것이라고 힘주어 강조하기까지 했다. 스티븐 런시먼(Steven Runciman)이 말했듯 예수를 따라 '십자가를 지려고 하는 결의' 아래 사람들은 '하나님의 대적을 죽이는 행위를 정당화'했다. 이는 시시각각 벌어진 유

대인 학살에도 그대로 적용되었다. 급기야 1204년 4차 십자군 원정에서 그리스도 교인들이었던 십자군은 그리스도교 도시였던 콘스탄티노플까지 약탈했다. ······ (이러한 원정은) 십자군에 참가했던 이들이 따르고자 했던 예수, '십자가를 지면서' 까지 본받고자 했던 이의 삶과 가르침을 정면으로 거스르는 행동이자 '인류에 대한 중대한 범죄'였다.[7]

한편 로드니 스타크(Rodney Stark)는 십자군 전쟁의 발단을 기존의 시각과는 다른 측면에서 조명한다.

근래의 서구 변증론자들의 시각과는 대조적으로 십자군 원정은 중동 무슬림 지역의 영토를 차지하고 전리품을 약탈하기 위한 식민주의의 서막이 아니었다. 십자군 원정은 수 세기 계속된 무슬림의 서구 식민지화 시도 중 가장 흔했던 침공에 대한 방어적 대응이었다. 프랑크족 군대가 무슬림 대군을 무찌른 투르-푸아티에 전투(732년)가 일어난 곳이 파리에서 남쪽으로 불과 190킬로미터 떨어진 곳이었음을 유념하라. 그 당시 무슬림은 이미 스페인과 이탈리아 남부를 정복했고 북아프리카의 기독교 영토 전체를 초토화했다. 그다음 그들은 동쪽에서 (그리스를 관통하여 헝가리로 올라가) 유럽을 침공하려는 시도를 수차례 반복했다. 셀주크 투르크족은 이미 예루살렘을 정복하고 콘스탄티노플을 160킬로미터 이내까지 진격한 시점이었고, 제1차 십자군 원정은 이런 상황에 처했을 때 원군을 요청한 비잔티움 황제에 대한 응답이었다. 교황과 유럽의 귀족층은 비잔티움의 원군 요청을 외면할 이유가 많이 있었다. 우선 서방의 문화적 유산과 기독교는 로마적이었던

---

7   야로슬라프 펠리칸, 민경찬·손승우 옮김, 『예수, 역사와 만나다(Jesus through the Centuries, His Place in the History of Culture)』(비아, 2019), 411~412쪽.

반면 비잔틴은 그리스적이었다. 유럽인은 그리스적 삶의 방식을 퇴폐적이라고 여겼고, 그리스의 '정통' 그리스도인들은 로마 가톨릭을 무시했다(그리고 로마 가톨릭 사제와 신앙인을 박해했다). 그럼에도 우르반(우르바누스 2세) 교황은 비잔티움에 대한 원망보다는 무슬림 제국주의를 견제하는 일이 훨씬 더 중요하다고 믿었다. 더욱이 그는 내친 김에 비잔티움을 구하고 예루살렘까지 탈환하여 기독교 순례자들을 잔혹하게 괴롭히던 행태를 근절하고자 했다.[8]

그러면서 우르바누스 2세는 그가 소집한 클레르몽 공의회에서 이렇게 말했다고 한다. "만일 여러분이 패하면 예수 그리스도가 죽으신 바로 그 장소에서 여러분은 죽는 영광을 누릴 것이고, 하나님은 결코 여러분이 성전에 참여했다는 사실을 잊지 않으실 것입니다." 이에 화답이라도 하듯 기사들과 귀족들은 성지 탈환을 위해 출정하며 "신이 원하신다!"라고 외쳤다는 것이다.

이처럼 교황이라는 한 사람에게 교권이 집중되어 벌어지고만 씻을 수 없는 피의 축제를 되풀이하지 않기 위해 종교개혁가들은 누가복음 22장 29절, 즉 예수가 "내 아버지께서 내게 왕권을 주신 것과 같이, 나도 너희에게 왕권을 준다"라고 한 누가의 기록을 찾아들고는 가톨릭과 맞섰다. 게다가 그 당시에 가톨릭은 '땅에서 매면 하늘에서도 매이고 땅에서 풀면 하늘에서도 풀린다'라는 '하늘나라의 열쇠'를 남용해 면벌부에 대한 권한과 면벌부 그 자체를 사고파는 추태마저 일삼고 있었다. 그러나 인류 역사에서 돌이킬 수 없는 일대의 사건이었

---

8   로드니 스타크, 손현선 옮김, 『우리는 종교개혁을 오해했다(Reformation Myths)』(헤르몬, 2018), 74~75쪽.

던 개교회주의가 처한 부끄럽기 짝이 없는 작금의 민낯을 보라. 저마다 교회는 목사라는 각자의 교황을 추대한 교회교(教會敎)가 되고 말았다. 그 과정에서 모르긴 몰라도 세속사회보다 훨씬 더 세속화되어 버린 교회가 지금 당신이 몸담고 있는 교회는 아닌지, 부디 발끈하지만 말고 돌아보길 바란다. 린라덴의 토마스 어스킨(Thomas Erskine)은 "종교를 자신의 신으로 삼는 이들은 하나님을 자신의 종교로 갖지 못할 것이다"[9]라고 말했다. 유대교든 가톨릭이든 그리스 정교든 이슬람교든 개신교든 마찬가지다. 사이비 종교는 말할 것도 없고 제도권의 종교마저도 성직자와 교인이 자신들의 경전을 제대로 읽고자 단 한 번이라도 진지하게 노력해본 적은 있는지 스스로에게 물어봐야 한다. 모두가 문자주의에 포로가 되어 자신들만의 경전 속에 갇혀 산다. 걸핏하면 자신들의 종교만이 '정통'이고 다른 종교는 이단이라며 타종교를 철저하게 무시하고 경멸하면서 말이다. 그러므로 개신교만이 '오직 성서'라는 캐치프레이즈를 내걸었다고 보기도 힘들다. 더구나 마르틴 루터(Martin Ruther)는 성서 무오주의자가 아니었다.

개신교에서 성서무오설과 문자주의가 나타나기는 했어도 16세기 종교개혁 시기에 활동한 주요 인물들은 그와 같이 생각하지 않았다. 물론 종교개혁가들은 성서의 권위를 강조했다. 성서는 그들로 하여금 세상을 지배하던 종교 권력 및 왕권에 맞설 수 있게 한 원천이자 기반이었다. 마르틴 루터 신학의 토대였던 '오직 성서(Sola Scriptura)'는 이내 개신교 종교개혁의 구호가 되었다. 그러나 루터를 비롯

---

9   C. S. 루이스, 『기적(Miracles)』, 157쪽.

한 종교개혁가들은 성서무오설과 문자주의를 주장하지 않았다. 루터는 야고보서와 요한계시록을 신약성서에서 빼야 한다고 생각했는데, 성서를 하나님의 무오한 계시로 여긴다면 생각할 수 없는 일이다. 그는 문자주의자가 아니었다. [10]

무심코 지나치지 말아야 할 신약성서의 이름들

본론으로 돌아가기에 앞서 이름과 관련해 몇 가지만 더 확인해둘 것이 있다.

게바라고 하는 이름은 '바위'란 뜻의 아람어다. 이를 그리스어로 옮겨 적으면서 '페트로스(petros)'가 되었고 영어로는 피터(Peter)란 이름이 되었다. 게바는 사실상 별칭으로서 아마도 오늘날 우리가 로키(Rockey)라는 별명을 사용하는 것과 흡사한 경우다. 이 별명이 (히브리어 시므온을 그리스어로 옮겨 적은) 시몬이라는 사람에게 붙여졌고 이 인물을 일반적으로 시몬 베드로, 즉 시몬 바위(Simon the Rock)라고 부르게 된 유래일 것이다. [11]

그래서 어떤 사람들은 신약성서에는 '베드로'라는 이름을 가진 사람이 없다고 말하기도 한다. 이런 베드로를 두고 마태복음 16장 17절에서 예수는 '시몬 바요나'라고 부른다. '바요나'는 어법으로 보자면 아람어로는 '바르', 즉 아들이라는 의미의 낱말 '바'라는 접두어가 요나라

---

10 마커스 J. 보그, 『그리스도교 신앙을 말하다』, 44~45쪽.
11 존 셸비 스퐁, 『만들어진 예수 참 사람 예수』, 83쪽.

는 이름과 결합해 '요나의 아들'이라는 의미의 단어를 생성한 것이다. 히브리어 '벤'처럼 이름 앞에 붙여 누구 누구의 아들이라는 식으로 사용되었던 것이다. 그러므로 '시몬 바요나'는 '요나의 아들 시몬'이라는 이야기다. 단순히 이름일 뿐이긴 해도 '바요나'라고 부를 때는 동생인 안드레와 혼동할 수 있기에 '베드로'라고 부를 때와는 달리 시몬이라는 이름을 반드시 붙여서 썼을 것이다. '바'라는 어법으로 만들어져 그 자체가 이름이 된 경우도 있었는데, 열두 제자 가운데 바돌로매가 이에 해당한다. 이름에 따라붙은 명성 때문인지는 몰라도 그에 관해서는 알려진 바가 거의 없으나 바돌로매는 '돌로매의 아들'이라는 뜻으로 지어진 이름인 게 분명하다. 그러나 바디매오의 경우는 그것이 이름인지조차 알 수 없다. '디매오의 아들 바디매오'라고 했으나 이는 동어반복일 수 있다.

그들은 여리고에 갔다. 예수께서 제자들과 큰 무리와 함께 여리고를 떠나실 때, 디매오의 아들 바디매오라는 눈먼 거지가 길가에 앉아 있다가 나사렛 사람 예수가 지나가신다는 말을 듣고 "다윗의 자손 예수님, 나를 불쌍히 여겨 주십시오" 하고 외치며 말하기 시작하였다. 그래서 많은 사람이 조용히 하라고 그를 꾸짖었으나, 그는 더욱더 큰 소리로 외쳤다. "다윗의 자손님, 나를 불쌍히 여겨 주십시오." 예수께서 걸음을 멈추시고, 그를 불러오라고 말씀하셨다. 그리하여 그들은 그 눈먼 사람을 불러서 그에게 말하였다. "용기를 내어 일어나시오. 예수께서 당신을 부르시오." 그는 자기의 겉옷을 벗어 던지고, 벌떡 일어나서 예수께로 왔다. 예수께서 그에게 말씀하셨다. "내가 너에게 무엇을 하여 주기를 바라느냐?" 그 눈먼 사람이 예수께 말하였다. "선생님, 내가 다시 볼 수 있게 하여 주십시오." 예수께서 그에게 말씀하셨다. "가거라, 네 믿음이 너를 구원하였다." 그러자 그 눈먼 사람은 곧 다시 보게 되었다. 그리고 그는 예수가 가시는 길을 따라나섰다. (마가복음 10,46-52)

베드로의 경우에 적용해보자. 우리가 베드로의 이름 시몬을 알고 있지 못한 상태에서 '바요나'를 '요나의 아들 바요나'라고 하는 것과 같다. 그런데 '바요나'는 안드레와 구별하기 위해 시몬이라는 이름 뒤에 붙어 '베드로'와 마찬가지의 기능을 수행했다. 그렇다면 예수라는 이름도 당시에는 흔했으니, 가룟 유다처럼 출신지를 나타낼 수도 있는 나사렛 예수라고 하기도 했으나 '예수 바요셉', 즉 '요셉의 아들 예수'라고 할 수 있었다. 가령 히브리 성서의 여호수아나 호세아가 예수라는 이름과 같은 계열의 이름이고, 집회서의 머리말을 보면, 저자의 조부가 '예수'였고 자신을 두고는 이 책 마지막에다 '시라의 아들 예수의 지혜'라고 적어놓았을 만큼 예수라는 이름은 흔했던 것 같다. 신약성서에서 이미 언급했듯이, 예수의 족보에 '예수'라는 이름이 등장하고, 사도행전 13장 6절에도 '바예수'라는 이름이 등장한다.

물론 바디매오가 바돌로매처럼 그 자체로 이름일 수는 있다. 그렇다면 마가는 어째서 바돌로매를 '돌로매의 아들 바돌로매'라고 적지 않았을까? 당시 사람들은 바돌로매라는 이름만으로도 그가 '돌로매의 아들'이라는 것을 알았다는 이야기다. 그러므로 마가는 다음과 같이 마태처럼 그저 눈먼 사람이라고 함으로써 굳이 이름을 밝히지 않아도 될 것을 '디매오의 아들 바디매오'라고 해 마태에게 혼란만 가중시켰다. 왜냐하면 마태는 마가가 '디매오의 아들'과 '바디매오' 사이에 실수로 '과'를 빠뜨린 게 아닌가 싶어 이를 두 사람으로 착각하고 다음과 같이 작성한 듯하기 때문이다.

> 그들이 여리고를 떠날 때, 큰 무리가 예수를 따라왔다. 그런데 눈먼 사람 둘이 길가에 앉아 있다가, 예수께서 지나가신다는 말을 듣고, 큰 소리로 외쳤다. "다윗의 자손이신 (주님), 우리를 불쌍히 여겨 주십시오!" 무리가 조용히 하라고 꾸짖었으나, 그들은 더욱 큰 소리로 외쳤다. "다윗의 자손이신 주님, 우리를 불쌍히 여겨 주십시오!" 예수께서 걸음을 멈추시고, 그들을 불러서 말씀하셨다. "너희 소원이 무엇이냐?" 그들이 예수께 말하였다. "주님, 눈을 뜨는 것입니다." 예수께서 가엾게 여기시고 그들의 눈에 손을 대시니, 그들은 곧 다시 보게 되었다. 그들은 예수를 따라갔다. (마태복음 20,29-34)

이에 대하여 존 셸비 스퐁은 선행 연구를 통해 다음과 같이 말했다.

> 마태복음에서는 이름이 거명되지 않아 혼란은 면하지만 마가의 눈먼 거지 하나가 '눈먼 두 사람'이 된다. 그리고 누가는 이 이야기를 반복할 때 역시 이름을 누락시키고 마가처럼 눈먼 거지 한 사람만을 재등장시킨다.[12]

누가복음의 눈먼 거지 이야기는 발췌하지 않겠으나, 마가복음을 옮겨 적으면서 마태가 생략한 예수의 두 문장, 즉 마가복음 10장 52절의 "가거라. 네 믿음이 너를 구원하였다"에서 '가거라'를 '눈을 떠라'로

---

12 위의 책, 142쪽.

고쳐 이렇게 누가복음 18장 42절의 "눈을 떠라. 네 믿음이 너를 구원하였다"로 복원까지 했다는 것이다. 한편 로버트 프라이스(Robert M. Price)는 바디매오에 대하여 이렇게 말했다.

그 이름은 아람어로 '가난의 아들'이란 뜻이기에 이야기의 기능상 단순히 바디매오가 거지라는 것을 의미하거나 고전 문헌인 플라톤의 『티마이오스』를 가리키는 것처럼 보인다. 『티마이오스』는 진정한 비전, 다시 말해 군중의 견해와 상반된 진리를 이해하는 정신을 보여준다.[13]

히브리어 '타메', 즉 디매오가 '부정하거나 더럽거나 부도덕한'이라는 의미로 쓰이기도 하고 마가복음에서 디매오라고 표기한 그리스어 티마이오스는 동사 티마오, 즉 '값을 정하다', '공경하다'라는 의미에서 유래해 주로 '귀하게 여김' 혹은 '명예'라는 뜻으로 쓰이기도 했다. 게다가 플라톤의 저서 『티마이오스』를 보더라도 소크라테스가 국가에 대해 강론하며 듣는 이들과 허심탄회하게 대화한 보답으로 티마이오스 역시 '우주, 그리고 인간의 생성'과 관련해 자신의 견해를 밝히기에 앞서 소크라테스에게 이렇게 말했다.

어제 그대는 예를 갖춰 우리를 손님으로 환대했는데, 우리가 그대의 환대에 보답하려고 회선을 다하지 않는다면 도리가 아니겠지요.[14]

---

13   로버트 프라이스, 『복음서의 탄생』, 244쪽.
14   플라톤, 천병희 옮김, 『테아이테토스 · 필레보스 · 티마이오스 · 크리티아스 · 파르메니데스(Theaitetos · Philebos · Timaios · Kritias · Parmenides)』(숲, 2016), 306쪽.

그러므로 이러한 측면들을 고려할 때 티마이오스는 실존한 인물로 보기 어렵다는 게 플라톤 연구자들의 중론이다. 그러니까 로버트 프라이스 또한 마가복음이 전하고자 하는 바가 눈 뜨고도 눈먼 소경처럼 보지 못하는 군중 속에서 누군가는 가난하고 눈까지 먼 바디매오 같은 허구의 인물처럼 예수를 메시아로 알아봤으리라는 점과 이는 곧 마가복음 10장 52절의 "네 믿음이 너를 구원하였다"라는 구절의 참다운 의미였다고 보는 것이다.

허구의 인물이었으리라는 점에서 바라바의 경우도 마찬가지다. 하지만 프랑수아 보봉(François Bovon)은 바라바의 본명이 '예수 바라빠'였다며 그를 실존 인물이었다고 주장한다.

당시에는 행정장관이 군중을 달래기 위해 유월절 기간 죄수 한 명을 석방하는 관례가 있었던 것 같습니다. 마가복음 15장 8절에 기록된 이야기를 보면 빌라도가 예수를 재판할 때 군중이 몰려와 빌라도에게 "그가 그들에게 해왔던 대로 일을 행하도록 요청하기 시작했다"라고 합니다. 유월절 사면 관습이 실제로 있었는지는 여전히 논쟁 중입니다. 그러한 관습의 존재를 확증해주는 문서가 없기 때문이지요. 하지만 그런 문서의 부재가 바라빠 이야기의 역사성을 완전히 부인할 충분한 근거는 되지 못합니다. 바라빠 이야기를 지어낼 만한 변증의 의도나 이야기에 구약의 모티프, 익숙한 전설의 요소가 없기 때문입니다. 오히려 그리스도교인들에게 충격을 주는 요소가 있다는 점이 이 이야기의 역사성을 보여준다고 할 수도 있습니다. 이야기에서 처벌을 면하게 된 죄수의 이름은 예수 바라빠(Jesus Barabbas)입니다. 사면받은 죄수의 이름이 '예수' 바라빠라는 점에 많은 그리스도교인은 불편해했습니다. 이는 대다수 복음서 사본들조차도 예수 바라빠에서 '예수'를 삭제

그러나 존 쉘비 스퐁은 '예수 바라바'라는 이름에서 '바라바'에 비중을 둔 채 좀 더 급진적인 입장을 내세웠다. '바라바'는 두 아람어 '바르'와 '아바'의 합성어인데, 마가는 예수가 겟세마네 동산에서 기도할 때 하나님을 가리켜 아버지를 의미하는 '아바'로 불렀다고 전했기 때문이다. 마가복음 14장 36절에 따르면 예수는 다음과 같이 호소했다. "아빠, 아버지, 아버지께서는 모든 일을 하실 수 있으시니, 내게서 이 잔을 거두어주십시오. 그러나 내 뜻대로 하지 마시고, 아버지의 뜻대로 하여 주십시오." 그러니까 '바라바'라는 이름은 '하나님의 아들'이란 뜻이다. 이제까지는 별도의 언급 없이 성서의 발췌문이든 번역서의 인용문이든 용어를 통일해서 사용했으나, 이 논의에서만큼은 변별적인 이해를 위해 통일하지 않고 그대로 사용하는 게 바람직할 듯하다. 성서에 대한 여러 번역서의 특성상 '아바'와 '바라바'라고 하기도 하고 '아빠'와 '바라바'라고 하기도 한다. 이 글에서는 후자의 경우에 해당하는데, 그렇다고 해서 '아바'와 '바라빠'라고 번역하든 '아빠'와 '바라빠'라고 번역하든 본래의 의미에 충실하려는 노력이기 때문이다. 다만 강조하고자 하는 바는 하나님을 지칭하는 '아바'와 하나님의 아들이라는 의미의 '바라바'가 얼마나 긴밀하게 연관되었느냐는 것이다. 프랑수아 보봉은 정경복음서의 저자들이 바라빠 이야기를 꾸며낼 만한 변증의 의도가 전혀 없었다고 했지만 존 쉘비 스퐁은 그렇게 생각하지

---

15 프랑수아 보봉, 김선용 옮김, 『예수의 마지막 날들(Les Derniers Jours de Jésus)』(비아, 2022), 117~118쪽.

않았던 모양이다.

복음서들의 이야기 가운데, 특히 뒤에 기록된 복음서들에서, 그토록 서둘러 로마
인들의 책임을 면제해주고 로마의 지방장관 본디오 빌라도를 용서해준 까닭은 무
엇일까? 이것이 유다 이야기를 만들도록 부추긴 배경, 또는 지금까지 다른 식으
로는 인식할 수 없던 이유는 아니었을까? 이 모든 자세한 점들을 검토해보면, 유
다가 배반의 입맞춤을 함으로써 예수의 죽음이 확정되는 순간에, 본디오 빌라도
라는 로마 총독, 법적으로 로마의 십자가형을 선고할 수 있는 유일한 사람이 유월
절 축하 행사의 한 부분으로 죄수 한 사람을 놓아주는 관례에 따라 예수를 놓아주
려고 한 정황까지도 이해할 수 있다. 이는 무엇을 뜻하는가? 첫째, 우리는 유월절
경축 행사로 죄수를 놓아주는 관례가, 내가 알기로는, 로마 역사서나 유대인 역사
문헌 그 어디에도 나와 있지 않다는 것이다. 이것은 오직 정경복음서에서만 어떤
'한 관례'로 언급된 이야기다. 이 관례는 (마가가 지어낸 이야기를 마태, 누가, 요한
의 순서로 옮겨 적었으니) 정경복음서가 꾸며낸 것이다. 즉 로마 총독의 책임을 면
하게 해주려고 꾸며낸 문학적 창작물이다. 이 이야기의 아이러니는 놓아주라고
추천된 살인자의 이름, 즉 바라바의 문자적 뜻이 '하나님의 아들'을 뜻한다는 것을
알지 못하는 독자들이 무심코 자주 놓치고 마는 것이다. [16]

그러니까 존 쉘비 스퐁은 네 편의 복음서 저자들이 이구동성으로
유월절을 앞두고 죄수를 석방하는 관례가 있었다고 하는 진술만으로
'바라바'의 실존 여부를 판가름할 수는 없다는 것이다. 더욱이 예외라

---

16 존 S. 스퐁, 『예수를 해방시켜라』, 344~345쪽.

고 하는 법칙에 따라 대단히 이례적으로 그해 본디오 빌라도가 누군가를 사면했다고 하더라도 그의 이름이 하필이면 '바라바'일 이유가 있었을까? 그러므로 이는 어디까지나 존 쉘비 스퐁이 주장한 바처럼 예수의 처형을 극대화하기 위한 정교한 문학적 장치였을 가능성마저 배제할 수 없다. 마태복음 27장 24절에서와 같이 빌라도가 군중들 앞으로 물두멍을 가져다가 그들이 보는 앞에서 손을 씻고 자신을 가리켜 "나는 이 사람의 피에 대하여 책임이 없으니, 여러분이 알아서 하시오"라고 한 것이나, 이어지는 25절에서와 같이 그러자 유대의 온 백성이 "이 사람의 피를 우리와 우리 자손에게 돌리시오"라며 잔인하게 아우성치는 모습은 드라마나 영화의 한 장면으로도 전혀 손색이 없기 때문이다. 이를 두고 "거룩하다는 그 어떤 종교 문헌에서도 이처럼 역사적으로 수난의 고통과 부질없는 죽음의 원인이 된 말은 찾아볼 수 없다"[17]라고 한 존 쉘비 스퐁의 이 한 문장은 아무리 되새겨도 지나치지 않을 것이다.

　이로써 빌라도는 십자가에서 죽은 예수의 육신과 관련해 법적으로는 아무런 책임을 질 필요가 없어졌다. 그래도 심정적으로는 책임을 느껴야 하지 않을까? 그러나 이번에는 요한까지 나서서 빌라도가 '예수 바라바'를 사면함으로써 상징적으로라도 '하나님의 아들 예수'를 풀어주었으니, 정신적인 면에서조차 예수의 죽음에 대해 빌라도에게 어떠한 책임도 물을 수 없다고 피력한 것이다.

17　위의 책, 345쪽.

다시 말해, 대다수 기독교인이 보기에 살인적인 반유대주의를 성서적으로, 그리고 합법적으로 정당화하고 그 근거로까지 제시할 수 있는 구절로 그보다 더 확실한 구절은 있을 수 없다. 예수를 죽인 책임 소재를 로마인으로부터 유대인에게 전가하려는 시도는 말할 것도 없고, 불행하게도 그런 시도가 역사적으로 성공하고 말았다. 이런 관점에서 가룟 유다에 관한 복음서의 서로 모순되는 자세한 묘사들은 이미 예수를 죽인 책임 소재가 로마인으로부터 유대인들, 즉 유다의 백성들에게 전가된 것에 대한 문서적 근거를 마련하려는 의식적 시도였던 셈이다. [18]

히브리 성서에서 차용한 또 다른 파편적 서사들

그러므로 아직도 여전히 유다의 행방이 묘연한 상태에서 그날 밤의 정황을 좀 더 살펴볼 필요가 있다. 그렇다면 다시 이렇게 물어야만 한다. 제자들은 그때까지도 가룟 유다가 예수를 배신하려고 한다는 사실을 순진하게 몰랐으나, 이를 자초지종까지 알았다고 믿었던 누가는 어째서 마태의 다음과 같은 구절을 배신의 그날 밤으로 옮겨 놓았을까?

예수께서 그들에게 말씀하셨다. "내가 진실로 너희에게 말한다. 새 세상에서 인자가 자기의 영광스러운 보좌에 앉을 때, 나를 따라온 너희도 열두 보좌에 앉아서, 이스라엘 열두 지파를 심판할 것이다." (마태복음 19,28)

---

18 위의 책, 345쪽.

이 무렵은 예수 공동체가 예루살렘에 입성하기도 전이어서 만일 가룻 유다가 성전 근처에 거주하던 대제사장이든 백성의 장로든 율법학자든 그 누구라도 비밀리에 만나려면 며칠이고 자리를 비워야 했다. 따라서 일행은 요한복음 13장 29절처럼 "유다가 돈자루를 맡고 있으므로, 예수께서 그에게 명절에 그들이 쓸 물건을 사라고 하셨거나, 또는 가난한 사람들에게 무엇을 주라고 말씀하신 것으로 생각하였다"라고 여길 수 없는 때였다. 그러므로 예수가 "너희는 나를 따랐으니 새 세상에서 사람의 아들이 영광스러운 보좌에 앉으면 너희도 열두 보좌에 앉아 이스라엘 열두 지파를 심판할 것이다"라고 말했을 때 가룻 유다도 그 자리에 있었다는 뜻이다. 게다가 이는 예수의 제자 열둘이 여호수아가 가나안 정복 전쟁으로 쟁취한 땅을 분배했던 열두 지파를 영원히 다스리게 되리라는 가슴 벅찬 언약이었다. 이를 좀 더 구체적으로 표현하면, 예수의 열두 제자가 영원한 제사장직을 계승해야 할 레위 지파를 제외한 루우벤과 시므온과 유다, 스블론과 잇사갈과 단, 갓과 아셀과 납달리, 그리고 야곱의 유언에 따라 요셉의 자리를 대신해서 물려받은 두 아들 에브라임과 므낫세, 마지막으로 베냐민을 통치한다는 의미다. 그러나 존 도미닉 크로산은 예수의 제자들이 '열둘'이었다는 것은 사실상 상징적인 숫자에 불과하다고 일축한다.

유다는 열두 제자에 속한 적이 없었습니다. 왜냐하면 열둘이라는 숫자는 예수가 죽은 이후, 그러니까 베드로가 유대인 개종자를 위한 선교를 진두지휘해 나가면서, 마치 열두 부족의 족장들이 옛 이스라엘을 대표했던 것처럼, 예수의 열두 제자가 새로운 이스라엘을 대표한다고 선포하자 비로소 신약성서 안으로 들어오게

된 것입니다. [19]

그럼에도 바울이 고린도전서 15장 5절을 통해 "게바에게 나타나시고 다음에 열두 제자에게 나타나셨다"라고 한 것을 보면 이와 같은 선포가 예수의 추종자들에게는 얼마나 매혹적인 속삭임이었겠는가. 그것이 '사사'라고도 부르고 '판관'이라고도 부르는 열두 명, 즉 이스라엘 백성이 가나안을 정복한 다음부터 왕국을 건설할 때까지 그들을 다스린 지도자들을 일컫는다고 해도 쉽게 사라질 매혹은 아니었을 것이다.

아무튼 누가는 오히려 마태에게 이런 중차대한 일을 예수가 어떻게 하나님의 성전이 있는 예루살렘에 입성하기도 전에 선포할 수 있는지 따져 묻는 듯하다. 그도 그럴 것이 누가는 이 일을 대담하게 최후의 만찬이 시작되고 나서 예수의 공동체가 올리브 산으로 가는 시공간의 틈새에다 끼워 넣었으니 말이다.

> "너희는 내가 시련을 겪는 동안에 나와 함께한 사람들이다. 내 아버지께서 내게 왕권을 주신 것과 같이, 나도 너희에게 왕권을 준다. 그리하여 너희가 내 나라에 들어와 내 밥상에서 먹고 마시게 하고, 옥좌에 앉아서 이스라엘의 열두 지파를 심판하게 하겠다." (누가복음 22.28-30)

앞서 2장을 마무리하면서 요한복음을 제외하면 마가복음, 그리고

19 존 도미닉 크로산, 한인철 옮김, 『예수는 누구인가(Who is Jesus?)』(한국기독교연구소, 1999), 193쪽.

마태복음과 누가복음을 통해서는 최후의 만찬 직후부터 가룟 유다의 행적을 알 수 없다고 지적했다. 그러니까 잠시 후 유다가 그 모습을 드러내기 전까지 마가복음과 마태복음, 그리고 누가복음의 경우 가룟 유다는 예수의 공동체와 함께한 듯도 하고 함께하지 않은 듯도 하다는 의미에서 말이다. 그런데 가룟 유다의 배신과 관련해 볼 때 유다의 밀고를 훤하게 아는 상태에서 자신들의 글을 썼더라도 마가와 마태는 딱히 문제 삼을 게 없으나 누가의 경우라면 상황은 심각해진다. 왜냐하면 누가가 아무리 제자들의 상황인식과 처지에 감정을 이입해서 이 대목을 작성했다고 하더라도 예수만큼은 유다의 배신을 분명히 알고 있었을 테니 말이다. 그렇다면 누가복음 22장 30절과 같이 "너희가 내 나라에 들어와 내 밥상에서 먹고 마시게 하고, 옥좌에 앉아서 이스라엘의 열두 지파를 심판하게 하겠다"라고 말한 예수의 참뜻은 무엇이었는가? 모두가 주저하고 꺼렸을 그 일을 가룟 유다가 한 것에 대한 보상인가? 이에 대해 다음과 같은 반론이 있을 수 있다. 예수는 유다의 배신을 꿰뚫어 보았기에 여기서 '열두 지파'란 유다 대신 새롭게 뽑힌 맛디아를 염두에 둔 예수의 선견지명이라고 말이다. 누가의 입장에서 보자면 이러한 해명이 솔깃할 수 있다. 왜냐하면 누가는 예수가 기존 입장까지 바꿔가며 돈주머니와 검에 대해 말한 의도라는 것이 성경 말씀의 성취에 있다고 보았기 때문이다. 여기에 해당하는 성경 본문만 다시 살펴보자.

예수께서 제자들에게 말씀하셨다. "내가 너희를 돈주머니와 자루와 신발이 없이 내보냈을 때, 너희에게 부족한 것이 있더냐?" 그들이 대답하였다. "없었습니다." 예수께서 그들에게 말씀하셨다. "이제는 돈주머니가 있는 사람은 그것을 챙겨라. 또 자루도 그렇게 하여라. 그리고 칼이 없는 사람은, 옷을 팔아서 칼을 사라. 내가 너희에게 말한다. '그는 무법자들과 한패로 몰렸다'라고 하는 이 성경 말씀이, 내게서 반드시 이루어져야 한다. 과연, 나에 관하여 기록한 일은 이루어지고 있다." 제자들이 예수께 말하였다. "주님, 보십시오. 여기에 칼 두 자루가 있습니다." 예수께서 그들에게 말씀하시기를 "넉넉하다" 하셨다. (누가복음 22,35-38)

예수가 말하기를 "'그는 무법자들과 한패로 몰렸다'라는 이 성경 말씀이, 내게서 반드시 이루어져야 한다. 과연, 나에 관하여 기록한 일은 이루어지고 있다"라고 했다. 이는 다른 한편으로 정경복음서의 저자들에게는 영감의 원천이었을 히브리 성서의 영향력을 그대로 반영한 것이기도 하다. 이를테면 예수의 족보에 영향을 미친 이사야 11장 1절의 다윗의 아버지인 "이새의 줄기에서 한 싹이 나며 그 뿌리에서 한 가지가 자라서 열매를 맺는다"라고 한 것이 그렇다. 또한 예수의 출생지에 영향을 주었을 미가 5장 2절의 "너 베들레헴 에브라다야, 너는 유다의 여러 족속 가운데서 작은 족속이지만, 이스라엘을 다스릴 자가 네게서 내게로 나올 것이다. 그의 기원은 아득한 옛날, 태초에까지 거슬러 올라간다"라고 한 것도 그렇다. 게다가 예수의 신비로운 탄생과 관련한 이사야 7장 14절의 "주님께서 친히 다윗 왕실에 한 징조를 주실 것입니다. 보십시오, 처녀가 잉태하여 아들을 낳을 것이며, 그가 그의 이름을 임마누엘이라고 할 것입니다"라고 한 것과 예수의 어머니 마리아와 관련한 에스겔 44장 2절의 "이 문은 잠가 두어야 한다. 이 문은 열 수 없다. 아무도 이 문으로 들어가서는 안 된다. 주 이스라엘의 하나님이 이 문으로 들어오셨으므로, 이 문은 잠가 두어야 한다"라고 한 것 역시 그렇다. 더욱이 예수의 수난과 죽음, 그리고 부활은 또 어떤가! 예수의 부활에 영향을 미쳤을 히브리 성서의 본문부터 살펴보자.

> 주님의 백성들 가운데서 죽은 사람들이 다시 살아날 것이며, 그들의 시체가 다시 일어날 것입니다. 무덤 속에서 잠자던 사람들이 깨어나서, 즐겁게 소리칠 것입니다. 주님의 이슬은 생기를 불어넣는 이슬이므로, 이슬을 머금은 땅이 오래 전에 죽은 사람들을 다시 내놓을 것입니다. 땅이 죽은 자들을 다시 내놓을 것입니다. (이사야 26,19)

이러한 본문 외에도 다소 장황하지만 '마른 뼈들의 부활'을 노래한 에스겔 37장 1절부터 14절까지의 내용도 있다. 그리고 다니엘 12장 2절의 "땅속 티끌 가운데서 잠자는 사람 가운데서도, 많은 사람이 깨어날 것이다. 그들 가운데서, 어떤 사람은 영원한 생명을 얻을 것이며, 또 어떤 사람은 수치와 함께 영원히 모욕을 받을 것이다"라고 한 내용은 기독교인이 믿는 부활과 마지막 심판의 날이라는 신앙적 주제에 결정적으로 영향력을 행사한 듯하다. 그리고 특히 요나서 1장 17절부터 2장 10절까지의 내용으로, 사흘 밤낮을 고래로 추정되는 큰 물고기 뱃속에서 지내던 요나가 2장 10절의 표현처럼 "주님께서 그 물고기에게 명하시니, 물고기가 요나를 뭍에다가 뱉어 냈다"는 서사는 죽고 나서 사흘 후 무덤에서 부활한 예수의 서사에 직접적으로 영감을 부여했을 것이다.

예수의 승천과 관련해서도 신약성서에 미친 히브리 성서의 파급력은 결코 무시하고 지나쳐버릴 수 있는 수준 정도가 아니다. 가령 창세기 5장 24절의 "에녹은 하나님과 동행하다가 사라졌다. 하나님이 그를 데려가신 것이다"라고 했고, 열왕기하 2장 1절부터 18절까지 역시 장황하기는 해도 산 채로 하늘에 들어 올려지고 나서 사라진 엘리야의 서사도 있다. 또한 개신교에서는 외경으로 취급하는 가톨릭의 토비트에도 다음과 같은 내용이 있다.

> 내가 당신들과 함께 있었지만 그것은 하느님께서 시키셔서 한 것이고 나 자신의 호의에서 한 것은 아니었습니다. 그러니 언제나 당신들의 찬양과 찬미를 받으실 분은 하느님이십니다. 당신들은 내가 먹고 마시는 것을 보았지만 내가 정말 먹은 것은 아닙니다. 그저 그렇게 보였을 뿐입니다. 주 하느님을 찬양하고 감사를 드리시오. 나는 나를 보내신 분에게로 올라갑니다. (토비트 12,18-20)

그리고 재림도 사정은 마찬가지인데 다니엘 7장 13절의 "내가 밤에 이러한 환상을 보고 있을 때 인자 같은 이가 오는데, 하늘 구름을 타고 와서"라는 내용이 그 사상적 토대가 되었을 것이다. 아무튼 이제껏 재림에 이르기까지 히브리 성서에서 찾아낸 단편적인 증거 본문들을 살펴봤다. 그렇다면 이제는 그 가운데서도 예수의 '수난과 죽음'을 암시하는 빼어난 증거 본문이라는 패러그래프를 살펴볼 차례다.

"나의 종이 매사에 형통할 것이니, 그가 받들어 높임을 받고, 크게 존경을 받게 될 것이다. 전에는 그의 얼굴이 남들보다 더 안 되어 보였고, 그 모습이 다른 사람들보다 더욱 상해서, 그를 보는 사람마다 모두 놀랐다. 이제는 그가 많은 이방 나라를 놀라게 할 것이며, 왕들은 그 앞에서 입을 다물 것이다. 왕들은 이제까지 듣지도 못한 일들을 볼 것이며, 아무도 말하여 주지 않은 일들을 볼 것이다." 우리가 들은 것을 누가 믿었느냐? 주님의 능력이 누구에게 나타났느냐? 그는 주님 앞에서, 마치 연한 순과 같이, 마른 땅에서 나온 싹과 같이 자라서, 그에게는 고운 모양도 없고, 훌륭한 풍채도 없으니, 우리가 보기에 흠모할 만한 아름다운 모습이 없다. 그는 사람들에게 멸시를 받고, 버림을 받고, 고통을 많이 겪었다. 그는 언제나 병을 앓고 있었다. 사람들이 그에게서 얼굴을 돌렸고, 그가 멸시를 받으니, 우리도 덩달아 그를 귀하게 여기지 않았다. 그는 실로 우리가 받아야 할 고통을 대신 받고, 우리가 겪어야 할 슬픔을 대신 겪었다. 그러나 우리는, 그가 징벌을 받아서 하나님에게 맞으며, 고난을 받는다고 생각하였다. 그러나 그가 찔린 것은 우리의 허물 때문이고, 그가 상처를 받은 것은 우리의 악함 때문이다. 그가 징계를 받음으로써 우리가 평화를 누리고, 그가 매를 맞음으로써 우리의 병이 나았다. 우리는 모두 양처럼 길을 잃고, 각기 제 갈 길로 흩어졌으나, 주님께서 우리 모두의 죄악을 그에게 지우셨다. 그는 굴욕을 당하고 고문을 당하였으나, 아무 말도 하지 않았다. 마치 도살장으로 끌려가는 어린 양처럼, 마치 털 깎는 사람 앞에서 잠잠한 암양처럼, 끌려가기만 할 뿐, 아무 말도 하지 않았다. 그가 체포되어 유죄판결을 받았지만 그 세대 사람들 가운데서 어느 누가, 그가 사람 사는 땅에서 격리된 것을 보고서, 그것이 바로 형벌을 받아야 할 내 백성의 허물 때문이라고 생각하였느냐? 그는 폭력을 휘두르지도 않았고, 거짓말도 하지 않았지만, 사람들은 그에게 악한 사람과 함께 묻힐 무덤을 주었고, 죽어서 부자와 함께 들어가게 하였다. 주님께서 그를 상하게 하고자 하셨다. 주님께서 그를 병들게 하셨다. 그가 그의 영혼을 속건제물로 여기면, 그는 자손을 볼 것이며, 오래오래 살 것이다. 주님께서 세우신 뜻을 그가 이루어 드릴 것이다. "고난을 당하고 난 뒤에, 그는 생명의 빛을 보고 만족할 것이다. 나의 의로운 종이 자기의 지식으로 많은 사람을 의롭게 할 것이다. 그는 다른 사람들이 받아야 할 형벌을 자기가 짊어질 것이다. 그러므로 나는 그가 존귀한 자들과 함께 자기 몫을 차지하게 하며, 강한 자들과 함께 전리품을 나누게 하겠다. 그는 죽는 데까지 자기의 영혼을 서슴없이 내맡기고, 남들이 죄인처럼 여기는 것도 마다하지 않았다. 그는 많은 사람의 죄를 대신 짊어졌고, 죄 지은 사람들을 살리려고 중재에 나선 것이다." (이사야 52,13-53,12)

간혹 일치하지 않는 내용도 있으나 이것이 예수의 수난과 죽음에 대한 사후 기록이었다고 해도 왜 예수가 몸소 고난을 떠맡아야 했고, 종국에는 죽기까지 했는지를 이보다 더 압축적으로 적절하게 설명할 수는 없었을 것이다. 여기에다 창세기 22장 1절부터 19절까지 내러티브, 즉 아브라함이 하나님의 명령대로 자신의 아들 이삭을 하나님에게 희생제물로 바치려고 한 이야기까지 중첩하면 '십자가의 길'이라고 널리 알려진 '슬픔 혹은 고난의 길'이라는 의미의 '비아 돌로로사'는 그야말로 완벽해진다. 그래서였을까? 누가는 이사야 53장 12절, 즉 "그는 남들이 죄인처럼 여기는 것도 마다하지 않았다"라고 한 문장을 누가복음의 예수로 하여금 "그는 악인 중 하나로 몰렸다"라고 인용하게 만듦으로써 발췌한 이사야 52장 13절부터 53장 12절까지의 내용 전체가 예수를 가리키도록 하는 데 막중한 역할을 했다. 사도행전의 다음과 같은 내용이 이를 방증한다.

주님의 천사가 빌립에게 말하였다. "일어나서 남쪽으로 나아가서, 예루살렘에서 가사로 내려가는 길로 가거라. 그 길은 광야 길이다." 빌립은 일어나서 가다가, 마침 에티오피아 사람 하나를 만났다. 그는 에티오피아 여왕 간다게의 고관으로, 그 여왕의 모든 재정을 관리하는 내시였다. 그는 예배하러 예루살렘에 왔다가, 돌아가는 길에 마차에 앉아서 예언자 이사야의 글을 읽고 있었다. 성령이 빌립에게 말씀하셨다. "가서, 마차에 바짝 다가서거라." 빌립이 달려가서, 그 사람이 예언자 이사야의 글을 읽는 것을 듣고 "지금 읽으시는 것을 이해하십니까?" 하고 물었다. 그가 대답하기를 "나를 지도하여 주는 사람이 없으니, 내가 어떻게 깨달을 수 있겠습니까?" 하고, 올라와서 자기 곁에 앉기를 빌립에게 청하였다. 그가 읽던 성경 구절은 이것이었다. "양이 도살장으로 끌려가는 것과 같이, 새끼 양이 털 깎는 사람 앞에서 잠잠한 것과 같이, 그는 입을 열지 않았다. 그는 굴욕을 당하면서, 공평한 재판을 박탈당하였다. 그의 생명이 땅에서 빼앗겼으니, 누가 그의 세대를 이야기하랴?" 내시가 빌립에게 말하였다. "예언자가 여기서 말한 것은 누구를 두고 한 말입니까? 자기를 두고 한 말입니까, 아니면 다른 사람을 두고 한 말입니까?" 빌립은 입을 열어서, 이 성경 말씀에서부터 시작하여, 예수에 관한 기쁜 소식을 전하였다.

(사도행전 8,26-35)

그러나 이처럼 그것이 아무리 좋은 취지였다고 해도 성경 말씀의 성취를 위해 예수가 자신의 제자들을 잠시나마 불한당으로 만들어

야 했다면 이를 또 어떻게 받아들여야만 할까? 누가복음 22장 36절
과 37절을 통해 예수는 제자들에게 이렇게 말했다. "이제는 돈주머니
가 있는 사람은 그것을 챙겨라, 또 자루도 그렇게 하여라. 그리고 칼
이 없는 사람은, 옷을 팔아서 칼을 사라. 내가 너희에게 말한다. '그는
무법자들과 한패로 몰렸다'고 하는 이 성경 말씀이, 내게서 반드시 이
루어져야 한다. 과연, 나에 관하여 기록한 일은 이루어지고 있다." 이
는 예수가 포박당하는 자신을 버려둔 채로 도망치는 제자들에 대하여
성경 말씀의 성취라고 말할 때와는 전혀 다른 차원의 문제다. 마가복
음 14장 27절은 물론 마태복음 26장 31절에서도 '예수는 제자들에게
이렇게 말했다. "너희가 모두 걸려서 넘어질 것이다. 성경에 기록하
기를 '내가 목자를 칠 것이니, 양 떼가 흩어질 것이다' 하였기 때문이
다." 왜냐하면 제자들이 예수를 버려두고 달아난 것은 그들의 죄라고
할 수 있지만, 이 제자들을 잠시라도 무뢰한으로 만든 것은 명백히 예
수의 죄라고밖에 볼 수 없기 때문이다. 그러니까 누가는 죄 없다는 예
수로 하여금 죄를 짓게끔 하는 것이다.

　그렇다면 이제 누가복음 22장 30절에서 "너희가 내 나라에 들어와
내 밥상에서 먹고 마시게 하고, 옥좌에 앉아서 이스라엘의 열두 지파
를 심판하게 하겠다"라고 한 예수의 케리그마, 즉 '선포'에 대해 생각
해볼 차례다. 과연 이와 같은 예수의 케리그마는 모두가 주저하고 꺼
렸을 그 일을 가룟 유다가 한 것에 대한 보상인가? 아니면 유다의 배
신을 꿰뚫어 보았던 예수가 그 일로 유다가 죽을 줄 뻔히 알면서도 나
중에 유다 대신 선출될 맛디아만 염두에 두다시피 하면서 이와 같은
발언을 한 것일까? 후자와 같이 반론하는 것은, 사도행전의 다음과

160　잔인한 입맞춤

같은 기록이 없었다면, 애초에 성립할 수도 없으니 그 내용부터 확인하고 계속해서 논의를 이어가도록 하자.

그 무렵 신도들이 모였는데, 그 수가 백이십 명쯤이었다. 베드로가 그 신도들 가운데 일어서서 말하였다. "형제자매 여러분, 예수를 잡아간 사람들의 앞잡이가 된 유다에 관하여, 성령이 다윗의 입을 빌어 미리 말씀하신 그 성경 말씀이 마땅히 이루어져야만 하였습니다. 그는 우리 가운데 한 사람으로서, 이 직무의 한 몫을 맡았습니다. 그런데 이 사람은 불의한 삯으로 밭을 샀습니다. 그러나 그는 거꾸러져서, 배가 터지고, 창자가 쏟아졌습니다. 이 일은 예루살렘에 사는 모든 주민이 다 알고 있습니다. 그래서 그들은 그 땅을 자기들의 말로 아겔다마라고 하였는데, 그것은 '피의 땅'이라는 뜻입니다. 시편에 기록하기를 '그의 거처가 폐허가 되게 하시고, 그 안에서 사는 사람이 없게 하십시오' 하였고, 또 말하기를 '그의 직분을 다른 사람이 차지하게 해주십시오' 하였습니다. 그러므로 주 예수께서 우리와 함께 지내시는 동안에, 곧 요한이 세례를 주던 때로부터 예수께서 우리를 떠나 하늘로 올라가신 날까지 늘 우리와 함께 다니던 사람 가운데서 한 사람을 뽑아서, 우리와 더불어 부활의 증인으로 삼아야 할 것입니다." 그리하여 그들은 바사바라고도 하고 유스도라고도 하는 요셉과 맛디아 두 사람을 앞에 세우고서 기도하여 아뢰었다. "모든 사람의 마음을 다 아시는 주님, 주님께서 이 두 사람 가운데서 누구를 뽑아서, 이 섬기는 일과 사도직의 직분을 맡게 하실지를, 우리에게 보여주십시오. 유다는 이 직분을 버리고 제 갈 곳으로 갔습니다." 그리고 그들에게 제비를 뽑게 하니, 맛디아가 뽑혀서, 열한 사도와 함께 사도의 수에 들게 되었다. (사도행전 1,15-26)

아무래도 이러한 내용 자체는 억지스러워 보인다. 사도행전의 이와 같은 기록이 맛디아에 대한 유일한 진술이라서가 아니다. 이번에는 누가가 베드로를 내세워 죄 없다는 예수는 말할 것도 없고 하나님과 보혜사 성령까지 죄를 짓게끔 만들고 있으니 하는 소리다. 어째서 누가는 자꾸 이 거룩한 존재로 하여금 죄를 짓게 하는 것일까? 이들이 하나이면서 셋이기도 하다는 사실을 몰라서였을까? 이미 언급했듯이 마태는 마태복음 28절 19절을 통해서 "아버지와 아들과 성령의 이름으로"라는 표현을 쓰고 있지 않은가. 유다가 예수를 배신한 일로 죽을 줄 알았다면, 하필 그때 예수는 이러지도 저리지도 못하는 피의자 신분이었으니 하나님이나 보혜사 성령이라도 나서서 뼈저리게 후회하고 뉘우치기까지 한 유다를 최소한 죽게는 내버려 두지는 말아야 하지 않았을까? 언제나 용서할 준비가 되어 있는 하나님이라고 하니 하는 소리다. 그것도 유다가 살인죄에 버금가는 자살을 선택하려고 하는 절체절명의 순간이었으니 말이다. 신학이 다루는 교리의 발전을 위해서였다면 할 말은 없다. 자신의 생각이 기독교의 일반적인 입장은 아니라고 밝혔지만, 어쩌면 당신은 유다에 대해서라면 리처드 스윈번의 관점을 한 차례 더 소환하려고 할지도 모르겠다.

어느 누구도, 심지어 신이라 할지라도 (실수의 여지 없이) 내가 내일 무엇을 선택할지는 알 수 없다. 그러므로 우리는 신의 전지함을 신이 해당 시점에 논리적으로 알 수 있는 모든 것을 아는 것이라고 이해해야 한다.[20]

---

20 리처드 스윈번, 『신은 존재하는가』, 35쪽.

또는 인간이 죄를 지을 수밖에 없는 이유를 여호와가 인간에게 부여한 자유의지 때문이라고 당신이 믿는다면, 그것의 유무와 얽힌 오래된 논쟁은 차치하더라도 다음과 같은 C. S. 루이스의 주장에 지지를 표명할 것이다.

한 사람의 영혼이라도 최종적으로 잃어버리는 것은 전능하신 분의 실패를 의미하는 것이 아니냐는 반대의견이 있습니다. 이 말대로라면 전능하신 분은 실패했습니다. 그러나 그는 자유의지를 가진 존재들을 창조하셨을 때부터 그런 실패의 가능성을 감당하려고 하셨습니다. 그러므로 여러분이 실패라고 부르는 것을 저는 기적이라고 부릅니다. 자기 자신이 아닌 것을 만듦으로써 어떤 의미에서 자기 작품에게 거부당할 수 있는 존재가 되신 것은 하나님의 위대한 업적 중에서도 가장 놀라운 일이자 상상을 초월하는 일이기 때문입니다. …… 그러나 그들은 영혼이 선에 이를 수 있는 유일한 길인 자기 포기의 영역에서는 그 첫 단계조차 밟으려 하지 않을 것이 분명합니다. 그들은 스스로 요구한 무서운 자유를 영원히 누린 결과 자아의 노예가 됩니다. 그러나 축복받은 자들은 영원히 순종에 무릎을 꿇음으로써 영원무궁토록 자유롭고 다 자유로운 존재가 됩니다.[21]

이조차도 만족스럽지 못하다면 다음과 같은 견해는 또 어떠한가?

중요한 핵심은, 광범위한 논리적인 의미에서 보면, 다음의 사실이 가능하다는 것이다. 첫째, 늘 옳은 일만 행하는 자유로운 인간을 창조하는 것은 하나님의 능력

---

21 C. S. 루이스, 『고통의 문제』, 193~194쪽.

에 있지 않았다. 둘째, 자유로운 피조물을 가지는 것의 가치가 이 피조물이 행하는 악의 무가치를 능가한다는 게 요점이다. [22]

물론 앨빈 플랜팅가(Alvin Carl Plantinga)의 이러한 견해는 C. S. 루이스의 다음과 같은 믿음과 무척 닮아 보인다.

하나님은 인간들이 자유를 잘못 사용할 때 어떤 일이 벌어질 것인지 잘 알고 있었습니다. 그러나 그는 그런 위험을 감당할 가치가 있다고 생각하신 것이 분명합니다. [23]

아무튼 누가는 사탄이 가룟 유다를 배신으로 끌어들였다고 말한다. 아마도 사탄은 열두 제자의 면면을 꼼꼼히 살펴봤을 테고, 그 결과 성정이 모질지 못하고 물러터져서 그 일의 여파로 죽을 게 뻔한 유다에게 예수를 배신하는 일을 맡겼을 테니 말이다.

---

22 앨빈 플랜팅가, 박규태 옮김, 『지식과 믿음(Knowledge and Christian Belief)』(Ivp, 2019), 217쪽.
23 C. S. 루이스, 『순전한 기독교』, 87쪽.

4장

유다,
뜨거운 감정을 들키지 않은 채 차디차게 입맞추다

또한 우리는 이날 벌어진 일들 가운데서 예수의 기도가 어떻게 전해진 것인가 하는 문제에 관해서도 대체로 이렇게 이해하려는 경향이 있다. 공관복음서의 세 저자가 거의 일치하는 내용을 저술할 수 있었던 것은 각자에게 부어진 하나님의 영감이 아니고서는 불가능하다. 만일 이것을 마가가 처음으로 기록했다면 최소한 마가라도 하나님에게 영감을 받았을 것이며, 나머지 두 저자는 마가복음이 전하는 내용의 골자만큼은 손보지 말라는 영감이라도 받았을 것이다. 그렇다면 마가가 구전으로 떠돌던 것을 수집하고 선별해서 마가복음을 작성한 게 아닌가 하고 물으면 하나님은 구전에라도 개입하셨을 게 틀림없다는 대답이 되돌아올 것이다. 그러나 이러한 토론은 그 전 단계에서 벌써 상대를 잃고 말았을 것이다.

예수의 마지막 기도와 얽힌 정황들

그들은 겟세마네라고 하는 곳에 이르렀다. 예수께서 제자들에게 말씀하시기를 "내가 기도하는 동안에, 너희는 여기에 앉아 있어라" 하시고, 베드로와 야고보와 요한을 데리고 가셨다. 예수께서는 매우 놀라며 괴로워하기 시작하셨다. 그래서 그들에게 말씀하셨다. "내 마음이 근심에 싸여 죽을 지경이다. 너희는 여기에 머물러서 깨어 있어라." 그리고 조금 나아가서 땅에 엎드려 기도하시기를, 될 수만 있으면 이 시간이 자기에게서 비껴가게 해 달라고 하셨다. 예수께서는 이렇게 말씀하셨다. "아빠, 아버지, 아버지께서는 모든 일을 하실 수 있으시니, 내게서 이 잔을 거두어주십시오. 그러나 내 뜻대로 하지 마시고, 아버지의 뜻대로 하여 주십시오." 그런 다음에 돌아와서 보시니, 제자들은 자고 있었다. 그래서 베드로에게 말씀하셨다. "시몬아, 자고 있느냐? 한 시간도 깨어 있을 수 없느냐? 너희는 유혹에 빠지지 않도록, 깨어서 기도하여라. 마음은 원하지만, 육신이 약하구나!" 예수께서 다시 떠나가서, 같은 말씀으로 기도하시고, 다시 와서 보시니, 그들은 자고 있었다. 그들은 졸려서 눈을 뜰 수 없었던 것이다. 그들은 예수께 무슨 말로 대답해야 할지를 몰랐다. 예수께서 세 번째 와서, 그들에게 말씀하셨다. "남은 시간을 자고 쉬어라. 그 정도면 넉넉하다. 때가 왔다. 보아라, 인자는 죄인들의 손에 넘어간다. 일어나서 가자. 보아라, 나를 넘겨줄 자가 가까이 왔다." (마가복음 14,32-42)

마태는 세부적인 측면에서 좀 더 구체적으로 표현한 것 말고는 이러한 마가복음의 내용을 거의 그대로 옮겨 적었다고 해도 과언이 아니다. 반면 누가복음에는 오늘날까지 아무도 구경해보지 못했을 출처에서 가져온 듯한 구절이 눈에 띄는가 하면 내러티브의 구조마저도 판이하다. 그러다 보니 이처럼 공관복음서의 내러티브에 대한 차이점을 설명할 때 보편적인 견해는 아니라고 할지라도 마태는 마태대로

'M'이라는 자료를, 누가는 누가대로 'L'이라는 자료를 독자적으로 활용한 게 아닐까 하는 주장이 펼쳐지기도 하는 것이다. 더구나 누가는 예수가 기도를 끝마치고 속절없이 잡히고 마는 장소가 '올리브 산'이지 '겟세마네'는 아니라고 한다.

예수께서 나가시어, 늘 하시던 대로 올리브 산으로 가시니, 제자들도 그를 따라갔다. 그곳에 이르러서, 예수께서 제자들에게 말씀하시기를 "시험에 빠지지 않도록 기도하여라" 하신 뒤에, 그들과 헤어져서, 돌을 던져서 닿을 만한 거리에 가서, 무릎을 꿇고 이렇게 기도하셨다. "아버지, 만일 아버지의 뜻이면, 내게서 이 잔을 거두어주십시오. 그러나 내 뜻대로 되게 하지 마시고, 아버지의 뜻대로 되게 하여 주십시오." (그때 천사가 하늘로부터 그에게 나타나서, 힘을 북돋우어 드렸다. 예수께서 고뇌에 차서, 더욱 간절히 기도하시니, 땀이 핏방울같이 되어서 땅에 떨어졌다.) 기도를 마치고 일어나, 제자들에게로 와서 보시니, 그들이 슬픔에 지쳐서 잠들어 있었다. 그래서 그들에게 말씀하셨다. "왜들 자고 있느냐? 시험에 빠지지 않도록, 일어나서 기도하여라." (누가복음 22,39-46)

우선 마가복음과 마태복음의 '겟세마네'와 누가복음의 '올리브 산'의 불일치는 올리브 산을 겟세마네 동산에서 좀 더 높은 곳이라고 설명함으로써 해결할 수 있을 것 같다. 그러나 이와 같은 해석은 다음과 같은 내용 때문에라도 여전히 미해결 상태로 남겨진다.

그때 예수께서 제자들과 함께 겟세마네라고 하는 곳에 가서, 그들에게 말씀하셨다. "내가 저기 가서 기도하는 동안에, 너희는 여기에 앉아 있어라." 그리고 베드로와 세베대의 두 아들을 데리고 가서, 근심하며 괴로워하기 시작하셨다. 예수께서는 조금 더 나아가서, 얼굴을 땅에 대고 엎드려서 기도하셨다. (마태복음 26,36-39)

이는 예수가 다른 제자들은 남겨두고 베드로와 세베대의 두 아들만 데리고 간 이 장면을 모세가 십계명과 율법과 그것에 관한 규례를 하나님으로부터 전해 받는 장면에다 접목하려는 시도이기 때문이다.

온 백성이 천둥소리와 번개와 나팔소리를 듣고 산의 연기를 보았다. 백성은 그것을 보고 두려워 떨며, 멀찍이 물러섰다. 그들은 모세에게 말하였다. "어른께서 우리에게 말씀하십시오. 우리가 듣겠습니다. 하나님이 직접 우리에게 말씀하시면, 우리는 죽습니다." 모세가 백성에게 말하였다. "두려워하지 마십시오. 하나님이 당신들을 시험하시려고 나타나신 것이며, 당신들이 주님을 두려워하여 죄를 짓지 못하게 하시려고 나타나신 것입니다." 백성은 멀리 떨어져 서 있고, 모세는 하나님이 계시는 먹구름이 있는 곳으로 가까이 갔다. (출애굽기 20,18-21)

그러나 정작 그곳이 '겟세마네'가 아니라 '올리브 산'이었다고 전하는 누가복음에서는 제자들 모두가 한 곳에서 기도함으로써 오히려 예수를 훨씬 더 모세에 가깝게 묘사한 것처럼 보인다. 왜냐하면 마가복음과 마태복음에서처럼 베드로와 야고보와 요한을 특별히 데려가 남겨두고 예수가 다시금 나아가서 땅에 엎드려 기도하는 상황은 없으니 말이다. 그런데 이때 간격이 또 말썽이다. 누가복음에서는 예수가 제자들과 "돌을 던져 닿을 만한 거리에 가서" 기도했다고 한다. 이는 마가복음의 "조금 나아가서"라거나 마태복음의 "조금 더 나아가서"라는 불명확한 표현 탓인 듯한데, 그렇다면 어째서 누가는 모호한 그 간격을 돌이 던져져 가닿을 만한 물리적 거리로 환산했을까? 아무래도 누가의 입장에서 마가복음과 마태복음을 읽노라면 예수가 기도하는 와중에도 베드로와 야고보와 요한이 머물던 곳을 오고 간 만큼 그 간격은 너무나 가깝다는 인상이 강했을 것이다. 그러니까 출애굽기에서 모세와 백성을 떼어놓을 만큼의 거리라고 하기에는 문제가 있어 보였다는 뜻이다. 그렇다면 절절하기만 한 예수의 기도는 대체 누구의 입을 통해 전해진 증언이란 말인가. 더구나 그들은 여느 날보다 조금은 과식했을 유월절 식사와 일정 기간 정처 없이 떠돌던 타지 생활로 인한 피로감으로 졸음까지 쏟아지지 않았는가? 설마 이마저도 하나님이 계시를 통해 마가와 마태에게 특별히 깨우쳐주었다고 강변해야만 하는가. 그러니 묻지도 따지지도 말고 무조건 믿으라고 해야 하는 것인가? 물론 누가도 그때 기도하는 예수의 심정을 이렇게 표현하기는 했다. "천사가 하늘로부터 그에게 나타나서, 힘을 북돋우어 드렸다. 예수께서 고뇌에 차서, 더욱 간절히 기도하시니, 땅이 핏방울같이 되어서 땅에 떨어졌다." 그러나 누가는 이 모든 것을 예수가 "기도를 마치고 일어나, 제자들에게로 와서 보시니, 그들이 슬픔에 지쳐서 잠들어 있었다"라는 이 구절에다 담아냈다. 모두가 예수의 그 절박한 기도 내용을 들었고, 그제야 최후의 만찬 자리에서 예수가 한 말을 미루어 짐작할 수 있었고, 뒤늦게나마 둘러보니 가룟 유다가 없어 북받쳐 오르는 슬픔을 어쩌지 못한 채 숨죽여 울다가 지쳐 잠들었던 것이다. 이 것이 누가가 적어놓은, 모두를 지치게 만든 슬픔의 정체다. 이처럼 누 가는 그 당시 유행하던 묵시 사상의 허구적 요소를 자신의 서사에 끌 어들여 성서적 사실을 좀 더 역사적 사실에 가깝게끔 탈바꿈하는 일 에 남다른 솜씨가 있었던 것처럼 보인다. 이러한 성서적 사례를 놓고 분분하게 의견이 충돌한다.

존 도미닉 크로산은 수난 이야기 대부분에 확실한 역사적 기억은 거의 없다고 주 장한다. 크로산에게는 이 본문들이 '역사화된 예언'이며, 히브리 성서 본문으로부 터 영감을 받아 창작된 이야기들이다. 하지만 보다 온건한 대다수 학자들의 견해 를 대표하는 레이몬드 브라운(R. E. Brown)은 주장하기를, 히브리 성서 인용은 실 제 일어났던 기본 이야기를 보완하는 기능을 하며, 그것도 일부 세부 내용에는 해 당될 수도 있지만(예컨대, 온 땅에 어둠이 임하는 사건, 예수의 옷을 나누어 갖는 이야기, 십자가에 매달려서 했던 예수의 마지막 말씀들 등), 그 전반적인 골격은 매 우 신빙성이 있다고 한다. [1]

이 글의 목적과 부합하는 존 도미닉 크로산의 견해를 좀 더 상세히 살펴보자. 존 도미닉 크로산은 먼저 이렇게 운을 뗀다.

평범한 독자라면 예수 전승의 문헌적이거나 본문적인 차원에 무슨 문제가 있는지 의아하게 생각할 것이다. 우리는 1세기 지중해 지역의 이 유대인 농부에 대해 네

---

1   헬렌 본드, 『역사적 예수 입문』, 253~254쪽.

개의 전기, 즉 마태, 마가, 누가, 요한의 전기를 가지고 있고, 이 전기들은 모두 예수와 직간접적으로 연관되어 있으며, 이 전기들은 모두 그가 죽은 후 75년 이내에 작성된 것이 아닌가?[2]

앞의 인용문에서 정경복음서의 순서를 신약성서의 차례에 따라 그대로 쓴 것은 존 도미닉 크로산이 이렇게 썼기 때문이기도 하지만 게리 윌스(Garry Wills)의 다음과 같은 언급을 통해 다시금 마가복음에 대한 저평가가 어떻게 이뤄졌는지 재확인하기 위해서다.

(히포의) 아우구스티누스는 마가복음에 대하여 마태복음을 열정적으로 간략하게 하려고 노력한 결과물, 즉 한마디로 요약본이라고 했다.[3]

그 이후로 시대를 막론하고 교인 대다수는 그렇게 확고히 믿었고 여전히 그렇게 믿는 것이 현실이다. 그런데 이에 대하여 존 도미닉 크로산은 문헌적으로 접근할 때조차 정경복음서의 배열 순서뿐 아니라 이렇듯 예수의 전기가 네 편이라는 게 얼마든지 문제가 될 수 있다고 강조한다. 물론 이 네 편의 복음서를 그 순서에 따라 '수직적으로' 읽어오던 방식에 익숙해져 있으면 정경복음서라는 것이 한없이 조화롭고 통일적이라는 인상마저 받기 마련이다. 하지만 기독교의 발전 과정에서 나중에 결정된 성서의 배열 순서에 따라 곧이곧대로 네 편의

---

2   존 도미닉 크로산, 김준우 옮김, 『역사적 예수(The Historical Jesus, The Life of a Mediterranean Jewish Preasant)』(한국기독교연구소, 2000, 2019), 49쪽.

3   게리 윌스, 권혁 옮김, 『복음은 그렇게 전해지지 않았다(What The Gospels Meant)』(돌을새김, 2009, 2012), 24쪽.

복음서를 읽더라도 그 문단에 해당하는 다른 병행 문단과 대조해가며 '수평적으로' 읽을 경우, 한층 뚜렷해지는 점은 정경복음서 간의 일치가 아니라 불일치라는 것이다. 그러니까 아우구스티누스가 염려하던 점도 바로 이 정경복음서 간의 부조화는 아니었을까 싶다.

이미 2세기 중엽에 켈수스와 같은 이교도, 그리고 저스틴, 타티안, 마르시온 등과 같은 기독교 호교론자들조차 이런 불일치, 특히 마태와 누가 사이의 불일치를 잘 알고 있었다. 그 해결책은 이 불일치를 하나로 만드는 것이었다. 즉 마르시온처럼 하나의 복음서(누가복음)만 남겨놓고 다른 복음서들을 없애버리거나, 아니면 저스틴이나 그의 제자 타티안의 해결책처럼. 이 네 복음서들을 모두 하나의 이야기로 만드는 방법, 즉 (조화복음서라고 하는 디아테사론)을 시도하는 것이었다. 이와 같은 두 가지 해결책은 오늘날에도 여전히 암암리에 사용되고 있다. 주기도문이 두 가지로 서로 다르게 기록되어 있다는 문제에 대한 해결책은 마태의 것을 이용하고, 누가의 것은 무시한다. 예수의 탄생 이야기가 두 가지라는 문제에 대한 해결책은 (누가복음의) 목자들과 (마태복음의) 동방박사들이 함께 구유 앞에 있었던 것으로 하라. …… 이를테면 마태나 누가조차도 예수의 말씀과 행적, 혹은 다른 사람들이 예수에게 한 말과 행동들의 자료로 마가를 참고하면서, 마태와 누가는 자신들의 이야기 속에서 어떤 것은 빼고, 어떤 것은 더하고, 어떤 것은 바꾸고, 어떤 것은 새로 만들고 하는 작업을 자신들의 특수한 예수 해석에 따라 그렇게 마음대로 했다. 그러므로 복음서들은 역사도 아니며 전기도 아니다.[4]

---

4   존 도미닉 크로산, 『역사적 예수』, 49~50쪽.

덧붙여 존 도미닉 크로산은 나중에 붙여진 '복음'이라고 하는 명칭에 대해서도 누군가에게는 '기쁜 소식'이 다른 누군가에게는 자칫 '슬픈 소식'일 수도 있으므로, 이는 전적으로 한 개인이나 공동체의 견해이거나 해석의 결과일 뿐이라는 점도 강조했다.

공관복음서가 전하는 예수의 가상사언

여하튼 재차 누가의 탁월한 솜씨가 발휘된 곳은 당신이 가상칠언이라고 아는 장면들에서다. 가상칠언이란 십자가에 못 박힌 예수가 했다고 전해지는 일곱 가지 말을 일컫는다. 그 가운데서 세 가지 말은 누가의 솜씨 좋은 필력에 힘입어 세상에 드러났다. 누가에 따르면 예수가 십자가에 매달리자마자 첫 번째 말을 했다고 한다.

> 다른 죄수 두 사람도 예수와 함께 처형장으로 끌려갔다. 그들은 (골고다 즉 그 뜻이) 해골이라 하는 곳에 이르러서 거기서 예수를 십자가에 달고, 그 죄수들도 그렇게 하였는데, 한 사람은 그의 오른쪽에, 한 사람은 그의 왼쪽에 달았다. 그때 예수께서 말씀하셨다. "저들을 용서하여 주십시오. 저 사람들은 자기네가 무슨 일을 하는지를 알지 못합니다." 그들은 제비를 뽑아서, 예수의 옷을 나누어 가졌다. (누가복음 23,32-34)

이 대목에서 "그들이 제비를 뽑아서, 예수의 옷을 나누어 가졌다"라는 표현은 다윗의 노래로 알려진 시편의 한 구절이기도 하다. 시편

22편 18절에 따르면 "나의 겉옷을 원수들이 나누어 가지고, 나의 속옷도 제비를 뽑아서 나누어 가집니다"라고 했다. 한편 사건 전개의 흐름으로 볼 때 예수가 십자가에 못 박혀 처음으로 했다는 말, 즉 "저들을 용서하여 주십시오. 저 사람들은 자기네가 무슨 일을 하는지를 알지 못합니다"라고 한 것을 두고 프랑수아 보봉은 이렇게 말한다.

저는 이 간구가 누가복음의 오래된 전승 층에 속한다고 생각합니다. 비록 대부분의 오래된 사본들은 이것을 포함하고 있지 않지만 말입니다. 일부 사본들이 이를 생략했다면, 이는 필사가가 보기에 예수를 죽인 사람들이 하나님의 용서를 받은 게 아니라 이미 (죽음이라는) 벌을 받았기 때문일 것입니다. 이 필사가들은 예루살렘의 멸망도 하나님이 심판하셨다는 증거로 이해했을 테니 말입니다.[5]

게다가 누가는 누가복음과 자매편인 사도행전에서도 최초의 그리스도교 순교자인 스데반으로 하여금 이 말을 반복하게 만드는데, 그에 앞서 가상칠언 가운데 누가의 세 번째 말까지 되뇌도록 한다.

스데반이 성령이 충만하여 하늘을 쳐다보니, 하나님의 영광이 보이고, 예수께서 하나님의 오른쪽에 서 계신 것이 보였다. 그래서 그는 "보십시오, 하늘이 열려 있고, 하나님의 오른쪽에 인자가 서 계신 것이 보입니다" 하고 말하였다. 사람들은 귀를 막고, 큰 소리를 지르고서, 일제히 스데반에게 달려들어, 그를 성 바깥으로 끌어내서 돌로 쳤다. 증인들은 옷을 벗어서, 사울이라

5   프랑수아 보봉, 『예수의 마지막 날들』, 124~125쪽.

는 청년의 발 앞에 두었다. 사람들이 스데반을 돌로 칠 때, 스데반은 "주 예수님, 내 영혼을 받아 주십시오" 하고 부르짖었다. 그리고 무릎을 꿇고서 큰 소리로 "주님이 죄를 저 사람들에게 돌리지 마십시오" 하고 외쳤다. 이 말을 하고 스데반은 잠들었다. (사도행전 7,55-60)

누가가 전하는 두 번째 말은 예수가 자신과 더불어 십자가 처형을 당하던 죄수에게 했다고 한다.

백성은 서서 바라보고 있었고, 지도자들은 비웃으며 말하였다. "이 자가 남을 구원하였으니, 정말 그가 택하심을 받은 자라면, 자기나 구원하라지." 병정들도 예수를 조롱하였는데, 그들은 가까이 가서, 그에게 신 포도주를 들이대면서, 말하였다. "네가 유대인의 왕이라면, 너나 구원하여 보아라." 예수의 머리 위에는 "이는 유대인의 왕이다" 이렇게 쓴 죄패가 붙어 있었다. 예수와 함께 달려 있는 죄수 가운데 하나도 그를 모독하며 말하였다. "너는 그리스도가 아니냐? 너와 우리를 구원하여라." 그러나 다른 하나는 그를 꾸짖으며 말하였다. "똑같은 처형을 받고 있는 주제에, 너는 하나님이 두렵지도 않으냐? 우리야 우리가 저지른 일 때문에 그에 마땅한 벌을 받고 있으니 당연하지만 이분은 아무것도 잘못한 일이 없다." 그리고 나서 그는 예수께 말하였다. "예수님, 주님이 주님의 나라에 들어가실 때에, 나를 기억해주십시오." 예수께서 그에게 말씀하셨다. "내가 진실로 네게 말한다. 너는 오늘 나와 함께 낙원에 있을 것이다." (누가복음 23,35-43)

이러한 내용은 마치 시편 전체를 통해 다윗 왕이 겪었다는 모욕에 버금가는 표현을 함축해놓은 듯하다. 다른 점이 있다면 그럼에도 다윗은 천수를 누렸지만, 예수는 그러지 못했다는 것이다. 아무튼 정경으로는 채택되지 못하고 외경으로 분류된 베드로복음이라는 문서가 있는데, 지금까지 살펴본 누가복음의 내용을 이 외경복음서에서는 이렇게 적어놓았다. 참고로 2세기 말 경의 교부 오리게네스는 신앙과 행위의 규범적 기준으로 인정된 책들을 수집하면서, 이러한 목록에 대해 '정경'이라는 용어를 처음으로 사용했다. 그는 "교리를 증명하기 위해 어느 누구도 정경으로 채택된 성경에 포함되지 않은 책들을 사용해서는 안 된다"라고 했다. 3세기에 이르러 아타나시우스는 "교회의 인준을 받은 책들의 수집 전체'를 '정경'이라고 불렀다. 이것이 교회에서 '정경'이라는 용어를 사용할 때의 의미다.

그들은 죄인 두 사람을 더 데려와 주님을 그들 사이에 두고 십자가에 못 박았다. 그러나 그분께서는 아무런 고통도 없는 것처럼 줄곧 입을 다물고 계셨다. 그들은 십자가를 세우고 거기에 "이 사람은 이스라엘의 임금"이라고 기록하였다. 그리고 그들은 그분 앞에서 그분의 옷을 놓고 찢은 뒤 그것들을 두고 제비를 뽑았다. 그러자 죄수들 가운데 한 사람이 그들을 나무라며 말하였다. "우리야 우리가 저지른 나쁜 짓들 때문에 이런 고초를 당한다지만, 사(람)들의 구원자가 되신 이분이야 여러분들에게 무슨 잘못을 저질렀단 말이오?" (베드로복음 4,10-13)[6]

6   송혜경 번역 · 주해, 『신약외경1』(한님성서연구소, 2021), 243~244쪽.

누가복음에서는 같은 처지의 동료를 나무랐던 죄수가 여기서는 그 호통의 대상을 로마 병사들로 삼았다. 그들이 창을 들고 옆구리에 칼을 차고 있다고 한들 이제 더는 "죽고 싶어 환장했냐"는 협박은 통하지 않을 테니 말이다. 그런데 누가의 뛰어난 재주가 탐탁하지 않았던 탓인지, 베드로복음의 저자는 누가가 전한 예수의 두 번째 말, 즉 "내가 진실로 네게 말한다. 너는 오늘 나와 함께 낙원에 있을 것이다"라고 한 케리그마를 지워버렸다. 그도 그럴 것이 요한도 요한복음 3장 13절을 통해 "하늘에서 내려온 이 곧 인자밖에는 하늘로 올라간 이가 없다"라고 했기 때문인 듯하다. 어쨌든 누가가 스데반을 통해 전하기도 했던 예수의 가상칠언 가운데 세 번째 말은 다음과 같다.

> 어느덧 낮 열두 시쯤 되었는데, 어둠이 온 땅을 덮어서, 오후 세 시까지 계속되었다. 해는 빛을 잃고, 성전의 휘장은 한가운데가 찢어졌다. 예수께서 큰 소리로 부르짖어 말씀하셨다. "아버지, 내 영혼을 아버지 손에 맡깁니다." 이 말씀을 하시고, 그는 숨을 거두셨다. (누가복음 23,44-46)

이 역시도 누가는 이 말을 시편에서 가져와서 썼다. 이는 시편 31편 5절, 즉 "주님의 손에 나의 생명을 맡깁니다"에 해당한다. 그러면서도 누가는 어째서인지 마가와 마태가 시편 22편 1절에서 인용한 "나의 하나님, 나의 하나님, 어찌하여 나를 버리십니까?"라는 말을 외면한 채 이렇게만 적었다. "아버지, 내 영혼을 아버지 손에 맡깁니다." 아마도 누가는 마가복음과 마태복음을 검토하고 옮겨 적으면서 가상칠언 외에도 이 두 복음서의 내용이 시편 22편의 여러 대목을 집중적으로 인용하고 있다는 사실을 눈치챘기 때문일 것이다. 이를 알아보기 전에 마가복음부터 살펴보자.

그들은 예수를 골고다라는 곳으로 데리고 갔다. (골고다는 번역하면 '해골 곳'이다.) 그들은 몰약을 탄 포도주를 예수께 드렸다. 그러나 예수께서는 받지 않으셨다. 그들은 예수를 십자가에 못 박고, 예수의 옷을 나누어 가졌는데, 제비를 뽑아서, 누가 무엇을 차지할지를 결정하였다. 예수를 십자가에 못 박은 때는, 아침 아홉 시였다. 그의 죄패에는 '유대인의 왕'이라고 적혀 있었다. 그들은 예수와 함께 강도 두 사람을 십자가에 못 박았는데, 하나는 그의 오른쪽에, 하나는 그의 왼쪽에 달았다. (없음). 지나가는 사람들이 머리를 흔들면서 예수를 모욕하며 말하였다. "아하! 성전을 허물고 사흘만에 짓겠다던 사람아, 자기나 구원하여 십자가에서 내려오려무나!" 대제사장들도 율법학자들과 함께 그렇게 조롱하면서 말하였다. "그가, 남은 구원하였으나, 자기는 구원하지 못하는구나! 이스라엘 왕 그리스도는 지금 십자가에서 내려와 봐라, 그래서 우리로 하여금 보고 믿게 하여라!" 예수와 함께 십자가에 달린 두 사람도 그를 욕하였다. 낮 열두 시가 되었을 때, 어둠이 온 땅을 덮어서, 오후 세 시까지 계속되었다. 세 시에 예수께서 큰 소리로 부르짖으셨다. "엘로이 엘로이 레마 사박다니?" 그것은 번역하면 "나의 하나님, 나의 하나님, 어찌하여 나를 버리셨습니까?" 하는 뜻이다. (마가복음 15,22-34)

또다시 이와 같은 본문을 거의 그대로 옮겨 적은 마태는 다만 마가가 아람어로 "엘로이 엘로이 레마 사박다니?"라고 한 것을 마태복음 27장 46절에다 그리스어로 "엘리 엘리 라마 사박다니?"라고 했다. 이

것이 마가와 마태가 전한 예수의 가상칠언 가운데 유일한 표현이다. 이를 베드로복음은 사뭇 다르게 전하고 있다. 베드로복음 5장 19절에 따르면 "그때 주님께서 큰 소리를 지르시며 말씀하셨다. '저의 힘이시여, 저의 힘이시여, 당신께서 저를 저버리셨습니다.'"[7] 그렇다면 마가복음과 마태복음에서 누가가 알아차렸을 시편 22편의 내용은 어떤 것이었을까? 우선 마가복음 15장 24절에서 "예수의 옷을 나누어 가졌는데, 제비를 뽑아서, 누가 무엇을 차지할지를 결정하였다"라는 구절일 텐데 그 내용은, 앞서 누가복음의 내용을 다루면서 거론하기도 했지만, "나의 겉옷을 원수들이 나누어 가지고, 나의 속옷도 제비를 뽑아서 나누어 가집니다"라고 한 시편의 구절과 조응한다. 베드로복음 4장 12절에서도 "그들은 그분 앞에서 그분의 옷을 놓고 찢은 뒤 그것들을 두고 제비를 뽑았다"라고 해 이 사건을 공명시킨다. 그리고 십자가에 못 박힌 예수를 사람들이 모욕하고 조롱하고 욕하는 장면은 시편 22편 7절과 8절에 해당하는 것으로 "나를 보는 사람 누구나 나를 빗대어서 조롱하며, 입술을 비쭉거리고 머리를 흔들면서 얄밉게 빈정댑니다. '그가 주님께 그토록 의지하였다면, 주님이 그를 구하여 주시겠지. 그의 주님이 그토록 그를 사랑하신다니, 주님이 그를 건져주시겠지' 합니다"라고 한 다윗의 탄식을 윤색한 것이다.

---

7   위의 책, 245쪽.

성서를 근거로 통용되는 속설들

한편 요즘도 간혹 어떤 이들은 기독교 초창기부터 있었던 주장을 되풀이한다. 즉 예수가 큰 소리를 지르고 숨을 거두었을 때 마가복음 15장 38절에서는 괄호로 처리한 구절을 마태복음 27장 51절에서는 "그런데 보아라" 하고 시선을 끈 뒤 "성전 휘장이 위에서 아래까지 두 폭으로 찢어졌다"라고 전한 구절을 내세워 유대교와 기독교는 어차피 갈라설 수밖에 없었다고 주장한다. 이는 기독교가 유대교라는 모태에서 나고 자란 열등감에서 벗어나고자 할 때 주로 사용해왔던 기독교의 신학적 변증이다. 물론 누가도 누가복음 23장 45절에 "성전의 휘장은 한가운데가 찢어졌다"라고 했고, 베드로복음 5장 20절 역시 "바로 그때, 예루살렘 성전 휘장이 찢겨 두 갈래로 갈라졌다"라고 전하기는 한다. 그런데 외경은 증거 본문으로는 효력이 없다며 거들떠보지도 않던 이들이, 베드로복음에서 '예루살렘 성전 휘장'이라는 문구만 쏙 빼다가는 유대교와 기독교의 분리라는 자신들 주장의 결정적 단서로 삼는다. 심지어 또 다른 어떤 이들은 이런 주장까지 펼치는데, 베드로복음을 보면 로마 병사들이 예수 앞에서 예수의 옷을 놓고 찢은 것은 예수의 몸인 교회가 가톨릭과 개신교로 갈라질 예언이었다는 것이다. 이 역시도 개신교가 가톨릭이라는 모태에서 나고 자랐다는 자격지심에서 탈피하고자 할 때 주로 사용해온 개신교의 신학적 변증이다.

예수가 사랑한 제자 요한이 전하는 그의 가상삼언

그러나 요한은 이 모든 게 못마땅했던 것 같다. 물론 베드로복음이 야 요한복음보다 늦게 쓰였으므로 논외이긴 하다. 그리고 시편 22장 18절에 대해서는 출처를 밝히는 방식을 취하기도 했다. 하지만 마음 에 들지 않는 부분들은 자신의 관점에 따라, 빌라도가 예수의 처형지 까지 따라와서 명패를 썼다는 식으로, 전혀 다른 이야기처럼 과감히 바꿔버렸다. 요한복음대로라면 예수는 십자가에 못 박히면서 아무런 이야기도 하지 않았다. 사람들도 예수를 비방하거나 모욕하거나 조롱 하지 않았다. 예수는 자신과 같은 처지인 죄수에게 "내가 진실로 네게 말한다. 너는 오늘 나와 함께 낙원에 있을 것이다"라고도 말하지 않는 다. 대제사장들은 명패의 내용에만 정신이 팔려 있다.

예수께서 십자가를 지시고 '해골'이라 하는 데로 가셨다. 그 곳은 히브리 말로 골고다라고 하였다. 거기서 그들은 예수를 십자가에 못 박았다. 그리고 다른 두 사람도 예수와 함께 십자가에 달아서, 예수를 가운데로 하고, 좌우에 세웠 다. 빌라도는 또한 명패도 써서, 십자가에 붙였다. 그 명패에는 '유대인의 왕 나사렛 사람 예수'라고 썼다. 예수께서 십자가에 달리신 곳은 도성에서 가까 우므로, 많은 유대 사람이 이 명패를 읽었다. 그것은, 히브리 말과 로마 말과 그리스 말로 적혀 있었다. 유대 사람들의 대제사장들이 빌라도에게 말하기를 "'유대인의 왕'이라고 쓰지 말고, '자칭 유대인의 왕'이라고 쓰십시오" 하였으 나, 빌라드는 "나는 쓸 것을 썼다" 하고 대답하였다. 병정들이 예수를 십자가 에 못 박은 뒤에, 그의 옷을 가져다가 네 몫으로 나누어서, 한 사람이 한 몫씩 차지하였다. 그리고 속옷은 이음새 없이 위에서 아래까지 통째로 짠 것이므로 그들은 서로 말하기를 "이것은 찢지 말고, 누가 차지할지 제비를 뽑자" 하였다. 이는 '그들이 나의 겉옷을 서로 나누어 가지고, 나의 속옷을 놓고서는 제비를 뽑았다' 하는 성경 말씀이 이루어지게 하려는 것이었다. 그러므로 병정들이 이런 일을 하였다. (요한복음 19,17-24)

그렇다면 예수의 옷과 관련해서, 베드로복음이 증거 본문이기는 했으나, 신교와 구교가 한 지붕 두 집 살림을 하는 사태마저도 예언에 따른 것이라던 이들은 뭐라고 둘러댈까? 요한복음에서는 "그의 옷을 가져다가 네 몫으로 나누어서, 한 사람이 한 몫씩 차지하였다"라고 했으니 이번에는 아브라함을 믿음의 조상으로 하는 네 종교, 즉 유대교와 가톨릭과 이슬람교, 그리고 개신교가 나뉜 것도 정당한 예언의 성취였다는 식의 궁색한 설명이라도 늘어놓을까? 아니면 유대교와 이슬람교는 예수를 신으로 인정하지 않으니 제쳐두고, 요한복음에서는 예수의 "속옷은 이음새 없이 위에서 아래까지 통째로 짠 것이므로 그들은 서로 말하기를 '이것은 찢지 말고, 누가 차지할지 제비를 뽑자' 하였다"라고 한 것을 두고 가톨릭과 개신교의 교리란 것이 겉으로 보기에만 다르지, 속은 똑같다고 말할 수 있는가? 이처럼 조잡한 사례가 아니어도 실제로 성서의 후광 효과만 누리려는 설교와 저열한 강론은 또 세상천지에 얼마나 차고 넘치는가.

그러나 요한도 이러한 비판에서는 자유로울 수 없을 듯하다. 예수가 십자가에 못 박힌 채로 했다는 말, 즉 마가와 마태와 누가에 의해 그때까지 전해지던 예수의 케리그마를 전면적으로 수정하고자 했을 때 요한은 '사랑하는 제자'라는 자신을 너무 돋보이게 만들고 말았다. 더구나 이를 위해 요한은 공관복음서에서 예수가 선언한 서글픈 예언조차 무시해버렸다. 마가는 마가복음 14장 27절에서 예수가 제자들에게 이렇게 말했다고 전했다. "너희가 모두 걸려서 넘어질 것이다. 성경에 기록하기를 '내가 목자를 칠 것이니, 양 떼가 흩어질 것이다' 하였기 때문이다"라고 했다. 그리고 마태는 마태복음 26장 31절에서 예수가 제자들에게 뭐라고 말했다고 전했는가. "오늘 밤에 너희는 모두 나를 버릴 것이다. 성경에 기록하기를 '내가 목자를 칠 것이니, 양 떼가 흩어질 것이다' 하였다"라고 했다. 그렇다면 누가는 누가복음 22장 31절에서 뭐라고 전했는가. "시몬아, 시몬아, 사탄이 밀처럼 너희를 체질하려고 너희를 손아귀에 넣기를 요구하였다"라고 하지 않았는가. 요한에 의해 예수의 예언은 힘을 상실했고 성서는 권위를 잃고 말았다. 적어도 이 순간만큼은 그랬다. 요한복음에서만큼은 다른 제자라면 몰라도 요한은 도망치지 않았으니 말이다. 또 그렇다고 이와 관련한 예수의 예언이 전적으로 부정된 것도 아니다. 제자들이 뿔뿔이 흩어질 것이라는 예언은 지워졌지만, 앞서 발췌한 바 있는 베드로가 부인할 것이라는 예언은 그대로 남겨졌다.

시몬 베드로가 예수께 물었다. "주님, 어디로 가십니까?" 예수께서 대답하셨다. "내가 가는 곳에 네가 지금은 따라올 수 없으나, 나중에는 따라올 수 있을 것이다." 베드로가 예수께 말하였다. "주님, 왜 지금은 내가 따라갈 수 없습니까? 나는 주님을 위하여서는 내 목숨이라도 바치겠습니다." 예수께서 대답하셨다. "네가 나를 위하여 네 목숨이라도 바치겠다는 말이냐? 내가 진실로 진실로 너에게 말한다. 닭이 울기 전에, 너는 세 번 나를 모른다고 할 것이다." (요한복음 13,36-38)

요한복음만 따로 읽노라면 베드로가 세 차례에 걸쳐 예수를 모른다고 부인했을망정 그도 도망친 것 같지는 않다. 왜냐하면 언제나 베드로의 곁에는 요한이 있어야 했기 때문이다.

시몬 베드로와 또 다른 제자 한 사람이 예수를 따라갔다. 그 제자는 대제사장과 잘 아는 사이라서, 예수를 따라 대제사장의 집 안뜰에까지 들어갔다. 그러나 베드로는 대문 밖에 서 있었다. 그런데 대제사장과 잘 아는 사이인 그 다른 제자가 나와서, 문지기 하녀에게 말하고, 베드로를 데리고 들어갔다. 그때 문지기 하녀가 베드로에게 말하였다. "당신도 이 사람의 제자 가운데 한 사람이지요?" 베드로는 "아니오" 하고 대답하였다. (요한복음 18,15-17)

이때 베드로와 동행한 '다른 제자'가 바로 요한으로 그는 베드로 곁에서 예수의 예언대로 베드로가 부인하는 것을 목격한 중인이다. 그렇다고 해서 십자가의 형장에도 베드로가 있었다는 이야기는 아니다. 그랬다면 예수는 좀 더 인생 경험이 풍부한 베드로에게 자신의 어머니를 부탁했을 테니 말이다. 더구나 예수가 죽던 날 공관복음서에서는 아예 언급조차 되지 않은 예수의 어머니 마리아의 갑작스러운 출현이라니, 이것이야말로 요한이 예수에게서 사랑받던 제자라고 자기 자신을 강하게 어필한 증거가 아니겠는가. 아닌 게 아니라 공관복음서 몇 군데만 살펴보더라도 예수와 어머니의 관계는 돈독했다기보다 오히려 서먹서먹했다고 보는 게 훨씬 더 그럴듯해 보이기 때문이다.

예수와 성가족

어느 날 예수의 어머니와 동생들이 찾아와, 바깥에 서서, 사람을 들여보내어 예수를 불렀다. 무리가 예수의 주위에 둘러앉아 있다가, 그에게 말하였다. "보십시오, 선생님의 어머니와 동생들과 누이들이 바깥에서 선생님을 찾고 있습니다." 예수께서 그들에게 대답하셨다. "누가 내 어머니이며, 내 형제들이냐?" 그리고 주위에 둘러앉은 사람들을 둘러보시고 말씀하셨다. "보아라, 내 어머니와 내 형제자매들이다. 누구든지 하나님의 뜻을 행하는 사람이 곧 내 형제요 자매요 어머니다." (마가복음 3,31-35)

가족은 핏줄로 끈끈하게 얽히기도 하고 하루아침에 남들보다 못한 존재가 되기도 한다. 그런데 예수는 이처럼 가족을 문전박대하고 남들을 가족보다 더 소중히 여길 만큼 자신과 하나님의 관계 속에서 세상을 바라보려고 했다. 예수는 이렇게 말하기도 했다.

"너희는 내가 세상에 평화를 주려고 온 줄로 생각하지 말아라. 평화가 아니라 칼을 주려고 왔다. 나는, 사람이 자기 아버지와 맞서게 하고, 딸이 자기 어머니와 맞서게 하고, 며느리가 자기 시어머니와 맞서게 하려고 왔다. 사람의 원수가 자기 집안 식구일 것이다." (마태복음 10,34-36)

이와 같은 예수의 음성을 누가도 다음과 같이 전한다.

"너희는 내가 세상에 평화를 주려 온 줄로 생각하느냐? 내가 너희에게 말한다. 그렇지 않다. 도리어, 분열을 일으키러 왔다. 이제부터 한 집안에서 다섯 식구가 서로 갈라져서, 셋이 둘에게 맞서고, 둘이 셋에게 맞설 것이다. 아버지가 아들에게 맞서고, 아들이 아버지에게 맞서고, 어머니가 딸에게 맞서고, 딸이 어머니에게 맞서고, 시어머니가 며느리에게 맞서고, 며느리가 시어머니에게 맞서서, 서로 갈라질 것이다." (누가복음 12,51-53)

그렇다면 이는 과연 예수가 세상을 자신과 하나님의 관계 속에서 바라보려고 한 결과였을까? 이처럼 예수가 노골적으로 가족의 불화와 불신을 표명한 그 밖에 다른 이유는 없었던 것일까? 그럴 만한 이유가 없었던 것은 아니다. 마가복음 3장 31절부터 35절까지 발췌한 내용에 대하여 마태는 거의 그대로, 누가는 축약한 형태로 옮겨 적기는 했으나 이 두 저자는 마가처럼 그전에 있었던 가족 사이에서 벌어진 동요와 소동에 대해서는 일절 언급하지 않는다. 마태와 누가 역시 자신과 하나님의 관계 혹은 자신과 예수의 관계를 중시한 듯하다. 그렇지 않고서는 마태나 누가가 가족의 불화에 대한 예수의 입장을 따로 전하면서 다음과 같은 내용을 구태여 다뤘을 리 없다.

"나보다 아버지나 어머니를 더 사랑하는 사람은 내게 적합하지 않고, 나보다 아들이나 딸을 더 사랑하는 사람도 내게 적합하지 않다. 또 자기 십자가를 지고 나를 따르지 않는 사람도 내게 적합하지 않다. 자기 목숨을 얻으려는 사람은 목숨을 잃을 것이요, 나를 위하여 자기 목숨을 잃는 사람은 목숨을 얻을 것이다." (마태복음 10,37-39)

같은 맥락에서 이를 누가도 다음과 같이 전한다.

"누구든지 내게로 오는 사람은, 자기 아버지나 어머니나, 아내나 자식이나, 형제나 자매뿐만 아니라, 심지어 자기 목숨까지도 미워하지 않으면, 내 제자가 될 수 없다. 누구든지 자기 십자가를 지고 나를 따라오지 않으면, 내 제자가 될 수 없다." (누가복음 14,26-27)

그러다 보니 마태와 누가는 마가의 다음과 같은 짧은 진술이 '혈연'이라는 관계에 머무르지 않고, '결연'의 관계로 확장해가려는 예수의 가르침을 방해한다고 여겼을 것이다. 이를 단지 서운한 마음 탓에 내뱉은 다 큰 남성 예수의 투정 정도로 독자가 오해하기라도 한다면 그야말로 큰일이지 않겠는가.

예루살렘에서 내려온 율법학자들은, 예수가 바알세불이 들렸다고 하고, 또 그가 귀신 두목의 힘을 빌려서 귀신을 쫓아낸다고도 하였다. (마가복음 3,22)

이에 앞서 마가는 마가복음 3장 21절을 통해 그런 괴담이 나돌자 "예수의 가족들이, 예수가 미쳤다는 소문을 듣고서, 그를 붙잡으러 나섰다"라고 전하기까지 했다. 더욱이 누가가 그 일이 있고 나서 나중에 다음과 같이 진술한 것을 보면, 예수와 어머니의 관계는 그리 애틋하지 않았던 것 같다.

예수께서 이 말씀을 하고 계실 때, 무리 가운데서 한 여자가 목소리를 높여
그에게 말하였다. "당신을 밴 태와 당신을 먹인 젖은 참으로 복이 있습니다!"
그러나 예수께서 이렇게 말씀하셨다. "오히려, 하나님의 말씀을 듣고 지키는
사람이 복이 있다."(누가복음 11,27-28)

어디 그뿐인가. 요한조차 예수와 형제들의 관계에 대해서는 다음과
같이 전한다. 분명한 사실은 그 당시 갈릴리 사람들이 그랬던 것처럼
예수의 어머니 마리아는 물론이고 예수의 형제들도 예수가 죽기 전까
지는 유대교에 열정적이었다는 것이다.

그 뒤에 예수께서는 갈릴리를 두루 다니셨다. 유대 사람들이 자기를 죽이려
고 하였으므로, 유대 지방에는 돌아다니기를 원하지 않으셨다. 그런데 유대
사람의 명절인 초막절이 가까워지니, 예수의 형제들이 예수께 말하였다. "형
님은 여기에서 떠나 유대로 가서서, 거기에 있는 형님의 제자들도 형님이 하
는 일을 보게 하십시오. 알려지기를 바라면서 숨어서 일하는 사람은 없습니
다. 형님이 이런 일을 하는 바에는, 자기를 세상에 드러내십시오."(예수의 형
제들까지도 예수를 믿지 않았기 때문이다.) 예수께서 그들에게 말씀하셨다. "내
때는 아직 오지 않았다. 그러나 너희의 때는 언제나 마련되어 있다. 세상이
너희를 미워할 수 없다. 그러나 세상은 나를 미워한다. 그것은, 내가 세상을
보고서, 그 하는 일들이 악하다고 증언하기 때문이다. 너희는 명절을 지키러
올라가거라. 나는 아직 내 때가 차지 않았으므로, 이번 명절에는 올라가지 않

겠다." 이렇게 그들에게 말씀하시고, 예수께서는 갈릴리에 그냥 머물러 계셨다. (요한복음 7,1-9)

그러니까 이러한 모든 정황을 고려해볼 때, 유독 요한만이 십자가 형장에 예수의 어머니 마리아를 등장시킨 것은 그의 과도한 설정에서 비롯된 난센스라는 것이다. 그게 아니라면 예수의 가족이 유월절을 지키려고 예루살렘에 들렀다가 우연찮게 예수의 비보를 전해 듣고는 모정에 이끌린 예수의 어머니가 주저 없이 달려왔다고밖에 볼 수 없다.

그런데 예수의 십자가 곁에는 예수의 어머니와 이모와 글로바의 아내 마리아와 막달라 사람 마리아가 서 있었다. 예수께서는 자기 어머니와 그 곁에 서 있는 사랑하는 제자를 보시고, 어머니에게 "어머니, 이 사람이 어머니의 아들입니다" 하고 말씀하시고, 그다음에 제자에게는 "자, 이분이 네 어머니시다" 하고 말씀하셨다. 그때부터 그 제자는 그를 자기 집으로 모셨다. 그 뒤에 예수께서는 모든 일이 이루어졌음을 아시고, 성경 말씀을 이루시려고 "목마르다" 하고 말씀하셨다. 거기에 신 포도주가 가득 담긴 그릇이 있었는데, 사람들이 해면을 그 신 포도주에 듬뿍 적셔서, 우슬초 대에다가 꿰어 예수의 입에 갖다 대었다. 예수께서 신 포도주를 받으시고서, "다 이루었다" 하고 말씀하신 뒤에, 머리를 떨어뜨리시고 숨을 거두셨다. (요한복음 19,25-30)

이것이 요한에 의해 휘장은 찢어지는 일 없이 전해진 예수의 마지막 세 가지 말이다. 첫 번째 말은 이미 앞에서 충분히 다룬 것도 같지만 여전히 살펴봐야 할 내용이 좀 더 남아 있다. 예수가 어머니 마리아를 낮추어 대하는 듯한 모습이 있어 하는 이야기다. 일견 무례하다는 인상마저 심어주는 이 에피소드는 유대인들의 정결 예법에 따라 식사 전 초대된 손님들이 손을 씻고 버린 돌항아리의 물을 다시 채우자, 예수가 그 물을 포도주로 감쪽같이 변화시키기에 앞서 벌어진 일이었다. 게다가 이 일을 전한 이가 공관복음서의 저자들도 아니고 바로 요한이라는 점에서 예수가 십자가에 못 박혀서 했다는 첫 번째 말과 전혀 딴판이다. 그러다 보니 묻지도 따지지도 말고 무작정 믿으라는 충고가 일견 타당해 보이기까지 할 정도다.

> 사흘째 되는 날에 갈릴리 가나에 혼인 잔치가 있었다. 예수의 어머니가 거기에 계셨고, 예수와 그의 제자들도 그 잔치에 초대를 받았다. 그런데 포도주가 떨어지니, 예수의 어머니가 예수에게 말하기를 "포도주가 떨어졌다" 하였다. 예수께서 어머니에게 말씀하셨다. "여자여, 그것이 나와 당신에게 무슨 상관이 있습니까? 아직도 내 때가 오지 않았습니다." 그 어머니가 일꾼들에게 이르기를 "무엇이든지, 그가 시키는 대로 하세요" 하였다. 그런데 유대 사람의 정결 예법을 따라 거기에는 돌로 만든 물항아리 여섯이 놓여 있었는데, 그것은 물 두세 동이들이 항아리였다. (요한복음 2,1-6)

요한은 이 일을 하나의 계기로 삼았던 것 같다. 왜냐하면 요한복음의 전개대로라면 한동안 불편한 사이였을 이 두 모자는 결국 극적으로 화해했을 뿐만 아니라, 인간관계의 장을 '혈연'에서 '결연'으로 확정시켜놓았기 때문이다. 하지만 이러한 요한의 발상은 오히려 마가가 제시한 이 둘 사이의 나빠진 관계의 원인보다 해명해야 할 것들만 늘리고 말았다. 외경이나 위경으로 분류된 여러 복음서 가운데서 고르고 고른 결과였지만, 네 편의 복음서가 경전의 한 자리씩을 차지하다 보니 피할 수 없는 사태였다.

그때 예루살렘에서 바리새파 사람들과 율법학자들이 예수께 와서 말하였다. "당신의 제자들은 어찌하여 장로들의 전통을 어기는 것입니까? 그들은 빵을 먹을 때, 손을 씻지 않습니다." 예수께서 그들에게 말씀하셨다. "그러면 너희는 어찌하여 너희의 전통 때문에 하나님의 계명을 어기느냐? 하나님께서 말씀하시기를 '아버지와 어머니를 공경하여라' 하시고, 또 '아버지나 어머니를 욕하는 자는 반드시 죽을 것이다' 하셨다. 그러나 너희는 말하기를, 누구든지 아버지나 어머니에게 '내게서 받으실 것이 하나님께 드리는 예물이 되었습니다' 하고 말만 하면 그 사람은 제 부모를 공경하지 않아도 된다고 한다. 이렇게 너희는 너희의 전통 때문에 하나님의 말씀을 폐한다. 위선자들아! 이사야가 너희를 두고 적절히 예언하였다. '이 백성이 입술로는 나를 공경해도, 마음은 나에게서 멀리 떠나 있다. 그들은 사람의 훈계를 교리로 가르치며, 나를 헛되이 예배한다.'" (마태복음 15,1-9)

더욱이 예수는 자신을 두고 이렇게 말했다. 마가복음 10장 45절과 마태복음 20장 28절을 통해서 "인자는 섬김을 받으러 온 것이 아니라 섬기러 왔으며, 많은 사람을 구원하기 위하여 치를 몸값으로 자기 목숨을 내주러 왔다"라고 말이다. 그러니까 예수에게는 '많은 사람을 구원하기 위하여 치를 몸값으로 자기 목숨을 내어준' 자신의 희생마저도 더 많은 사람을 섬기고자 한 최선의 선택이었다. 게다가 예수가 십계명 가운데 다섯 번째 언명인 출애굽기 20장 12절과 신명기 5장 16절의 "너희 부모를 공경하여라"라고 한 하나님의 뜻을 어겼을 리 있겠는가? 그리고 다음과 같이 말한 사람은 누구였는가? 바로 예수였다.

"내가 율법이나 예언자들의 말을 폐하러 온 줄로 생각하지 말아라. 폐하러 온 것이 아니라, 완성하러 왔다. 내가 진실로 너희에게 말한다. 천지가 없어지기 전에는 율법은 일점 일획도 없어지지 않고, 다 이루어질 것이다. 그러므로 누구든지 이 계명 가운데 아주 작은 것 하나라도 어기고 사람들을 그렇게 가르치는 사람은, 하늘나라에서 아주 작은 사람으로 일컬어질 것이요, 또 누구든지 계명을 행하며 가르치는 사람은, 하늘나라에서 큰 사람이라고 일컬어질 것이다. 내가 너희에게 말한다. 너희의 의가 율법학자들과 바리새파 사람들의 의보다 낫지 않으면, 너희는 하늘나라에 들어가지 못할 것이다." (마태복음 5,17-20)

이처럼 정경복음서 간에 충돌하는 내용 때문에 발생하는 모순점을 해결하지 않는 한 궁극적으로 예수가 '혈연'보다 '결연'을 중시했다고 하는 본래의 취지는 퇴색할 수밖에 없다.

시편 69편을 바탕으로 되살린 예수의 참된 가르침

요한이 전하는 죽음을 앞둔 예수의 두 번째 말은 이것이다.

그 뒤에 예수께서는 모든 일이 이루어졌음을 아시고, 성경 말씀을 이루시려고 "목마르다" 하고 말씀하셨다. 거기에 신 포도주가 가득 담긴 그릇이 있었는데, 사람들이 해면을 그 신 포도주에 듬뿍 적셔서, 우슬초 대에다가 꿰어 예수의 입에 갖다 대었다. (요한복음 19,28-29)

이는 저주 혹은 탄식으로 분류되는 시편 69편의 21절, 즉 "배가 고파서 먹을 것을 달라고 하면 그들은 나에게 독을 타서 주고, 목이 말라 마실 것을 달라고 하면 나에게 식초를 내주었습니다"라는 내용의 재현이다. 그러나 만일 요한의 의도가 이것이었다면, 후대에 쓰인 기록일수록 성서의 예언이나 그 내용의 성취는 쉬운 법이기에, 요한은 또다시 요한복음 19장 23절의 예수의 '속옷'과 같은 경우처럼 불필요한 억측만 양산하는 데 만족해야 했을 것이다. 정작 자신은 의도하지도 않았으니 이 대목으로 예수의 가르침을 되살릴 수 있다는 점에 대해서는 전혀 짐작하지도 못한 채로 말이다. 마가는 마가복음 15장 23절에서 로마 병사들이 예수를 십자가 형장으로 끌고 가자마자 "몰약을 탄 포도주를 예수께 드렸다. 그러나 예수께서는 받지 않으셨다"라고 했다. 그리고 마가복음 15장 36절을 통해 십자가에 못 박힌 뒤 6시간쯤 흐른 뒤 "어떤 사람이 달려가서, 해면을 신 포도주에 푹 적셔서 갈대에 꿰어, 그에게 마시게 하며 말하였다"라고도 했다. 그런데 마태는 이 후자의 구절만 옮겨 적어 요한복음의 성서 성취 구절과 함께 예수가 포도주를 마셨는지 안 마셨는지 하는 소모적 논쟁에 불씨를 지피고 말았다. 이러한 논란은 마가복음 14장 25절을 통해 "내가 진실로 너희에게 말한다. 이제부터 내가 하나님의 나라에서 새것을 마실 그날까지, 나는 포도나무 열매로 빚은 것을 다시는 마시지 않을 것이다"라고 한 예수의 선포가 화근이었다. 마태는 마가복음의 이 구절에서 '진실로'라는 부사를 빼버리기보다 앞에서 언급한 마가의 두 구절 가운데 전자를 선택하는 것이 차라리 더 현명한 판단일 수 있었다. 누가 역시 누가복음 22장 18절에서 '진실로'를 지우고 "내가 너희에게 말한다. 나는 이제부터 하나님의 나라가 올 때까지, 포도나무 열매에서 난 것을 절대로 마시지 않을 것이다"라고 전했으나, 누가만이 23장 36절과 37절을 통해 "병정들도 예수를 조롱하였는데, 그들은 가까이 가서, 그에게 신 포도주를 들이대면서, 말하였다"라고 함으로써 논란을 비껴갔다. 에르네스트 르낭은 이러한 논란과 별개로 마가복음의 첫 문장이 동시대의 관습에 가장 가까웠을 것이라고 본다.

> 유대의 관례로는 마시면 취하는 아주 강한 향기의 포도주를 사형수에게 마시게 하였다. 이것은 죄수를 측은히 여겨 감각을 잃게 하기 위한 것이었다. 흔히 예루살렘의 아낙네들이 처형당하는 불쌍한 사람들에게 몸소 이 마지막 포도주를 갖다 주었던 것 같다. 이렇게 해주는 여인이 한 사람도 없을 때는 공금으로 사 주었다.[8]

그렇다면 요한이 되살리지 못한 예수의 가르침이란 과연 무엇인가? 물론 요한은 다윗이 처했던 곤경을 십자가에 못 박힌 예수에게 투영하려고 했을 것이다.

---

8   에르네스트 르낭, 『예수의 생애』, 379쪽.

예수께서는 모든 일이 이루어졌음을 아시고, 성경 말씀을 이루시려고 "목마르다" 하고 말씀하셨다. 거기에 신 포도주가 가득 담긴 그릇이 있었는데, 사람들이 해면을 그 신 포도주에 듬뿍 적셔서, 우슬초 대에다가 꿰어 예수의 입에 갖다 대었다. (요한복음 19,28-29)

그렇다. 세상은 아무것도 달라지지 않았다. 아니, 그보다 훨씬 더 나빠졌다. 그래서 예수는 시편 69편 3절과 같이 "목이 타도록 부르짖다가, 이 몸은 지쳤습니다. 눈이 빠지도록, 나는 나의 하나님을 기다렸습니다"라고 말하려고 했다는 말인가? 시편 69편 4절처럼 "내게 거짓 증거하는 원수들이 나보다 강합니다"라고 하나님에게 하소연이라도 하려고 했다는 말인가? 그러면서도 시편 69편 6절과 같이 "만군의 주 하나님, 주님을 기다리는 사람들이 나 때문에 수치를 당하는 일이 없도록 하여 주십시오"라며 바라기라도 했다는 말인가. 시편 69편 7절과 8절처럼 "주님 때문에 내가 욕을 먹고, 내 얼굴이 수치로 덮였습니다. 친척에게 따돌림을 당하고, 어머니의 자녀들에게마저 낯선 사람이 되고 말았습니다"라고 또다시 푸념이라도 늘어놓았다는 말인가? 시편 69편 9절과 같이 "주님의 집에 쏟은 내 열정이 내 안에서 불처럼 타고 있습니다. 그러나 주님을 모욕하는 자들의 모욕이 나에게로 쏟아집니다"라며 그제야 현실 직시라도 했다는 말인가? 지금 자신의 처지가 다윗의 그것에 비하면 훨씬 더 절망적이어도 시편 69편 13절처럼 "그러나 주님, 오직 주님께만 기도하오니, 주님께서 나를 반기시는 그때, 주님의 한결같은 사랑과 주님의 확실한 구원으로 나에게 응답하여 주십시오"라거나 시편 69편 18절과 같이 "나에게로 빨리 오셔서, 나를 구원하여 주시고, 나의 원수들에게서 나를 건져 주십시오"라는 간구라도 애처로이 올렸다는 말인가? 아니다. 그렇지 않다. 예수는 자포자기의 심정으로 하나님에게 의지하려고 한 것이 아니다. 예수가 "모든 일이 이뤄졌음을 알았다"라고 운을 떼며 그렇게 말한 것은 시편 69편 21절처럼 "배가 고파서 먹을 것을 달라고 하면 그들은 나에게 독을 타서 주고, 목이 말라 마실 것을 달라고 하면 나에게 식초를 내주었으나" 나는 너희에게 그렇게 가르치지 않았으니 다음과 같은 참된 뜻을 상기하고 너희의 배움을 완성해나가라는 전언이었다.

"너희 가운데서 아들이 빵을 달라고 하는데 돌을 줄 사람이 어디 있으며, 생선을 달라고 하는데 뱀을 줄 사람이 어디에 있겠느냐? 너희가 악해도 너희 자녀에게 좋은 것을 주기 마련이거든, 하물며 하늘에 계신 너희 아버지께서, 구하는 사람에게 좋은 것을 주지 아니하시겠느냐?" "그러므로 너희는 무엇이든지, 남에게 대접을 받고자 하는 대로, 너희도 남을 대접하여라. 이것이 율법과 예언서의 본뜻이다." (마태복음 7,9-12)

이것은 마태식의 삼단논법이다. 이를 통해 임마누엘 칸트(Immaneul Kant)는 "스스로 세운 준칙에 의해 행동하되 그 준칙이 보편적 법칙이 되도록 해야 한다"는 제1 정언명법을 제시했다. 그리고 이러한 실천적 행동에는 반드시 "자기 자신을 포함한 모든 사람을 수단으로 삼지 말고 항상 목적으로 삼아라"라는 제2 정언명법이 뒤따른다는 점을 무엇보다 강조했다. 그러니까 제1 정언명법에서 실천적으로 행동하는 데 있어 중요한 것은 준칙을 스스로 세워야 한다는 점인데, 이보다 더 중요한 것은 그것이 보편적 법칙이어야 한다는 점이다. 이때 보편적 법칙이란 마태복음 7장 12절처럼 "너희는 무엇이든지, 남에게 대접을 받고자 하는 대로, 너희도 남을 대접하여라"라고 하는 것이어야 한다는 이야기다. 그러나 C. S. 루이스는 이를 다음과 같이 논박하고자 했다. 그렇다고 해서 마태의 이 본문만 꼭 집어 문제 삼았던 것은 아니지만 말이다. 이는 어디까지나 19세기 중후반부터 고개를 치켜들면서 고리타분해 보이는 기존의 전통에 반발해 일어난 새로운 기독교 운동을 겨냥한 것이었다. 최근에는 공공신학으로까지 발전한 사회적·윤리적 실천 운동이 바로 이 도덕주의를 토대로 한다.

요즘 유행하는 기독교의 개념이란 결국 '예수 그리스도는 위대한 도덕적 스승으로서 그의 권고를 따른다면 더 나은 사회 질서도 확립할 수 있고 전쟁의 재발도 막을 수 있다'라고 하는 것 아닙니까? 자, 잘 들어 보십시오. 이것 자체는 맞는 말입니다. 그러나 기독교의 전체 진리에는 훨씬 못 미치는 말로서, 실제적인 가치는 전혀 없습니다. 우리가 그리스도의 권고를 따른다면 더 행복한 세상에서 살게 된다는 말은 정말 맞습니다. 아니 그리스도까지 갈 것도 없지요. 플라톤이나 아리스토텔레스나 공자의 말만 따라도 지금보다 훨씬 더 잘 살 것입니다. 하지만 그래서 어쨌다는 말입니까? 우리는 위대한 스승들의 말을 한 번도 따른 적이 없습니다. 그런데 지금이라고 해서 따를 것 같습니까? 다른 스승은 따르지 않아도 그리스도는 따를 것 같습니까? 그가 가장 훌륭한 스승이기 때문입니까? 아니, 오히려 그렇기 때문에 더 따르지 못할 것입니다. 초보적인 교훈도 지키지 못하는 마당에 어떻게 더 수준 높은 교훈을 지키겠습니까? 기독교가 또 하나의 좋은 권고에 불과하다면 아무 가치가 없습니다. 좋은 충고라면 지난 4,000년간 부족함 없이 들어 왔

으니까요. 거기에 하나가 더 추가된다고 해서 달라질 것은 없습니다.[9]

하지만 이는 똑같은 본문을 읽더라도 얼마든지 다른 해석과 그 적용이 가능하다는 점을 간과한 지적이다. 루이스는 칸트가 '인간'을 발견한 본문에서 기필코 '신'을 찾아냈을 것이기 때문이다. 게다가 완고하기까지 한 기독교의 신본주의 입장이 더 나은 해결책이었다면, 어째서 2000년 넘게 지속되어온 기독교의 역사는 이교도의 피로도 모자라 자신들의 피로 얼룩져 있는가. 한때 무신론자이기도 했던 C. S. 루이스가 이를 모를 리는 없었겠으나, 그가 유일신론자로 전향하고 나서는 누가의 다음과 같은 본문이 그를 더욱 매료시켰을 것이다.

"너희 가운데 아버지가 된 사람으로서 아들이 생선을 달라고 하는데, 생선 대신에 뱀을 줄 사람이 어디 있으며, 달걀을 달라고 하는데 전갈을 줄 사람이 어디에 있겠느냐? 너희가 악할지라도 너희 자녀에게 좋은 것을 줄 줄 알거든, 하물며 하늘에 계신 아버지께서야 구하는 사람에게 성령을 주시지 않겠느냐?" (누가복음 11,11–13)

이처럼 누가는 '하늘에 계신 아버지'를 강조하려다 보니 마태복음의 "그러므로 너희는 무엇이든지, 남에게 대접을 받고자 하는 대로, 너희도 남을 대접하여라"라는 구절을 아예 날려버렸다. 왜냐하면 누가복음 11장 10절과 같이 누가에게는 "구하는 사람마다 받을 것이요, 찾

9   C. S. 루이스, 『순전한 기독교』, 242~243쪽.

는 사람마다 찾을 것이요, 문을 두드리는 사람에게 열어주실 것이다"라는 내용의 그 제공자마저도 오직 하나님이어야 하기 때문이다. 그러니까 당신이 절박하게 구하는 것을 이웃에게서 받는 것도 그 이웃을 통해 이룬 하나님의 뜻이고, 당신이 찾고자 하는 것을 스스로 찾아내는 것 또한 거기까지 당신을 이끈 하나님의 뜻이며, 당신이 간절하게 두드리는 문을 열어주는 이도 오직 문 뒤에 서 있는 하나님이어야 한다는 뜻이다. 반면에 당신이 간절하게 구하는 것을 이웃에게서 얻지 못했다면, 이는 그동안 잘못 살아온 당신의 인생 탓이지만 근본적으로는 당신의 인생에 하나님이 없기 때문이다. 당신이 찾고자 하는 것도 그렇고 당신이 부지런히 두드리는 문을 열지 못하는 것도 마찬가지다. 그 모든 게 잘못되었거나 불충분하기만 한 믿음 탓이다. 물론 이러한 신앙이라면 마태도 누가에게는 절대로 뒤처지지 않았을 것이다. 그럼에도 마태가 마태복음 7장 6절을 통해 "거룩한 것을 개에게 주지 말고, 너희의 진주를 돼지 앞에 던지지 말아라"라고 한 예수의 언명을 애써 전한 것은 예수의 도덕률이 개나 돼지에게는 불필요하듯이 개나 돼지와 같은 부류의 인간에게도 아무런 쓸모가 없기 때문이다. 그런데 이어지는 마태복음 7장 6절을 통해 "그들이 발로 그것을 짓밟고, 되돌아서서, 너희를 물어뜯을지도 모른다"라고 경고한 것은 인간을 목적으로 삼지 않고 수단으로 삼으려는 개나 돼지만도 못한 부류의 인간에게는 자신들의 존재를 무가치하게 만드는 예수의 도덕률이 파괴되어야만 하는 가치 같은 것이기 때문이다. 누가는 그런 부류의 인간을 당시 바리새파와 율법교사로 한정했으나 오늘날 우리 모두 귀 기울여야 할 소리는 누가복음 11장 52절의 "너희는 지식의 열쇠를 가로채서, 너희 자신도 들어가지 않고, 또 들어가려고 하는 사람들도 막았다!"라는 예수의 외침일 것이다. 그리하여 두 차례에 걸쳐 강조한 요한복음 19장 30절의 "다 이루었다"는 예수의 세 번째 말은 요한복음 16장 33절의 "내가 세상을 이겼다"라는 말보다 훨씬 더 큰 울림의 공명으로 다가온다. 왜냐하면 가상칠언 가운데 요한에 의해 전해진 마지막 예수의 말은 자신이 가르칠 것은 다 가르쳤으니, 이제 배워 깨닫고 깨달은 것을 실천하는 것은 오직 여러분의 몫이라고 선언하기 때문이다. 그러므로 이제까지 제기되던 케케묵은 질문, 즉 '인간은 신 없이도 선하게 살 수 있는가?'라는 것을 '신이 있다고 믿으면서도 인간은 왜 더 악해지는가?'로 바꿔야 할지도 모르겠다.

예수의 일곱 가지 말이 가상칠언인 이유

가상칠언은 마가와 마태의 중복된 한 가지 말에 누가와 요한이 각각 세 가지 말을 보탠 것을 두고 붙인 명칭이다. 그러나 프랑수아 보봉은 가상칠언에 대해 이렇게 결론지었다.

50여 년 전 고고학자들은 예루살렘에서 십자가 처형을 당한 사람의 납골함 안에서 유골을 발견했습니다. 이 고고학의 발견 덕분에 우리는 그 당시 사람의 몸이 십자가에 어떻게 매달려 있었는지 더욱 정확히 알 수 있게 되었지요. 납골함에서 발견된 사람은 세 곳에 못이 박혔는데, 두 못은 각 손목에, 그리고 긴 못은 겹친 두 발의 발등과 발뒤꿈치를 차례로 관통했을 겁니다. 두 다리는 무릎이 꺾인 채

눌려 있었지요. 엉덩이를 지지하는 목각 지지대는 십자가에 달린 몸이 무게로 인해 처지면서 찢겨 땅으로 떨어지는 사태를 방지했습니다. 이 지지대 때문에 고통의 시간은 길어졌습니다. 십자가에 달린 사람은 쉼 없이 자기 몸을 똑바로 세우려고 애를 썼고, 수 시간 동안 고통스러워하다가 이내 질식하거나 파상풍(혹은 패혈증)으로 죽음을 맞이했을 겁니다. 마가복음 15장 44절에 따르면 예수는 빌라도가 놀랄 정도로 일찍 죽었습니다. 대다수의 현대 의사들은 예수가 점차 질식해 가면서 결국 심정지로 죽었을 것이라고 봅니다. 보통 십자가형을 받은 사람은 숨 쉬는데 어려움을 겪으며 천천히 죽기 때문에, 예수가 죽기 전 큰 소리를 질렀다는 공관복음서의 진술은 당혹스럽습니다. 십자가에 못 박힌 예수가 했다는 일곱 가지 말은 실제 있었던 일이 아니라 전설에 가까운 이야기에 정경복음서 저자들의 신학이 반영된 것입니다.[10]

그도 그럴 것이 이사야 53장의 내용 전부가 의인화된 예루살렘이라기보다 예수를 가리킨다면, 그 가운데 7절은 가상칠언이 성육신한 예수의 최후에 극적인 효과를 불러일으키려고 더해진 드라마틱한 요소라는 점을 일깨워준다. "그는 굴욕을 당하고 고문을 당하였으나, 아무 말도 하지 않았다. 마치 도살장으로 끌려가는 어린 양처럼, 마치 털 깎는 사람 앞에서 잠잠한 암양처럼, 끌려가기만 할 뿐, 아무 말도 하지 않았다." 물론 이러한 구절의 내용이 십자가 처형장에서 일어난 일을 단적으로 가리키는 것은 아닐 수 있다. 그렇다면 예수는 왜 끌려다니면서 굴욕을 당하고 고문을 당할 때는 침묵을 선택했을까? 그렇지

---

10 프랑수아 보봉, 『예수의 마지막 날들』, 122~123쪽.

않다. 대제사장의 질문에 대한 예수의 정당한 변론까지 문제 삼고자 하는 것은 아니다.

> 예수께서 이렇게 말씀하시니, 경비병 한 사람이 곁에 서 있다가 "대제사장에게 그게 무슨 대답이냐?" 하면서, 손바닥으로 예수를 때렸다. 예수께서 그 사람에게 말씀하셨다. "내가 한 말에 잘못이 있으면, 잘못되었다는 증거를 대시오. 그러나 내가 한 말이 옳다면, 어찌하여 나를 때리시오?" (요한복음 18,22-23)

이는 마태복음 5장 39절과 누가복음 6장 29절대로 예수가 "악한 사람에게 맞서지 말아라. 누가 네 오른쪽 뺨을 치거든, 왼쪽 뺨마저 돌려 대어라"라고 전한 가르침을 스스로 어기기까지 하는 대목이다. 그러나 가상칠언과 별개로 이와 관련해서는 다음과 같이 이해하는 것이 좀 더 바람직할 듯하다.

> 예수께서 그러한 말씀을 문자적으로 하신 게 아니라는 점을 성전 경비병 하나가 자신을 때렸을 때 예수께서 다른 뺨을 내밀지 않으시고 인격적으로 항변하신 사건으로 보여주었다.[11]

아무튼 예수가 묶여 대제사장의 뜰로 끌려가기 전 누가에 의해 전해진 예수의 기도 장면을 논의하다가 샛길로 빠져 꽤 멀리 돌아왔다.

---

11 게자 베르메스, 노진준 옮김, 『유대인 예수의 종교(The Religion of Jesus the Jew)』(은성, 1955, 2019), 74쪽.

예수의 기도

그렇다면 이제부터는 요한이 전하는 소위 '대제사장의 기도'라고 부르는 예수의 기도 내용을 살펴보는 것이 이전 논의를 되짚어볼 수 있는 최선의 길인 듯하다. 기도하기 전 예수는 요한복음 16장 33절이 전하는 바와 같이 "너희는 세상에서 환난을 당할 것이다. 그러나 용기를 내어라. 내가 세상을 이겼다"라고 말했다. 그리고 잠시 후 가룟 유다는 뜨거운 감정을 들키지 않고서 마침내 예수에게 차디차게 입맞출 것이다.

예수께서 이 말씀을 마치시고, 눈을 들어 하늘을 우러러보시고 말씀하셨다. "아버지, 때가 왔습니다. 아버지의 아들을 영광되게 하셔서, 아들이 아버지께 영광을 돌리게 하여 주십시오. 아버지께서는 아들에게 모든 사람을 다스리는 권세를 주셨습니다. 그것은 아들로 하여금 아버지께서 그에게 주신 모든 사람에게 영생을 주게 하려는 것입니다. 영생은 오직 한 분이신 참 하나님을 알고, 또 아버지께서 보내신 예수 그리스도를 아는 것입니다. 나는 아버지께서 내게 하라고 맡기신 일을 완성하여, 땅에서 아버지께 영광을 돌렸습니다. 아버지, 창세 전에 내가 아버지와 함께 누리던 그 영광으로, 나를 아버지 앞에서 영광되게 하여 주십시오. 나는 아버지께서 세상에서 택하셔서 내게 주신 사람들에게 아버지의 이름을 드러냈습니다. 그들은 본래 아버지의 사람들인데, 아버지께서 그들을 나에게 주셨습니다. 그들은 아버지의 말씀을 지켰습니다. 지금 그들은, 아버지께서 내게 주신 모든 것이, 아버지께로부터 온 것임을 알고 있습니다. 나는 아버지께서 내게 주신 말씀을 그들에게 주었습니다. 그들은 그 말씀을 받아들였으며, 내가 아버지께로부터 온 것을 참으로 알았고, 또 아버지께서 나를 보내신 것을 믿었습니다. 나는 그들을 위하여 빕니다. 나는 세상을 위하여 비는 것이 아니고, 아버지께서 내게 주신 사람들을 위하여 빕니다. 그들은 모두 아버지의 사람들입니다. 나의 것은 모두 아버지의 것이고, 아버지의 것은 모두 나의 것입니다. 나는 그들로 말미암아 영광을 받았습니다. 나는 이제 더 이상 세상에 있지 않으나, 그들은 세상에 있습니다. 나는 아버지께로 갑니다. 거룩하신 아버지, 아버지께서 내게 주신 아버지의 이름으로 그들을 지켜주셔서, 우리가 하나인 것 같이, 그들도 하나가 되게 하여 주십시오. 내가 그들과 함께 지내는 동안은, 아버지께서 내게 주신 아버지의 이름으로 그들을 지키고 보호하였습니다. 그러므로 그들 가운데서는 한 사람도 잃지 않았습니다. 다만, 멸망의 자식만 잃은 것은 성경 말씀을 이루기 위함이었습니다. 이제 나는 아버지께로 갑니다. 내가 세상에서 이것을 아뢰는 것은, 내 기쁨이 그들 속에 차고 넘치게 하려는 것입니다. 나는 그들에게 아버지의 말씀을 주었는데, 세상은 그들을 미워하였습니다. 그것은, 내가 세상에 속하여 있지 않은 것과 같이, 그들도 세상에 속하여 있지 않기 때문입니다. 내가 아버지께 비는 것은, 그들을 세상에서 데려 가시는 것이 아니라, 악한 자에게서 그들을 지켜 주시는 것입니다. 내가 세상에 속하지 않은 것과 같이, 그들도 세상에 속하지 않았습니다. 진리로 그들을 거룩하게 하여 주십시오. 아버지의 말씀은 진리입니다. 아버지께서 나를 세상에 보내신 것과 같이, 나도 그들을 세상으로 보냈습니다. 그리고 내가 그들을 위하여 나를 거룩하게 하는 것은, 그들도 진리로 거룩하게 하려는 것입니다." "나는 이 사람들을 위해서만 비는 것이 아니고, 이 사람들의 말을 듣고 나를 믿는 사람들을 위해서도 빕니다. 아버지, 아버지께서 내 안에 계시고, 내가 아버지 안에 있는 것과 같이, 그들도 하나가 되어서 우리 안에 있게 하여 주십시오. 그래서 아버지께서 나를 보내셨다는 것을, 세상이 믿게 하여 주십시오. 나는 아버지께서 내게 주신 영광을 그들에게 주었습니다. 그것은, 우리가 하나인 것과 같이, 그들도 하나가 되게 하려는 것입니다. 내가 그들 안에 있고, 아버지께서 내 안에 계신 것은, 그들이 완전히 하나가 되게 하려는 것입니다. 그것은 또, 아버지께서 나를 보냈다는 것과, 아버지께서 나를 사랑하신 것과 같이, 그들도 사랑하셨다는 것을, 세상이 알게 하려는 것입니다. 아버지, 아버지께서 내게 주신 사람들도, 내가 있는 곳에 나와 함께 있게 하여 주시고, 창세 전부터 아버지께서 나를 사랑하셔서 내게 주신 내 영광을, 그들도 보게 하여 주시기를 빕니다. 의로우신 아버지, 세상은 아버지를 알지 못하였으나, 나는 아버지를 알았으며, 이 사람들도 아버지께서 나를 보내신 것을 알고 있습니다. 나는 이미 그들에게 아버지의 이름을 알렸으며, 앞으로도 알리겠습니다. 그것은, 아버지께서 나를 사랑하신 그 사랑이 그들 안에 있게 하고, 나도 그들 안에 있게 하려는 것입니다." (요한복음 17,1-26)

지금 이 문장을 읽었다면 당신은 이를 옮겨 적은 내 인내심부터 시험했을 뿐만 아니라, 읽은 당신의 인내심까지 시험한 요한의 장광설에 그저 말문이 막혔을 것이다. 만일 당신의 인내심이 강한 편이고, 당신의 믿음이 독실해서 시험하시는 이는 오직 하나님뿐임으로 불경할 틈조차 없었다고 한다면 나는 진정으로 당신에게 경의를 표할 수밖에 없다고 말해야 할 것 같다. 왜냐하면 요한이 전한 기도하는 예수는 제자들에게 알려줄 때 자신이 세운 기도의 삼원칙을 스스로 차례차례 무너뜨렸기 때문이다. 허물어진 제1 원칙은 마태복음 6장 5절에서 "너희는 기도할 때, 위선자들처럼 하지 말아라. 그들은 사람들에게 보이려고, 회당과 큰길 모퉁이에 서서 기도하기를 좋아한다"라고 한 것이다. 예수가 위선자들처럼 회당이나 큰길 모퉁이에서 기도했다는 게 아니다. 요한이 전하는 예수의 기도는 외적으로 보자면 하나님을 향한 기도 같으나 그 내용 면에서, 우리도 알 수 있듯이 제자들과 남겨질 자들이 알아야 할 메시지였다는 것이다. 이는 두 번째 원칙의 위반과도 맞물린다. 허물어진 제2 원칙은 마태복음 6장 6절에서 "너는 기도할 때, 골방에 들어가 문을 닫고서, 숨어서 계시는 네 아버지께 기도하여라. 그리하면 숨어서 보시는 너의 아버지께서 너에게 갚아주실 것이다"라고 한 것이다. 마가와 마태, 그리고 누가는 이런 원칙 때문에라도 예수와 제자들을 분리했었다. 하지만 그랬더라면 요한은 이렇게 긴 기도문을 감히 전할 엄두도 내지 못했을 것이다. 더욱이 고뇌하던 예수가 간절하게 이토록 긴 기도를 했다면, 누가복음 22장 43절과 44절을 통해 전해진 "하늘로부터 나타나서 힘을 북돋우어준 천사나 땀이 핏방울같이 되어서 땅에 떨어졌다"는 누가의 표현이야말로 요한복음에 더 잘 어울렸을 것이다. 허물어진 제3 원칙은 마태복음 6장 7절과 8절에서 "너희는 기도할 때, 이방 사람들처럼 빈말을 되풀이하지 말아라. 그들은 말을 많이 하여야만 들어주시는 줄로 생각한다. 그러므로 그들을 본받지 말아라. 하나님 너희 아버지께서는, 너희가 구하기 전에, 너희에게 필요한 것이 무엇인지를 알고 계신다"라고 한 것이다. 그러므로 아무리 반복해서 강조하려 했다고 해도 요한이 전하는 기도 내용은 장황하다 보니, 오히려 간결했을 경우 예수가 전하는 기도의 원칙에 좀 더 충실하지 않았을까 하는 생각마저 들게 만든다.

잔인한 입맞춤 현장 속에서 놓치지 말아야 할 사항들

그리고 요한복음은 예수가 가룟 유다에게 배반당하고 붙잡혀 끌려가는 내용으로 곧바로 이어진다.

유다의 배반이 전체 사건에서 차지하는 기능은 단순히 밤에 예수를 어딘가에서 찾아내어 조용히 체포할 수 있을까 하는 문제에만 국한되지는 않습니다. 왜냐하면 당국자들은 예수를 공개적으로 처형할 만반의 준비를 이미 끝마친 상태였기 때문입니다. 그러므로 유다의 배반은 예수를 찾기 위한 요식 행위가 아니라, 누가 예수인지를 확인시켜 줄 사람이 있어야 했으므로 불가피한 절차였을 것입니다. [12]

존 도미닉 크로산의 이와 같은 견해가 겟세마네 동산의 사건에 대한 새로운 모색이거나 참신한 접근법이거나 한 것은 아니다. 알베르트 슈바이처(Albert Schwetzer)가 다음과 같이 자신의 견해를 피력했을 때도 마찬가지다.

유다의 배신은 그가 대제사장들에게 예수가 어디서 잡힐 수 있는지를 가르쳐준 데 있는 것이 아니라 예수가 메시아의 존엄을 주장한다는 사실을 폭로한 데 있는 것이다. [13]

---

12 존 도미닉 크로산, 『예수는 누구인가』, 193쪽.
13 알베르트 슈바이처, 천병희 옮김, 『나의 생애와 사상(Aus meinem Leben und Denken)』(문예출판사, 1975, 2023), 52쪽.

그만큼 이 사건은 줄기차게 아주 꾸준히 제기되었다는 뜻이고, 지금까지 단 한 번도 시원하게 후련히 해결되지 못했다는 방증이다. 최근까지도 한밤중이라서 사람들이 예수를 알아보지 못하자 유다가 하는 수 없이 예수에게 입 맞추었다는 게 정설로 굳어져 있는 것 같다. 이는 죽음이 임박했을 당시 예수에 대하여 알만한 사람들은 다 알았을 정도로 예수가 유명했었다고 넘겨짚는 사람들의 입장이다. 그러나 떠돌던 소문으로 예수를 아는 것과 예수의 얼굴을 식별할 수 있는 것은 커다란 차이가 있다. 가룻 유다를 따라나선 성전 경비병들과 로마 병사들은 예수가 누군지 전혀 모르는 듯하다. 더구나 유다는 그 한밤중에 사람들이 알아보지 못하는 예수를 어떻게 바로 알아봤던 것일까? 두 번째 입장은, 앞서 짧게 언급하기도 했는데, 도마의 이름을 수식하는 '쌍둥이'라는 뜻의 '디두모'와 관련이 있다. 이들은 도마가 쌍둥이라고 불린 것은 누구와 쌍둥이여서가 아니라 예수와 닮았기 때문이라는 것이다. 그래서 유다는 이 둘 가운데 누가 예수인지 밝히려고 입 맞추었다고 주장한다. 그러나 공관복음서가 전하는 예수의 제자 명단에는 이 '디두모'라는 표현이 없다. 더욱이 도마에 대하여 요한복음 11장 16절처럼 "디두모라고도 하는 도마"라든지 요한복음 20장 24절이나 21장 2절처럼 "쌍둥이라고 불리는 도마"라고 언급한 요한은 정작 유다의 입맞춤을 다루지조차 않는다.

예수께서 이 말씀을 하신 뒤에, 제자들과 함께 기드론 골짜기 건너편으로 가셨다. 거기에는 동산이 하나 있었는데, 그의 제자들과 함께 예수께서 거기에 들어가셨다. 예수가 그 제자들과 함께 거기서 여러 번 모이셨으므로, 예수를 넘겨줄 유다도 그곳을 알고 있었다. 유다는 로마 군대 병정들과, 제사장들과 바리새파 사람들이 보낸 성전 경비병들을 데리고 그리로 갔다. 그들은 등불과 횃불과 무기를 들고 있었다. 예수께서는 자기에게 닥쳐올 일을 모두 아시고, 앞으로 나서서 그들에게 물으셨다. "너희는 누구를 찾느냐?" 그들이 대답하였다. "나사렛 사람 예수요." 예수께서 그들에게 말씀하셨다. "내가 그 사람이다." 예수를 넘겨줄 유다도 그들과 함께 서 있었다. 예수께서 그들에게 "내가 그 사람이다" 하고 말씀하시니, 그들은 뒤로 물러나서 땅에 엎드렸다. 다시 예수께서 그들에게 물으셨다. "너희는 누구를 찾느냐?" 그들이 대답하였다. "나사렛 사람 예수요." 예수께서 말씀하셨다. "내가 그 사람이라고 너희에게 이미 말하였다. 너희가 나를 찾거든, 이 사람들은 물러가게 하여라." 이렇게 말씀하신 것은, 예수께서 전에 '아버지께서 나에게 주신 사람을, 나는 한 사람도 잃지 않았습니다' 하신 그 말씀을 이루게 하시려는 것이었다. 시몬 베드로가 칼을 가지고 있었는데, 그는 그것을 빼어 대제사장의 종을 쳐서, 오른쪽 귀를 잘라버렸다. 그 종의 이름은 말고였다. 그때 예수께서 베드로에게 말씀하셨다. "그 칼을 칼집에 꽂아라. 아버지께서 나에게 주신 이 잔을, 내가 어찌 마시지 않겠느냐?" (요한복음 18,1-11)

이처럼 요한은 유다의 입맞춤을 흔적도 없이 지워버렸다. 그 까닭은 요한이 동성끼리 주고받는 입맞춤을 혐오했거나 다음과 같은 감정의 표현을 몰라서 그랬던 게 아니다. 누가복음 15장을 통해 우리에게 널리 알려진 탕자 이야기만 보더라도 아버지로부터 물려받은 가산을 탕진한 아들이 집에 돌아오자 20절에서는 "그의 아버지가 그를 보고 측은히 여겨서, 달려가 그의 목을 껴안고, 입을 맞추었다"라고 하지 않았는가. 또한 사도행전 20장 37절과 같이 바울이 에베소 장로들에게 고별 설교를 했을 때도 "모두 실컷 울고서, 바울의 목을 끌어안고, 입을 맞추었다"라고 했는데, 나는 월터 윙크(Walter Wink)가 각주로 처리해 다룬 '인용 문구'[14] 덕분에 이 성서의 두 구절을 찾아내는 수고를 덜 수 있었다. 이에 덧붙이자면 누가복음 7장이 전하는 예수마저도 식사 초대를 받아 바리새파 시몬의 집을 방문했을 때 시몬에게 이렇게 말했다. "너는 내게 입을 맞추지 않았다"라고 말이다. 여하튼 그렇다면 요한이 독자적으로 유다의 입맞춤을 생략한 것에는 저자의 어떤 숨은 의도가 내재해 있었던 것일까? 만일 의도가 있었다면 이는 다음과 같이 전하는 그날의 상황에 함축되었을 것이다.

> 예수를 넘겨줄 유다도 그들과 함께 서 있었다. 예수께서 그들에게 "내가 그 사람이다" 하고 말씀하시니, 그들은 뒤로 물러나서 땅에 엎드렸다. (요한복음 18,5-6)

유다는 방관자처럼 어슬렁거렸고, 시시각각 다가서는 죽음을 앞두고도 의연한 예수는 이미 경배의 대상으로 거듭나 있다. 더구나 요한은 요한복음 6장 70절에서 예수가 "너희 가운데서 하나는 악마다"라고 했다고 하며, 71절에서는 "이것은 시몬 가룟의 아들 유다를 가리켜서 하신 말씀이다"라고까지 했으니, 어떻게 그런 유다가 예수에게 입을 맞출 수 있었겠는가. 유다는 예수의 주위를 배회할 뿐 가까이할 엄

---

14 월터 윙크, 『참사람』, 222쪽.

두도 내지 못하는 사탄이었으니 말이다. 더욱이 가룟 유다는 요한복음 8장 44절에 따르면 "그는 처음부터 살인자였다." 그렇다면 월터 윙크의 견해처럼 "유다가 할 수 있었던 것은 단지 손가락으로 가리키면 되었을 일인데, 왜 키스를 했단 말인가?"[15] 마가는 마가복음 14장 41절과 42절을 통해 유다의 배신에 대하여 예수가 "때가 왔다. 보아라, 인자는 죄인들의 손에 넘어간다. 일어나서 가자. 보아라, 나를 넘겨줄 자가 가까이 왔다"라고 말했다며 이렇게 시작한다.

그런데 예수께서 아직 말씀하고 계실 때, 열두 제자 가운데 하나인 유다가 곧 왔다. 대제사장들과 율법학자들과 장로들이 보낸 무리가 칼과 몽둥이를 들고 그와 함께 왔다. 그런데 예수를 넘겨줄 자가 그들에게 신호를 짜주기를 "내가 입을 맞추는 사람이 바로 그 사람이니, 그를 잡아서 단단히 끌고 가시오" 하고 말해 놓았다. 유다가 와서, 예수께로 곧 다가가서 "랍비님!" 하고 말하고서, 입을 맞추었다. 그러자 그들은 예수께 손을 대어 잡았다. 그런데 곁에 서 있던 이들 가운데서 어느 한 사람이, 칼을 빼어 대제사장의 종을 내리쳐서, 그 귀를 잘라버렸다. 예수께서 그들에게 말씀하셨다. "너희는 강도에게 하듯이, 칼과 몽둥이를 들고 나를 잡으러 나왔느냐? 내가 날마다 성전에 너희와 함께 있으면서 가르치고 있었건만 너희는 잡지 않았다. 그러나 이것은 성경 말씀을 이루려는 것이다." 제자들은 모두 예수를 버리고 달아났다. (마가복음 14,43-50)

---

15 위의 책, 222쪽.

기록도 퇴적층의 형성처럼 쌓이기에 가장 밑바닥에 있는 마가복음 층위에서 드러날 수 있는 문제 제기부터 고찰하고자 한다. 바트 어만 (Bart D. Ehrman)은 예수가 일으킨 운동의 미래를 '성장'이라는 한 단어로 요약했다. 그 당시 자기 자신을 구세주로 자처한 이들 주변에도 민중들이 모여들기는 했으나, 이와 같은 사회적 현상이 '성장'으로 직결되지는 않았다. 하지만 예수 주위에 몰려든 많은 군중 가운데 예수의 메시지에 동요한 상당수가 그의 가르침에 따라 살기로 작정했다.

그래서 지도자들은 행동하기로 결정했다. 이곳이 가룟 유다가 들어오는 장소다. 복음서들에서 유다는 권력자들을 예수에게 안내하도록 고용된 인물로 나타나며, 그들은 주변에 군중이 없을 때 예수를 체포하고자 했다. 나는 이 설명에 항상 의심을 품어왔다. 만일 권력자들이 예수를 체포하길 그렇게 원했다면, 왜 그냥 그를 미행하지 않았는가? 그들에게 내부 고발자가 필요했던 이유는 무엇인가? 실제로 유다는 뭔가를 제지하려고 배신했을 것이다. 첫째, 우리에게는 예수가 유대인들의 미래 왕이 자신이라고 공개적으로 선포했다는 기록은 없다. 이것은 결코 그의 메시지가 아니다. 그의 메시지는 사람의 아들이 실현하고자 하는 도래할 왕국에 대한 것이다. 둘째, 권력자들이 예수를 체포하고 본디오 빌라도에게 넘겨주었을 때의 일관된 보고. 재판에서 예수가 받은 혐의가 유대인의 왕이라고 자처했다는 것이었다. 만일 예수가 공적인 자리에서 자신을 미래의 왕이라고 설교한 적이 없는데도 재판에서 그런 혐의를 추궁받았다면, 이것을 외부인들은 어떻게 알아냈을까? 가장 간단한 해결책은 유다의 고발 때문이라는 것이다. 유다는 예수가 자신의 미래 비전을 보여준 내부자 중 한 사람이었다. 유다 말고도 다른 열한 사람은 모두 미래 왕국의 통치자들이 될 터였다. 그리고 예수는 왕이 될 것이다. 우리는 그 이유를 결코 알 수 없지만, 유다는 몇 가지 이유로 변절자가 되었고 그 운동과 결별의 상징으로 지도자를 밀고했다. …… 그들은 예수를 체포했고 총독에게 넘겨주었다. 여기에 자신이 왕이 되리라고 선언한 누군가가 있어야 한다는 것이다.[16]

그러나 다음과 같이 생각해볼 수도 있다. 유다의 배신이 역사적 사실이라면, 그 배반의 동기는 이제까지의 추론과는 정반대일지 모른다. 만일 예수 공동체에서 특히 유다가 묵시론자였다면, 그는 당장이라도 도래할 하나님의 나라를 염원했을 것이다. 반면에 1세기 무렵부터 지금까지 줄기차게 가능성만으로 지속되어왔듯이, 예수의 가르침은 그 당시에도 '지상의 낙원'을 위한 전망으로 받아들여졌을 법하다. 그런데 이를 더는 두고만 지켜볼 수 없었던 유다가 결국 비정하게 예수를 당국에 고발한 것이다. 그리고 얼마 후 예수의 부활이 선포되었는데, 그때도 이를 주도한 이 역시 유다였을 가능성마저 배제할 수 없다. 빈 무덤과는 아무런 상관도 없이 예수 공동체의 여인들이 열렬히 바랐던 믿음에 처음으로 귀를 기울여 공감한 이도 가룟 유다였고, 예수가 죽음을 이겨내고 부활했다는 믿음을 세상에 퍼뜨린 장본인도 베드로나 요한이 아니라 바로 가룟 유다였을 것이다. 그렇다면 어째서 바울은 자신의 서신에다 다음과 같이 적었을까?

---

16 바트 어만, 강창헌 옮김, 『예수는 어떻게 신이 되었나(How Jesus Became God, The Exaltation of Jewish Preacher from Galilee)』(갈라파고스, 2015), 146~147쪽.

유다의 배신에 대한 바울의 입장

형제자매 여러분, 내가 여러분에게 전한 복음을 일깨워 드립니다. 여러분은 그 복음을 전해 받았으며, 또한 그 안에 서 있습니다. 내가 여러분에게 복음으로 전해드린 말씀을 헛되이 믿지 않고, 그것을 굳게 잡고 있으면, 그 복음을 통하여 여러분도 구원을 얻을 것입니다. 나도 전해 받은 중요한 것을 여러분에게 전해 드렸습니다. 그것은 곧, 그리스도께서 성경대로 우리 죄를 위하여 죽으셨다는 것과, 무덤에 묻히셨다는 것과, 성경대로 사흗날에 살아나셨다는 것과, 게바에게 나타나시고 다음에 열두 제자에게 나타나셨다고 하는 것입니다. 그 후에 그리스도께서는 한 번에 오백 명이 넘는 형제자매들에게 나타나셨는데, 그 가운데 더러는 세상을 떠났지만, 대다수는 지금도 살아 있습니다. 다음에 (주의 동생) 야고보에게 나타나시고, 그다음에 모든 사도에게 나타나셨습니다. 그런데 맨 나중에 달이 차지 못하여 난 자와 같은 나에게도 나타나셨습니다. 나는 사도들 가운데서 가장 작은 사도입니다. 나는 사도라고 불릴 만한 자격도 없습니다. 그것은, 내가 하나님의 교회를 박해했기 때문입니다. (고린도전서 15.1-9)

예수의 부활에 대해 이렇게 상세히 적은 이는 바울이 처음이다. 그런데 바울은 자신의 체험을 제외한 다른 이들의 종교적 경험을 도대체 누구에게 전해 받았기에 이렇게 썼을까? 유다의 이름이야 그럴 수도 있겠지만 예수가 부활한 결정적 증거인 빈 무덤은 말할 것도 없고, 그 빈 무덤과 밀접하게 연관된 여인들의 증언에 대해서조차 아무런 언급이 없다. 아무래도 그 유력한 소식통은 바울이 자신의 서신에서도 거론한 바 있는 게바라는 베드로나 주의 동생 야고보였을 것이다. 그러나 그가 먼저 작성한 갈라디아서에서 이 둘을 언급한 대목만 보더라도 바울은 이 둘과 눈에 띄게 활발히 교류한 것 같지는 않다. 바울은 이방인을 위한 사도로 예루살렘을 중심으로 활동하던 이들과 거의 떨어져 지내다시피 했다. 예수라는 이름 아래 생사고락을 함께하고자 한 사도였겠지만 말이다. 그렇다면 바울은 가롯 유다의 배신 이야기라든지 빈 무덤 이야기라든지 예수 부활에 대한 여인들의 증언이든지 간에 이를 그들에게 들었을 법도 한데 왜 그가 작성했다고 인정되는 서신, 즉 데살로니가전서, 갈라디아서, 고린도전·후서, 빌립보서, 빌레몬서, 로마서 등에서 이를 함구했을까? 첫째, 베드로와 야고보가 이를 언급하지 않았을 가능성이 있다. 둘째, 바울이 사도들로부터 이를 전해 들었다고 하더라도 그들의 개인적 신앙의 경험을 청취할 때와는 달리 귀담아듣지 않고 흘려들었을 가능성이다. 이러한 바울의 태도는 다음과 같은 내용에서 얼마든지 유추해볼 수 있다. 바울은 정경복음서에서 다루는 유다의 배신 이야기를 심각하게 취급하지 않았다.

내가 여러분에게 전해준 것은 주님으로부터 전해 받은 것입니다. 곧 주 예수께서 잡히시던 밤에, 빵을 들어서 감사를 드리신 다음에, 떼시고 말씀하셨습니다. "이것은 너희를 위하는 내 몸이다. 이것을 행하여 나를 기억하여라." 식후에, 잔도 이와 같이 하시고서, 말씀하셨습니다. "이 잔은 내 피로 세운 새언약이다. 너희가 마실 때마다 이것을 행하여, 나를 기억하여라." 그러므로 여러분이 이 빵을 먹고 이 잔을 마실 때마다, 주님의 죽으심을 그가 오실

때까지 선포하는 것입니다. (고린도전서 11,23-26)

이것이 유다가 예수를 배신한 날에 대해 바울이 전하는 내용의 전부다. 그뿐만 아니라 고린도전서 2장 2절대로라면 빈 무덤 이야기나 예수 부활에 대한 여인들의 증언 이야기도 "나는 여러분 가운데서 예수 그리스도 곧 십자가에 달리신 그분밖에는, 아무것도 알지 않기로 작정하였습니다"라고 한 바울에게는 그저 세상에 떠돌던 이야기였을지 모른다. 그리고 셋째, 바울은 갈라디아서 2장 2절을 통해 전하기를 "기둥으로 인정받는 야고보와 게바와 요한은, 하나님이 나에게 주신 은혜를 인정하고, 나와 바나바에게 오른손을 내밀어서, 친교의 악수를 하였습니다. 그렇게 하여, 우리는 이방 사람에게로 가고, 그들은 할례 받은 사람에게로 가기로 하였습니다"라고 했으니 적어도 요한으로부터라도 이 이야기를 들었을 법도 한데 전혀 그렇게 보이지 않는다는 것이다. 그러므로 바울은 이러한 이야기를 전혀 몰랐다고 보는 것이 타당하겠다. 그렇다면 마가가 가롯 유다의 배신 이야기를 지어내기라도 했다는 말인가? 확실히 그렇다고 단정할 수는 없지만 그럴 가능성이 전혀 없는 것도 아니다. 공관복음서의 저자들은 사도 요한을 제외한 초대 교회의 사도들이 거의 모두 죽고 나서 자신들의 글을 쓰기 시작했다. 이때 만일 유다가 예수의 부활을 선포하는 데 주도적 역할을 담당했다는 전승이 떠돌았다면, 누가가 왜 그토록 유다의 최후를 처참하게 전했는지도 짐작할 수 있게 된다. 누가는 자신이 열렬히 믿고자 한 예수의 부활을 전적으로 유다에게 맡기지 않으려고 했을 것이다. 그게 아니라면 마가가 유다의 최후와 예수의 부활을 동시에 다루지 않았던 이유는 무엇인지 앞으로도 알 수 없으리라. 하지만 만일 당신이 이제까지 붙들었던 당신의 믿음을 돌아보고자 한다면, 당신은 마가가 유다의 최후와 예수의 부활을 함부로 전하지 않았던 이유에 한 걸음 정도는 가까이 다가설 수 있다. 누가는 앞서서 살펴본 마가복음의 본문을 다루기 전에 이미 누가복음 13장 34절을 통해 "예루살렘아, 예루살렘아, 예언자들을 죽이고, 네게 파송된 사람들을 돌로 치는구나!"라고 했다.

> 예수께서 아직 말씀하시고 계실 때, 한 무리가 나타났다. 열둘 가운데 하나인 유다라는 사람이 그들의 앞장을 서서 왔다. 그는 예수께 입을 맞추려고 가까이 왔다. 예수께서 그에게 말씀하셨다. "유다야, 너는 입맞춤으로 인자를 넘겨주려고 하느냐?" 예수의 둘레에 있는 사람들이 사태를 보고서 말하였다. "주님, 우리가 칼을 쓸까요?" 그 가운데 한 사람이 대제사장의 종의 오른쪽 귀를 쳐서 떨어뜨렸다. 예수께서 말씀하시기를 "그만두어라!" 하시고, 그 사람의 귀를 만져서 고쳐 주셨다. 그런 다음에, 자기를 잡으러 온 대제사장들과 성전 경비대장들과 장로들에게 말씀하셨다. "너희가 강도를 잡듯이 칼과 몽둥이를 들고 나왔느냐? 내가 날마다 성전에서 너희와 함께 있었으나, 너희는 내게 손을 대지 않았다. 그러나 지금은 너희의 때요, 어둠의 권세가 판을 치는 때다." (누가복음 22,47-53)

아들 압살롬이 아버지 다윗에게 반기를 치켜들었을 때, 그 아들의 편에 섰던 아마사를 참혹하게 죽인 요압의 이야기에서 가룟 유다의 최후를 가져다 썼을 누가는 유다가 등장한 그 장소를 다음과 같이 적었다. "예수께서 나가시어, 늘 하시던 대로 올리브 산으로 가시니, 제자들도 그를 따라갔다." 물론 마가와 마태 역시도 이렇게 술회했다. "그들은 찬송을 부르고서, 올리브 산으로 갔다." 그리고 마가는 다음과 같이 "그들은 겟세마네라고 하는 곳에 이르렀다"라고 했고, 마태는 "그때 예수께서 제자들과 함께 겟세마네라고 하는 곳에 가서"라며 장소에 대한 정보를 제공했다. 게리 윌스는 특히 올리브 산에 대해 이렇게 말했다.

> 예수가 올리브 산으로 올라가는 것은 다윗이 똑같이 올리브 산에 올랐던 일을 되풀이하는 것이다. 사무엘하 15장 30절과 31절에 따르면 다윗은 자신의 아들인 압살롬과 그의 동료 아히도벨이 꾸민 역모에 직면하여, 자신을 따르며 울부짖는 백성들을 이끌고 산에 올라서야만 했다. 사무엘하 17장 23절대로 제자들은 훗날 아히도벨이 스스로 목매달았다는 것을 기억하고 있었을 것이다. 성서 속에서 오직 두 명만이 스스로 목매달았는데, 마태복음 27장 5절대로라면 나머지 한 명은 배신자 유다였다.[17]

유다의 배신에 관한 새로운 관점

그러나 아무래도 사무엘하의 이와 같은 서사에서 우리가 주목했어야 할 인물은 배신으로 악명 높은 아히도벨이나 아마사가 아니라 후

---

17 게리 윌스, 『복음은 그렇게 전해지지 않았다』, 76쪽.

새는 아니었을까.

압살롬은 그를 따르는 이스라엘 백성의 큰 무리를 거느리고 예루살렘으로 입성하였으며, 아히도벨도 그와 함께 들어왔다. 그때 다윗의 친구인 아렉 사람 후새가 압살롬을 찾아와서, 압살롬을 보고, "임금님 만세! 임금님 만세!" 하고 외쳤다. 그러자 압살롬이 후새에게 물었다. "이것이 친구를 대하는 그대의 우정이오? 어찌하여 그대의 친구를 따라서 떠나지 않았소?" 후새가 압살롬에게 대답하였다. "그렇지 않습니다. 오히려 저는, 주님께서 뽑으시고 이 백성과 온 이스라엘 사람이 뽑아 세운 분의 편이 되어서, 그분과 함께 지낼 작정입니다. 제가 다른 누구를 또 섬길 수 있겠습니까? 당연히 부왕의 아드님을 섬겨야 하지 않겠습니까? 그러므로 제가 전에 부왕을 섬긴 것과 같이, 이제는 임금님을 섬기겠습니다." (사무엘하 16,15-19)

그렇다면 왜 후새인가? 그는 다윗을 배신하지 않았기 때문이다. 도대체 이게 무슨 소리인가 싶을지 모르겠다. 드디어 본격적으로 배신 이야기를 논하는가 했더니 이번에는 배신하지 않은 이야기라니 실망스럽고 뜬금없어 보이기만 하는가? 만일 그렇다면 이렇게 말하는 것은 십중팔구 당신을 도발하고 말 것이다. 가룟 유다는 예수를 배신하지 않았다. 후새가 다윗을 배신하지 않았던 것처럼 말이다.

다윗이, 사람들이 하나님을 경배하는 산꼭대기에 다다르니, 아렉 사람 후새가 슬픔을 못 이겨서 겉옷을 찢고, 머리에 흙을 뒤집어쓴 채로 나아오면서, 다윗을 맞았다. 다윗이 그에게 말하였다. "그대가 나와 함께 떠나면, 그대는 나에게 짐만 될 것이오. 그러니 그대는 이제 성으로 돌아가서, 압살롬을 만나거든, 그를 임금님으로 받들고, 이제부터는 새 임금의 종이 되겠다고 말하시오. 이제까지는 임금의 아버지를 섬기는 종이었으나, 이제부터는 그의 아들, 새 임금의 종이 되겠다고 말하시오. 그것이 나를 돕는 길이고, 아히도벨의 계획을 실패로 돌아가게 하는 길이오. 그 곳에 가면, 두 제사장 사독과 아비아달이 그대와 합세할 것이오. 그러므로 그대가 왕궁에서 듣는 말은, 무엇이든지 두 제사장 사독과 아비아달에게 전하시오. 그들은 지금 자기들의 아들 둘을 그곳에 데리고 있소. 사독에게는 아히마아스가 있고, 아비아달에게는 요나단이 있으니, 그대들이 듣는 말은 무엇이든지, 그들을 시켜서 나에게 전하여 주시오." 그리하여 다윗의 친구인 후새는 성으로 들어갔다. 같은 시간에 압살롬도 예루살렘에 도착하였다. (사무엘하 15,32−37)

바로 이 대목이 가룟 유다가 예수를 배신하는 내러티브 구성의 발단이었을 것이다. 그날, 마가복음 14장 1절에 따르면 "유월절과 무교절 이틀 전이었다"라던 그날, 다른 제자들의 눈에는 예수와 유다가 따로 상의하는 모습이 코앞으로 다가온 명절 때문이라고만 비쳤을 테지만 말이다. 그러니까 마가복음 14장 1절처럼 "대제사장들과 율법학자들은 '어떻게 속임수를 써서 예수를 붙잡아 죽일까' 하고 궁리하고 있었다"라고 한 그때, 예수는 유다에게 그들의 함정을 역이용해서 이를 거룩한 사건으로 승화시켜야 한다고 그 속내를 털어놨을 것이다. 또 그러니까 마가복음 14장 2절대로 "그들은 '백성이 소동을 일으키면 안 되니, 명절에는 하지 말자' 하고 말하였다"라고 한 바로 그날 예수는 유다에게 우리가 도모하는 사건을 기필코 명절에 일으켜서 한 번쯤은 세상이 천지개벽하는 계기로 삼아야 한다고 강변했을 텐데, 그러려면 유다가 배신자의 역할을 떠맡아야 한다고 덧붙인 듯하다. 하지만 가룟 유다의 입장에서 보자면 이와 같은 논의는 애초에 머리를 맞대고 고민하려던 게 아니라 예수의 일방적인 통보나 다름없었을 것이다. 그 자리에서 유다는 사무엘하 15장 32절의 후새처럼 "슬픔을 못 이겨서 겉옷을 찢고, 머리에 흙을 뒤집어쓴 채로" 자신의 의견을 피력하려고 했을 테지만 다른 제자들의 눈을 의식해 도저히 그럴 수는 없었을 것이다. 다만 예수가 기어이 그 길을 걷겠다면 자신도 따라나서겠다는 확고한 다짐을 은밀히 전한 듯하다. 이것은 유독 요한복음에서만 의심하는 제자로 설정된 도마처럼 다음과 같이 질문하지 않고도 도달할 수 있었던 흔들리지 않는 확신이었다. 요한복음 14장 5절에서 도마는 예수에게 이렇게 말하였다. "주님, 우리는 주님께서 어디로 가시는지도 모르는데, 어떻게 그 길을 알겠습니까?"라고 말이다. 더구나 '한 율법학자'나 '어떤 사람'처럼 일시적인 감상에 젖어 내뱉는 다음과 같은 다짐과도 차원이 다른 신념이었을 것이다. 이러한 다짐을 두고 마태는 마태복음 8장 19절에서 "율법학자 한 사람이 다가와서 예수께 말하였다. '선생님, 나는 선생님이 가시는 곳이면, 어디든지 따라가겠습니다'"라고 했다고 하고, 누가는 누가복음 9장 57절에서 "그들이 길을 가고 있는데, 어떤 사람이 예수께 말하였다. '나는 선생님이 가시는 곳이면, 어디든지 따라가겠습니다'"라고 했다고 한다. 더욱이 누가복음 22장 33절에 따르면 "주님, 나는 감옥에도, 죽는 자리에도, 주님과 함께 갈 각오가 되어 있습니다"라고 한 베드로의 호언장담과도 대단히 결이 다른 다짐이었다. 그것은 마가복음 8장 37절와 마태복음

16장 26절이 전한 예수의 당부가 아닌 요구, 즉 "사람이 제 목숨을 되찾는 대가로 무엇을 내놓겠느냐?"라고 한 것에 대한 필사적인 첫 반응이었을 것이다. 그럼에도 예수는 이렇게 말하지 않았을까? "유다여, 그대가 나를 따라나서겠다면 그대는 나에게 짐만 될 것이오. 그러니 그대는 이제 대제사장들에게 가서 '내가 예수를 넘겨줄 테니, 이를 다시금 당신들에게 순종하는 증거로 삼아주시오'라고 알리시오." 이는 다윗이 후새에게 말한 것이기도 하다. 사무엘하 15장 33절과 34절에 따르면 "그대가 나와 함께 떠나면, 그대는 나에게 짐만 될 것이오. 그러니 그대는 이제 성으로 돌아가서, 압살롬을 만나거든, 그를 임금님으로 받들고, 이제부터는 새 임금의 종이 되겠다고 말하시오"라고 했다. 그렇다고 해서 가룟 유다에 관해 이렇게 제기될 수 있는 문제, 즉 예수가 다윗의 자손이다 보니 다윗의 서사에서 차용한 이야기로 초래될 골치 아픈 딜레마의 해결책으로 다음과 같은 성서 본문을 들춰내려는 것은 자칫 혼란만 더 가중할 수 있다.

예수께서 성전에서 가르치실 때, 이렇게 말씀하셨다. "어찌하여 율법학자들은, 그리스도가 다윗의 자손이라고 하느냐? 다윗이 성령의 감동을 받아서 친히 이렇게 말하였다. '주님께서 내 주께 말씀하셨다. "내가 네 원수를 네 발 아래에 굴복시킬 때까지, 너는 내 오른쪽에 앉아 있어라." 다윗 스스로가 그를 주라고 불렀는데, 어떻게 그가 다윗의 자손이 되겠느냐?" 많은 무리가 예수의 말씀을 기쁘게 들었다. (마가복음 12,35-37)

이와 같은 내용은 분명히 예수의 면모가 다윗의 위상보다 높다는 점을 강조함으로써, 예수의 내러티브에서 다윗과 결부된 모습을 차단할 때 더할 나위 없이 좋은 증거 본문이기는 하다. 그리고 이러한 본문이 한 공동체에서만 통용되었다면 애초에 마가가 예수의 내러티브에서 지우고자 한 다윗의 색채는 남아나지 않았을 것이다. 마가복음에는 다윗을 매개로 하는 예수의 족보조차 없으니 말이다. 그렇다면 서로 다르기는 해도 제각각 족보를 전했던 마태와 누가는 어째서 이와 같은 내용을 자신들의 글에다 실은 것일까? 그런데 이 둘에게도 족보는 예수가 자체 발광체로 우뚝 솟아오르기 이전, 즉 반사체로 머물던 시절을 설명하기 위한 수단에 불과했다. 그러니까 이 둘은 오히려 다윗의 색채를 지우기보다는 다윗 위에 군림하는 예수의 모습을 부각하고자 하는 의도로 이 글을 옮겨 적은 것이다. 이에 대한 누가복음의 본문은 마가복음을 거의 그대로 베껴 적다시피 한 수준이므로 마태복음만 살펴보기로 하겠다. 그렇다고 마태가 새롭게 추가한 내용이 있는 것은 아니다.

바리새파 사람들이 모였을 때, 예수께서 그들에게 물으셨다. "너희는 그리스도를 어떻게 생각하느냐? 그는 누구의 자손이냐?" 그들이 예수께 대답하였다. "다윗의 자손입니다." 예수께서 다시 그들에게 말씀하셨다. "그러면 다윗이 성령의 감동을 받아, 그를 주님이라고 부르면서 말하기를, '주님께서 내 주께 말씀하셨다. "내가 네 원수를 네 발 아래에 굴복시킬 때까지, 너는 내 오른쪽에 앉아 있어라" 하였으니, 이것이 어찌된 일이냐? 다윗이 그리스도를 주라고 불렀는데, 어떻게 그리스도가 그의 자손이 되겠느냐?" 그러자 아무도 예수께 한마디도 대답하지 못했으며, 그날부터는 그에게 감히 묻는 사람도

없었다. (마태복음 22,41-46)

더욱이 마가와 마태, 그리고 누가에 의해 전해진 이러한 내용들은 성서라는 한 권의 책에 수록되어 병행 본문의 부작용인 강박적인 믿음을 강화하는 결과를 초래하고 말았다. 게다가 한 권의 책으로 묶이기 전에도 필사자들은 그 행사되던 위력에 노출되었는데, 그 결과가 바로 다음과 같은 요한의 글이다.

유대 사람들이 예수께 말하였다. "우리가 당신을 사마리아 사람이라고도 하고, 귀신이 들렸다고도 하는데, 그 말이 옳지 않소?" 예수께서 대답하셨다. "나는 귀신이 들린 것이 아니라, 나의 아버지를 공경한다. 그런데도 너희는 나를 모욕한다. 나는 내 영광을 구하지 않는다. 나를 위하여 영광을 구해주시며, 심판해주시는 분이 따로 계신다. 내가 진실로 진실로 너희에게 말한다. 나의 말을 지키는 사람은 영원히 죽음을 겪지 않을 것이다." 유대 사람들이 예수께 말하였다. "이제 우리는 당신이 귀신 들렸다는 것을 알았소. 아브라함도 죽고, 예언자들도 죽었는데, 당신이 '나의 말을 지키면, 영원히 죽음을 겪지 않을 것이다' 하니, 당신이 이미 죽은 우리 조상 아브라함보다 더 위대하다는 말이오? 또 예언자들도 다 죽었소. 당신은 스스로를 누구라고 생각하오?" 예수께서 대답하셨다. "내가 나를 영광되게 한다면, 나의 영광은 헛된 것이다. 나를 영광되게 하시는 분은 나의 아버지시다. 너희가 너희의 하나님이라고 부르는 바로 그분이시다. 너희는 그분을 알지 못하지만 나는 그분을 안다. 내가 그분을 알지 못한다고 말하면, 나도 너희처럼 거짓말쟁이가 될 것이다. 그러나 나는 아버지를 알고 있으며, 또 그분의 말씀을 지키고 있다. 너희의 조상 아브라함은 나의 날을 보리라고 기대하며 즐거워하였고, 마침내 보고 기뻐하였다." 유대 사람들이 예수께 말하였다. "당신은 아직 나이가 쉰 도 안되었는데, 아브라함을 보았다는 말이오?" 예수께서 그들에게 말씀하셨 다. "내가 진실로 진실로 너희에게 말한다. 아브라함이 태어나기 전부터 내가 있다." 그래서 그들은 돌을 들어서 예수를 치려고 하였다. 그러자 예수께서는 몸을 피해서 성전 바깥으로 나가셨다. (요한복음 8,48-59)

그런데 이처럼 예수의 내러티브가 더는 확장될 수 없는 지점에 이 르면 다음과 같이 피해 갈 수 없는 질문은 생기기 마련이다. 예수는 그리스도라는 자의식을 가지고 있었는가? 만일 가지고 있었다면 언 제부터 그러한 자의식이 발현되었는가?

예수의 자의식

마가는 예수가 그리스도라는 자의식을 갖게 된 때를 세례자 요한에 게 세례를 받았을 무렵이라고 확정했다. 이때 마가가 제시한 확실한 근거라는 것은 세례 장소에 모여 있던 사람들에 의해 구전된 쩌렁쩌 렁한 목소리였다. 그날 환상을 목격한 이들은 하늘에서 울려 퍼진 소 리까지 들었다는 것이다. 마가복음 1장 10절과 11절에 따르면 "예수 께서 물속에서 막 올라오시는데, 하늘이 갈라지고, 성령이 비둘기같 이 자기에게 내려오는 것을 보셨다. 그리고 하늘로부터 소리가 났다. '너는 내 사랑하는 아들이다. 내가 너를 좋아한다'"라고 했다. 그렇다면 예수 그리스도는 어째서 그후로도 엘리야의 후광이 필요했던 것일까? 그것도 "구름이 일어나서, 그들을 뒤덮었다. 그리고 구름 속에서 소리가 났다. '이는 내 사랑하는 아들이다. 너희는 그의 말을 들어라'"는 장면을 통해 세례 당시 누군가는 벅차올랐을 감정을 재활용해 쓰려고 하면서까지 말이다. 엘리야야말로 아브라함은 물론 다윗보다도 후대의 인물이 아닌가?

예수께서 베드로와 야고보와 요한만을 데리고, 따로 높은 산으로 가셨다. 그런데 그들이 보는 앞에서, 그의 모습이 변하였다. 그 옷은 세상의 어떤 빨래꾼이라도 그렇게 희게 할 수 없을 만큼 새하얗게 빛났다. 그리고 엘리야가 모세와 함께 그들에게 나타나더니, 예수와 말을 주고받았다. 그래서 베드로가 예수께 말하였다. "랍비님, 우리가 여기에 있는 것이 좋겠습니다. 우리가 초막 셋을 지어서, 하나에는 랍비님을, 하나에는 모세를, 하나에는 엘리야를 모시겠습니다." 베드로는 무슨 말을 해야 좋을지 몰라서 이런 말을 했던 것이다. 제자들이 겁에 질렸기 때문이다. 그런데 구름이 일어나서, 그들을 뒤덮었다. 그리고 구름 속에서 소리가 났다. "이는 내 사랑하는 아들이다. 너희는 그의 말을 들어라." 그들이 문득 둘러보았으나, 아무도 없고, 예수만 그들과 함께 계셨다. 그들이 산에서 내려올 때, 예수께서는 그들에게 명하시어, 인자가 죽은 사람들 가운데서 살아날 때까지는, 본 것을 아무에게도 이야기하지 말라고 하셨다. 그들은 이 말씀을 간직하고, 죽은 사람들 가운데서 살아난다는 것이 무슨 뜻인가를 서로 물었다. 그들이 예수께 묻기를 "어찌하여 율법학자들은 엘리야가 먼저 와야 한다고 합니까?" 하니, 예수께서 그들에게 말씀하셨다. "확실히 엘리야가 먼저 와서, 모든 것을 회복한다. 그런데 인자가 많은 고난을 받고 멸시를 당할 것이라고 기록한 것은, 어찌 된 일이냐? 내가 너희에게 말한다. 엘리야는 이미 왔다. 그런데 그를 두고 기록한 대로, 사람들은 그를 함부로 대하였다." (마가복음 9.2-13)

물론 비겁한 삶보다 명예로운 죽음을 선택한 예수의 짧은 생애를 돌이켜보면, 그 삶은 다윗의 파란만장한 일생보다 엘리야의 제법 우여곡절이 있던 일생과 무척 닮아 있는 것이 성서적 사실이다. 그러나 이마저도 어디까지나 죽은 뒤에 얻은 명예일 뿐이며, 예수가 그렇게 살았다고 하는 의미는 결코 아니다. 우리는 거대한 구체와 직육면체를 코앞에서 볼 때는 그것이 곡면과 평면으로 이뤄진 입체인지 아니면 그저 납작한 면인지도 알 수 없으며 원형인지 사각형인지조차 알지 못한다. 어쩌면 예수와 동고동락할 무렵의 공동체가 우러렀을 예수상도 이와 같지 않았을까? 그랬을 가능성이 농후하다. 이를 입증까지는 못하더라도 유추해볼 수 있는 대표적인 증거 본문이 바로 변화산 에피소드이고 그 변천사다. 베드로와 야고보와 요한은 이렇게 물었다. 마가복음 9장 11에서는 "어찌하여 율법학자들은 엘리야가 먼저 와야 한다고 합니까?"라고 했다. 그들이 이렇게 물었던 까닭은 율법학자들이 말라기서의 다음과 같은 마지막 두 구절에 유대 민족의 명운을 걸었기 때문이다.

"주의 크고 두려운 날이 이르기 전에, 내가 너희에게 엘리야 예언자를 보내겠다. 그가 아버지의 마음을 자녀에게로 돌이키고, 자녀의 마음을 아버지에게로 돌이킬 것이다. 돌이키지 아니하면, 내가 가서 이땅에 저주를 내리겠다."

이에 대해 마가는 마가복음 9장 12절과 13절을 통해 예수가 이렇게 답했다고 한다. "확실히 엘리야가 먼저 와서, 모든 것을 회복한다. 그런데 인자가 많은 고난을 받고 멸시를 당할 것이라고 기록한 것은, 어찌 된 일이냐? 내가 너희에게 말한다. 엘리야는 이미 왔다. 그런데 그를 두고 기록한 대로, 사람들은 그를 함부로 대하였다." 물론 여기서 이미 왔다는 엘리야는 세례자 요한을 두고 하는 말이다. 그러나 마가는 베드로와 야고보와 요한이 예수의 답변을 어떻게 이해했는지는 언급하지 않았다. 다만 "인자가 많은 고난을 받고 멸시를 당할 것이라고 기록한 것은, 어찌 된 일이냐?"라는 예수의 물음 속에 가룻 유다의 개입을 암시해두었을 뿐이다.

한편 마태와 누가는 예수가 그리스도라는 자의식을 가지고 태어났으나, 이를 모르고 살다가 어느 때인가 그러한 자의식이 발현되었다고 보았다. 그러니까 마태와 누가는 그리스도라는 예수의 정체성을 예수가 태어나던 시점과 결부시킨 것이다. 그러나 이 둘은 그 발현 시기에 대해서는 각자 전하는 판이한 족보와 마찬가지로 이견을 보였다. 마태는 예수가 그리스도라는 자의식을 발현한 시점을 세례자 요한으로부터 세례를 받은 장면으로 확정하는데, 이는 이때 예수가 그리스도라는 자의식을 갖게 되었다는 마가의 주장을 에둘러 반박하는 셈이다. 그런 마태가 변화산 에피소드에 대해서는 어떻게 다루려고 했는지 살펴보자. 추가된 한 문장과 생략된 한 문장, 그리고 잘 눈에 띄지 않는 미묘한 뉘앙스의 차이가 번역서로만 보아도 제대로 눈에 띠는 견해 차이를 만든다.

예수께서는 베드로와 야고보와 그의 동생 요한을 따로 데리고서 높은 산에 올라가셨다. 그런데 그들이 보는 앞에서 그의 모습이 변하였다. 그의 얼굴은 해와 같이 빛나고, 옷은 빛과 같이 희게 되었다. 그리고 모세와 엘리야가 그들에게 나타나더니, 예수와 더불어 말을 나누었다. 그때 베드로가 예수께 말하였다. "선생님, 우리가 여기에 있는 것이 좋겠습니다. 원하시면, 제가 여기에다가 초막을 셋 지어서, 하나에는 선생님을, 하나에는 모세를, 하나에는 엘리야를 모시도록 하겠습니다." 베드로가 아직도 말을 하고 있는데, 갑자기 빛나는 구름이 그들을 뒤덮었다. 그리고 구름 속에서 "이는 내 사랑하는 아들이다. 나는 그를 좋아한다. 너희는 그의 말을 들어라" 하는 소리가 들려왔다. 제자들은 이 말을 듣고서, 얼굴을 땅에 대고 엎드렸으며, 몹시 두려워하였다. 예수께서 가까이 오셔서, 그들에게 손을 대시고 말씀하셨다. "일어나거라. 두려워하지 말아라." 그들이 눈을 들어서 보니, 예수밖에는 아무도 없었다. 그들이 산에서 내려올 때, 예수께서 그들에게 명하셨다. "인자가 죽은 사람들 가운데서 살아날 때까지는, 그 광경을 아무에게도 말하지 말아라." 제자들이 예수께 물었다. "그런데 율법학자들은 어찌하여 엘리야가 먼저 와야 한다고 합니까?" 예수께서 대답하셨다. "확실히, 엘리야가 와서, 모든 것을 회복시킬 것이다. 내가 너희에게 말한다. 엘리야는 이미 왔다. 그러나 사람들이 그를 알지 못하고, 그를 함부로 대하였다. 인자도 이와 같이, 그들에게 고난을 받을 것이다." 그제야 비로소 제자들은, 예수께서 세례자 요한을 두고 하신 말씀인 줄을 깨달았다. (마태복음 17,1-13)

마지막 문장이 추가되었다는 그 한 문장이다. 마가는 베드로와 야고보와 요한이 예수의 답변을 어떻게 이해했는지 언급하지 않았다고 했다. 그런데 마치 마가가 당신과 같은 독자로 하여금 자신이 마가복음 1장 2절부터 5절까지, 그리고 6장 14절부터 29절까지 어떤 이야기를 하고 있었는지 떠올려보라고 주문한 듯하다면, 마태는 자기 자신도 그 내용을 자신의 글 3장 1절부터 6절까지에다 옮겨 적었고 14장 1절부터 12절까지에다 옮겨 적은 바 있으나 떠오르지 않더라도 굳이 찾아보는 수고까지 할 필요는 없다는 식으로 즉답한 것이다. 이는 마태가 마가의 우려를 정면으로 반박한 모양새다. 왜냐하면 마가는 예수와 동시대 인물이면서 훨씬 더 유명했던 세례자 요한의 이름을 자꾸 거론하는 것이 자기 자신을 희생시킬 각오가 되어 있는 예수의 내러티브에는 별로 도움이 되지 않는다고 여긴 듯하기 때문이다. 이야기의 몰입도는 불확실한 국면에 의해 자극되는 긴장감이 단단히 한몫거드는 까닭이다. 그래서 마가는 마가복음 9장 9절을 통해 "그들이 산에서 내려올 때, 예수께서는 그들에게 명하시어, '인자가 죽은 사람들 가운데서 살아날 때까지는, 본 것을 아무에게도 이야기하지 말라'"라고 하자 이어지는 10절을 통해 "그들은 이 말씀을 간직하고, 죽은 사람들 가운데서 살아난다는 것이 무슨 뜻인가를 서로 물었다"라고 처리한 것이다. 바로 이 구절이 마태가 마가복음에서 생략했다는 한 문장이다. 그러니까 마태는 적어도 변화산의 에피소드에서만큼은 확실한 국면 쪽을 선호한 듯하다. 이러한 마태의 태세 전환은 대놓고 지적할 수 없는 마가의 실수를 덮고자 하는 호의일 수도 있다. 왜냐하면 마가는 예수의 내러티브에 세례자 요한을 끌어들이면서 중대한 착오를 범했기 때문이다.

하나님의 아들 예수 그리스도의 복음의 시작은 이러하다. 예언자 이사야의 글에 기록하기를, "보아라, 내가 내 심부름꾼을 너보다 앞서 보낸다. 그가 네 길을 닦을 것이다." "광야에서 외치는 이의 소리가 있다. '너희는 주님의 길을 예비하고, 그의 길을 곧게 하여라'" 한 것과 같이, 세례자 요한이 광야에서 나타나서, 죄를 용서받게 하는 회개의 세례를 선포하였다. (마가복음 1,1-4)

이미 앞서 비슷한 내용을 언급하기도 했고 아는 사람은 다 알다시피 "보아라, 내가 내 심부름꾼을 너보다 앞서 보낸다. 그가 네 길을 닦을 것이다"라는 전언은 이사야가 했던 예언이 아니라 '나의 사자'라는 뜻의 말라기, 즉 우리에게 한 예언자의 이름으로 알려진 말라기 3장 1절의 "내가 나의 특사를 보내겠다. 그가 나의 갈 길을 닦을 것이다"라는 전언이기 때문이다. 하지만 그보다 마태가 변화산의 에피소드에서 확실한 쪽으로 기운 까닭은 자칫 엘리야에게만 쏠릴 수 있는 관심을 세례자 요한을 언급함으로써 그나마 해소하고 모세에 대한 향수를 자극하려던 게 아니었을까 싶다. 그도 그럴 것이 누가는 이 변화산의 에피소드에서 엘리야와 세례자 요한의 관계를 아예 들어내버리기까지 했다.

예수께서는 베드로와 요한과 야고보를 데리고, 기도하러 산에 올라가셨다. 예수께서 기도하고 계시는데, 그 얼굴 모습이 변하고, 그 옷이 눈부시게 희어지고 빛이 났다. 그런데 갑자기 두 사람이 나타나 예수와 더불어 말을 하고 있었다. 그들은 모세와 엘리야였다. 그들은 영광에 싸여 나타나서, 예수께서 예루살렘에서 이루실 일 곧 그의 떠나가심에 대하여 말하고 있었다. 베드로와 그 일행은 잠을 이기지 못해서 졸다가, 깨어나서 예수의 영광을 보고, 또 그와 함께 서 있는 그 두 사람을 보았다. 그 두 사람이 예수에게서 막 떠나가려고 할 때, 베드로가 예수께 말하였다. "선생님, 우리가 여기서 지내는 것이 좋겠습니다. 우리가 초막 셋을 지어서, 하나에는 선생님을, 하나에는 모세를, 하나에는 엘리야를 모시겠습니다." 베드로는 자기가 무슨 말을 하는지도 모르고, 그렇게 말하였다. 그가 이렇게 말하고 있는데, 구름이 일어나서 그 세 사람을 휩쌌다. 그들이 구름 속으로 들어가니, 제자들은 두려움에 사로잡혔다. 그리고 구름 속에서 소리가 났다. "이는 내 아들이요, 내가 택한 자다. 너희는 그의 말을 들어라." 그 소리가 끝났을 때, 예수만이 거기에 계셨다. 제자들은 입을 다물고, 그들이 본 것을 얼마 동안 아무에게도 알리지 않았다.
(누가복음 9,28-36)

마태와 누가가 이렇게 글을 쓴 것은 정경복음서 저변에 흐르는 유월절의 의미, 즉 모세가 이스라엘 민족을 이집트의 노예 생활에서 해방시켰듯이 예수가 인류를 죄에서 해방시키리라는 메시지 선포를 위해서라도 모세의 출생과 얽힌 서사 역시 이 두 저자에게는 대단히 중요한 메타포였기 때문이다. 비록 누가는 그리스도라는 예수의 자의식 발현의 시기가 예수의 성장기 시절의 한때였다고 보았지만, 마태와 누가는 예수가 그리스도라는 정체성을 품고 태어났다는 점에 대해서는 의견을 같이했다. 그러다 보니 기회가 될 때마다 이 두 저자는 예수의 탄생과 떼려야 뗄 수 없는 출생의 서사적 주인공이기도 한 모세를 조연급으로 취급하고 싶지는 않았을 것이다. 그러다 보면 이 두 주인공이 영아와 유아 살해로 얼룩진 출생의 주인공이라는 인상도 덩달아 뒤따를 게 자명했으나 가급적이면 그러지 않기만을 바랐으리라. 앞서 미묘한 뉘앙스의 차이라고 했는데 이는 마가의 표현, 즉 마가복음 9장 4절의 "엘리야가 모세와 함께"라고 한 것에 대해서조차 마태와 누가는 각각 자신들의 복음서 17장 3절과 9장 30절에서 "모세와 엘리야"라고 고쳐 적은 것을 두고 한 언급이었다. 덧붙여 요한이 변화산 에피소드를 굳이 다루지 않은 것은 그의 저술 방식일 수도 있겠으나 요한은 예수가 태초부터 하나님과 함께했다고 보았기 때문에 그리스도라는 예수의 자의식을 일부러 언급하는 일마저 불필요다고 여겼기 때문일 것이다.

어쨌든 마태와 누가는 예수의 내러티브에서 모세가 차지하는 비중을 어떻게든 강화하려고 했다. 그리고 공관복음서의 저자들이 소환한 모세와 엘리야의 시대 사이에 다윗의 시대가 있다. 그러므로 가룟 유다와 관련하여 발생할 수 있는 딜레마를 제거하려고 다윗의 서사와 의도적으로 거리를 두려고 하다 보면 변화산 에피소드에서도 드러나듯이 구약성서의 인물들을 통해 좀 더 단단히 다지고자 한 예수의 정체성마저도 흔들릴 수 있다는 것이다.

'배신자'라는 유다의 역할에 후새가 미친 영향

그렇다면 다시 후새가 다윗을 배신하지 않았던 이야기로 돌아가기로 하자.

아히도벨은 압살롬에게 또 이와 같이 말하였다. "부디 내가 만 이천 명을 뽑아서 출동하여, 오늘 밤으로 당장 다윗을 뒤쫓도록 허락하여 주십시오. 그가 지쳐서 힘이 없을 때, 내가 그를 덮쳐서 겁에 질리게 하면, 그를 따르는 모든 백성이 달아날 것입니다. 그때 내가 왕만을 쳐서 죽이면 됩니다. 그렇게만 되면, 내가 온 백성을 다시 임금님께로 돌아오게 할 수 있습니다. 아내가 남편에게 돌아오듯이, 백성이 그렇게 임금님께로 돌아올 것입니다. 임금님께서 노리는 목숨도 오직 한 사람의 목숨입니다. 나머지 백성은 안전할 것입니다. 압살롬만이 아니라, 이스라엘의 모든 장로도 이 말을 옳게 여겼다. 그러나 압살롬은, 아렉 사람 후새도 불러다가, 그가 하는 말도 들어 보자고 하였다. 후새가 압살롬에게 오니, 압살롬은 그에게, 아히도벨이 한 말을 일러주고서, 그 말대로 해야 할지 말아야 할지를 묻고, 또 다른 의견이 있으면 말하라고 하였다. 후새는 압살롬에게 아히도벨이 펼칠 모략이 좋지 않다고 말하고, 그 까닭을 설명하였다. "임금님의 부친과 그 신하들은, 임금님께서 잘 아시는 바와 같이, 용사들인데다가, 지금은 새끼를 빼앗긴 들녘의 곰처럼 무섭게 화가 나 있습니다. 더구나 임금님의 부친은 노련한 군인이어서, 밤에는 백성들과 함께 잠도 자지 않습니다. 틀림없이 그가 지금쯤은 벌써 어떤 굴속이나 다른 어떤 곳에 숨어 있을 것입니다. 우리의 군인 가운데서 몇 사람이라도, 처음부터 그에게 죽기라도 하면, 압살롬을 따르는 군인들이 지고 말았다는 소문이 삽시간에 퍼질 것입니다. 그러면 사자처럼 담력이 센 용사도 당장 낙담할 것입니다. 임금님의 부친도 용사요, 그의 부하들도 용감한 군인이라는 것은, 온 이스라엘이 다 알고 있기 때문입니다. 그러므로 저의 의견은 이렇습니다. 단에서부터 브엘세바에 이르기까지, 온 이스라엘을 임금님에게로 불러 모아서, 바닷가의 모래알처럼 많은 군인을, 임금님께서 친히 거느리고 싸움터로 나가시는 것입니다. 그래서 우리는, 다윗이 있는 곳이면 어느 곳이든지 들이닥쳐서, 마치 온 땅에 내리는 이슬처럼 그를 덮쳐 버리는 것입니다. 그러면 그는 물론이거니와, 그와 함께 있는 모든 사람 가운데서, 한 사람도 살아남지 못할 것입니다. 또 그가 어떤 성읍으로 물러나면, 온 이스라엘이 굵은 밧줄을 가져다가, 그 성읍을 동여매어, 계속 아래로 끌어내려서, 성이 서 있던 언덕에 돌멩이 하나도 찾아볼 수 없게 하시는 것입니다. 그러자 압살롬과 온 이스라엘 사람이, 아렉 사람 후새의 모략이 아히도벨의 모략보다 더 좋다고 찬성하였다. 주님께서 이미 압살롬이 재앙을 당하게 하시려고, 아히도벨의 좋은 모략을 좌절시켰기 때문이다. (사무엘하 17,1-14)

후새는 아히도벨의 뛰어난 계략을 좌절시키고자 다윗이 노련한 군인이고 그 신하들도 용감한 용사들이라는 점을 강조했다. 그러나 다윗은 겟세마네에서 붙들린 예수처럼 속절없이 끌려가지 않기 위해 패잔병의 수모까지도 마다하지 않고 도주하기에 바빴다. 그런 다윗이 자신의 처지를 두고 압살롬처럼 후새에게 물었다면 과연 그는 어떻게 대답했을까? 모르긴 몰라도 다음과 같이 말하지 않았으리라는 점은 확실하다. 예수와 가롯 유다가 이와 관련해 어떤 수상한 대화 몇 마디를 주거니 받거니 했다면, 그때는 예수 공동체가 유월절 전야제를 치를 집에 당도하기 전이었을 것이다.

다른 사람들도 알까요?" 엄지손가락으로 뒤에서 따라오는 제자들의 무리를 가리키며 유다가 물었다. "내가 오늘 밤에 이야기할 겁니다. 나는 병사들과 레위 사람들이 나를 체포할 때 그들이 어떤 저항도 하지 않기를 바라니까요." 유다는 솟구

치는 경멸의 표시로 입술을 일그러뜨렸다. "저들이 잘도 저항하겠어요! 저런 사람들은 도대체 어디서 끌어모았나요, 랍비님? 누가 못났는지 서로 경쟁이라도 벌이는 격이잖아요." 예수는 머리를 떨구고 대답하지 않았다. [18]

한편 지금까지 논점에서 보자면 후새가 아히도벨의 모략을 좌절시켰다는 것은 아이러니일 수밖에 없다. 그렇다. 가룟 유다가 가룟 유다의 계략을 파국으로 몰아갔으니 말이다. 아히도벨을 자살로 내몬 장본인도 후새, 즉 유다 자기 자신이다. 하지만 자살이라는 뜻이 자기가 자신을 살해하는 극단적 행위라고 해서 이렇게 주장하려는 게 아니다. 이제껏 가룟 유다가 아히도벨과 중첩된 이미지로 은연중에 굳어졌던 결정적 이유 가운데 하나는 사무엘하 7장 3절의 "임금님께서 노리는 목숨도 오직 한 사람의 목숨입니다. 나머지 백성은 안전할 것입니다"라는 후새의 간계 때문이었다. 이것은 요한복음 11장 50절의 "한 사람이 백성을 위하여 죽어서 민족 전체가 망하지 않는 것이, 당신들에게 유익하다"는 대제사장 가야바의 그해 일성이기도 했다. 물론 정경복음서에 따르면 가룟 유다는 가야바의 편에 가담해 예수를 배신했다. 그러나 요한은 아무리 강조해도 지나치지 않지만, 이 가야바의 일성에 대하여 요한복음 11장 51절과 52절을 통해 "이 말은, 가야바가 자기 생각으로 한 것이 아니라, 그해의 대제사장으로서, 예수가 민족을 위하여 죽으실 것을 예언한 것이니, 민족을 위할 뿐만 아니라, 흩어져 있는 하나님의 자녀를 한데 모아서 하나가 되게 하기 위하

---

18 니코스 카잔차키스, 안정효 옮김, 『최후의 유혹(하)(O Teleftaíos Pirasmós)』(열린책들, 2009, 2022), 649쪽.

여 죽으실 것을 예언한 것이다"라고 하여 그 모든 게 하나님의 계획이었다고 말했다. 그러나 사무엘하의 저자가 다윗을 죽이려고 한 아히도벨을 통해 그렇게 말한 것은 인간이 세운 계획의 무력함을 강조하기 위한 것이었다. 사무엘하 17장 14절에서 이렇게 말이다. "주님께서 이미 압살롬이 재앙을 당하게 하시려고, 아히도벨의 좋은 모략을 좌절시켰기 때문이다." 그러므로 다윗을 배신한 아히도벨의 계획은 인간의 영역에 속한 것이고 다윗을 배신한 척한 후새의 계획은 신의 영역에 속했던 것이라고 말할 수 있다. 이를 예수와 가룟 유다에게 적용했을 때 예수를 배신한 가룟 유다의 계획은 인간의 영역에서 이루어졌던 셈이고 예수를 배신한 척한 가룟 유다의 계획은 신의 영역에서 이루어졌던 것이다. 그래야만 예수의 죽음에 대한 절대적 계시가 성립할 수 있다. "민족을 위할 뿐만 아니라, 흩어져 있는 하나님의 자녀를 한데 모아서 하나가 되게 하기 위하여 죽으실 것을 예언한 것이다"라고 한 준엄한 그 언명 말이다. 전 인류를 사랑하는 것보다 더 치명적인 사랑은 없다는 귀띔은 야속하게 배제한 그 언명 말이다. 그러므로 다음과 같은 견해는 의미심장할 수밖에 없다.

사람의 아들 예수님에 관한 율법과 예언서의 기록이 실현된 것은 유다 때문이었고, 다른 사람을 통해서 이루어진다는 것은 결코 생각할 수도 없는 일입니다. 그가 우리 주 예수님을 율법학자와 대사제들에게 넘겨주기를 거부했다면, 다시 말하자면, 그리스도께서 그에게 자비로운 마음으로 그 일을 끝내달라고 간곡히 부탁하셨을 때 "그가 싫습니다. 전 그것을 지금은 물론 앞으로도 영원히 하지 않겠습니다"라며 거절했다면, 그리고 그가 자기의 운명을 거부하고, 우리 모두를 구원하기 위해 해야만 했던 그 행동을 하지 않았다면, 그는 하나님을 배반한 배신자가 되었을 것입니다. 그러므로 유다 없이는 십자가도 없고, 십자가 없이는 구원의 계획도 실현될 수 없었습니다. 유다가 없었다면 교회도 없었을 것이고, 팔아넘긴 이가 없었으니 팔아넘겨진 이도 없었을 것입니다. [19]

그런데도 마태는 마태복음 23장 37절을 누군가가 주입했으리라 믿고 또 의심치 않은 영감에 들떠서는 "예루살렘아, 예루살렘아, 네게 보낸 예언자들을 죽이고, 돌로 치는구나!"라며 코이네 그리스어로 외쳤던 것이다. 엄연히 팔아넘긴 이가 있었으니 팔아넘겨진 이도 있었을 텐데 말이다.

예수께서 아직 말씀하고 계실 때, 열두 제자 가운데 하나인 유다가 왔다. 대제사장들과 백성의 장로들이 보낸 무리가 칼과 몽둥이를 들고 그와 함께하였다. 그런데 예수를 넘겨줄 자가 그들에게 암호를 정하여 주기를 "내가 입을 맞추는 사람이 바로 그 사람이니, 그를 잡으시오" 하고 말해 놓았다. 유다가 곧바로 예수께 다가가서 "안녕 하십니까? 선생님!" 하고 말하고, 그에게 입을 맞추었다. 예수께서 그에게 "친구여, 무엇 하러 여기에 왔느냐?" 하고 말씀하시니, 그들이 다가와서, 예수께 손을 대어 붙잡았다. 그때 예수와 함께 있던 사람들 가운데 한 사람이 손을 뻗쳐 자기 칼을 빼어, 대제사장의 종을 내리쳐서, 그 귀를 잘랐다. 그때 예수께서 그에게 말씀하셨다. "네 칼을 칼집에 도로 꽂아라, 칼을 쓰는 사람은 모두 칼로 망한다. 너희는 내가 나의 아버지께,

---

19 발터 옌스, 박상화 옮김, 『유다의 재판(Der Fall Judas)』(아침, 2004), 17~18쪽.

당장에 열두 군단 이상의 천사들을 내 곁에 세워주기를 청할 수 있다고 생각하지 않느냐? 그러나 그렇게 되면, 이런 일이 반드시 일어나야 한다고 한 성경 말씀이 어떻게 이루어지겠느냐?" 그때 예수께서 무리에게 말씀하셨다. "너희는 강도에게 하듯이, 칼과 몽둥이를 들고 나를 잡으러 왔느냐? 내가 날마다 성전에 앉아서 가르치고 있었건만, 너희는 내게 손을 대지 않았다. 그러나 이 모든 일을 이렇게 되게 하신 것은, 예언자들의 글을 이루려고 하신 것이다." 그때 제자들은 모두, 예수를 버리고 달아났다. (마태복음 26,47-56)

그들은 유다를 앞장세웠다. 그들이 칼과 몽둥이를 들고 나타난 것은 히브리 성서에서 이따금 불쑥 튀어나오는 리워야단을 사냥하겠다는 목적이 아니었다. 정말이지 그랬더라면 겟세마네 동산에 모였던 모든 이에게 비웃음을 샀을 테고, 본인이 자초해서 사면초가에 빠진 예수마저도 미소짓게 만들었을 것이다. 이사야가 이사야 27장 1절을 통해 이렇게 말했기 때문이다. "그날이 오면, 주님께서 좁고 예리한 큰 칼로 벌하실 것이다. 매끄러운 뱀 리워야단, 꼬불꼬불한 뱀 리워야단을 처치하실 것이다. 곧 바다의 괴물을 죽이실 것이다." 더욱이 욥은 하나님이 직접 자신한테 이렇게까지 말했다고 전했다.

네가 낚시로 리워야단을 낚을 수 있으며, 끈으로 그 혀를 맬 수 있느냐? 그 코를 줄로 꿸 수 있으며, 갈고리로 그 턱을 꿸 수 있느냐? 그것이 네게 살려 달라고 애원할 것 같으냐? 그것이 네게 자비를 베풀어 달라고 빌 것 같으냐? 그것이 너와 언약을 맺기라도 하여, 영원히 네 종이 되겠다고 약속이라도 할 것 같으냐? 네가 그것을 새처럼 길들여서 데리고 놀 수 있겠으며, 또 그것을 끈으로 매어서 여종들의 노리개로 삼을 수 있겠느냐? 어부들이 그것을 가지고 흥정하고, 그것을 토막 내어 상인들에게 팔 수 있겠느냐? 네가 창으로 그것의 가죽을 꿰뚫을 수 있으며, 작살로 그 머리를 찌를 수 있겠느냐? (욥기 41,1-7)

그래도 그들이 그렇게 할 수 있다고 고집을 피운다면 동산에 오를 게 아니라 바다로 내려갔어야 했다. 하지만 그들은 유다를 앞세워 다른 산으로 가지도 않고 제대로 찾아왔다. 그들의 손에 들린 칼과 몽둥이는 유월절을 보내려고 예수가 예루살렘에 입성했을 때 성전을 정화하려고 일으켰던 사건, 즉 마가복음에서는 11장 15절부터 19절까지, 마태복음에서는 21장 12절부터 17절까지, 그리고 누가복음에서는 19장 45절부터 48절까지 다룬 작은 소동이 와전되어 폭도의 무리라는 꼬리표가 예수 공동체에 붙은 탓이다. 그러나 요한이 전하는 바에 따르면 꼭 그렇다고 볼 수는 없다. 물론 우리가 예수를 체포하는 장면으로 가장 먼저 살펴봤던 요한복음 18장 3절에도 "그들은 등불과 횃불과 무기를 들고 있었다"라고 적혀 있기는 하다. 그렇다고 해서 이를 성전 정화 사건과 인과 관계로 단정하기에는 무리가 따른다. 왜냐하면 요한은 이 성전 정화 사건을 요한복음의 첫머리에 배치해놓았기 때문이다.

유대 사람의 유월절이 가까워져서, 예수께서 예루살렘으로 올라가셨다. 그는 성전 뜰에서, 소와 양과 비둘기를 파는 사람들과 돈 바꾸어주는 사람들이 앉아 있는 것을 보시고, 노끈으로 채찍을 만들어 양과 소와 함께 그들을 모두 성전에서 내쫓으시고, 돈 바꾸어주는 사람들의 돈을 쏟아버리고, 상을 둘러

엎으셨다. 비둘기 파는 사람들에게는 "이것을 걷어치워라. 내 아버지의 집을 장사하는 집으로 만들지 말아라" 하고 말씀하셨다. (요한복음 2,13-16)

이게 무슨 소리인가 싶겠지만 요한복음은 공관복음서와 달리 예수가 본격적으로 공생애에 돌입하고 나서 유월절을 단 한 번 지낸 게 아니라 적어도 세 차례 유월절을 보냈다고 전하고 있다. 그러니까 성전정화 사건은 첫 유월절 때의 일이었고, 두 번째 유월절, 즉 요한복음 6장 4절과 같이 "마침 유대 사람의 명절인 유월절이 가까운 때였다"라고 전한 시기에는 예수가 유월절을 지켰는지조차 불분명할뿐더러, 세 번째 유월절 기간에야 그들이 횃불과 무기를 들고 나타났으니 이 두 사건은 무관하다는 것이다. 그러나 이것은 단순한 실수도 아니고 저자의 부주의 탓도 아니다. 요한은 그들에게 무기를 들게 함으로써 가룟 유가가 그런 자들의 앞잡이 노릇을 했다는 점을 부각하고자 한 것이다. 그렇다면 어째서 마태는 마태복음 26장 50절에서 예수가 유다에게 재촉하듯이 "무엇 하러 여기에 왔느냐?"라고 물으며 친근하게 '친구여'라고 불렀다고 전하는가? 야로슬라프 펠리칸(Jaroslav Pelikan)의 말마따나 "물음에 답하는 일보다는 물음을 던지는 일이 더 쉽고, 물음을 던지는 일보다는 묻기를 포기하는 일이 더 쉬운 법이다. 그러나 우리는 묻지 않을 수 없다."[20] 가룟 유다는 오직 하나님만이 아신다는 자신의 신념에 따라 뜨거운 감정을 감춘 채 예수에게 차디차게 입을 맞춘 것인가? 발터 옌스(Walter Jens)는 그렇다고 답했다. 왜냐하면 발터

---

20 야로슬라프 펠리칸, 『예수, 역사와 만나다』, 63쪽.

옌스의 생각으로는 오늘날의 교회가 여전히 그렇게 믿고 있듯이 만일 유다가 사탄의 꾐에 넘어갔다든지, 아니면 천성이 사탄과 같아서 예수를 배신했다면 유다는 먼저 예수의 인상착의부터 병사들에게 귀띔했으리라는 것이다. 그리고 병사들과 동행한 다음에는 야비하게 숨어서 손짓하거나, 그마저도 아니라면 그들이 예수를 다른 제자들과 혼동하지 않도록 예수가 지목되면 고개를 끄덕이고는 황급히 그 자리에서 도망쳤으리라는 것이다.

> 그러나 공관복음서 그 어디에도 그런 기록은 없습니다. 숨어서 손짓하는 대신 포옹을, 말없이 신호하는 대신 키스를 한 것입니다! 이러한 키스야말로, 그 순간까지 자신을 버리고 하나님께서 명령하신 사명을 철저하게 이행한 한 남자가 예수를 사랑했었다는 증거입니다. …… 그리고 유다의 행동은 갑작스러운 것이기도 했습니다. 좀 더 참지 못하고 그는 예수님의 품에 뛰어들었습니다. "주여, 저는 당신이 원하시던 일을 한 겁니다. 이제 만족하십니까?" 하며 예수를 끌어안고 키스를 했습니다. 예수님의 입술에 그의 입술이 닿았을 때 예수께서는 그것을 이해하셨습니다. "나의 친구여" 하고 예수께서 말씀하셨습니다. 유월절 만찬 때처럼 간곡히 말씀하셨습니다. "시간이 되었으니 행하라." 키스 그 이상의 우정 표시, 친밀한 사람들 간의 대화, 부드러운 행동 그리고 이 말, "사랑하는 친구여", 그 말이 있고 나서는 끔찍한 일들이 기다리고 있었습니다.[21]

그러므로 발터 옌스는 이렇게 말한다. 마태복음 26장 49절과 50절

---

21 발터 옌스, 『유다의 재판』, 25~26쪽.

을 통해 전해지는 대로 유다가 곧장 예수께 다가가서 "안녕하십니까? 선생님!"이라고 말하더니, 그에게 입을 맞춘 것이나, 이때 예수가 그에게 "친구여, 무엇 하러 여기에 왔느냐?"라며 대꾸한 것은 예수와 유다의 관계가 각자 서로에게 속한 형제와 다를 바 없는 각별한 사이였다는 모종의 비유이며, 적어도 한 사람이 하나님의 의지를 떠맡지 않는다면 하나님의 장엄한 계획은 성취될 수 없었으리라는 것이다.

그렇다면 이처럼 숭고하고 신비롭기까지 한 희생에 관한 다바르, 즉 '말씀'은 어째서 전해지지 않았을까? 이를 전하려던 노력과 시도가 전혀 없었던 것은 아니다. 그러나 안타깝게도 유다의 희생을 다룬 문서는 그 당시 교권을 쟁취한 자들의 눈 밖에 나고 말았다. 요한 1서 2장 19절에는 이렇게 적혀 있다. "그들이 우리에게서 나갔지만, 그들은 우리에게 속한 자들이 아니었습니다. 그들이 우리에게 속한 자들이었더라면, 그들은 우리와 함께 그대로 남아 있었을 것입니다. 그러나 결국에는 그들은 모두 우리에게 속한 자들이 아니라는 사실만 드러나게 되었습니다."

유다의 시각으로 예수를 바라보고자 한 복음서

초기 교권주의자들은 유다의 희생을 전하는 문서와 함께 다양한 복음서들을 금서 목록으로 지정하고 삼엄하게 감시했다. 이것은 말 그대로 준엄한 심판이었다. 자신들이 정통이라고 규정한 범주에서 벗어났다고 해 글들을 산 채로 매장한 것이다. 급기야 불태우기까지 했다.

이것은 문자 그대로 기독교판 분서갱유라고 할 만했다. 한번 이단 문서로 낙인찍히면 피할 수 없는 운명이었다. 그럼에도 좋은 뜻으로 하는 말이지만, 뒤로 빼돌려진 몇몇 필사본이 존재한다는 풍문은 20세기에 이르기까지 줄기차게 떠돌아다녔다. 그 가운데 유다복음이 있다는 소문도 무성했다. 아이러니한 점은 이러한 관심의 불쏘시개 역할을 한 게 "기원후 180년경 이레네우스가 유다복음이라는 제목의 그리스어 문서에 관하여 신랄하게 비판하는 글을 썼다"[22]는 문헌학적 고찰 때문이다. 리옹의 주교였던 이레네우스는 이단을 논박하는 글에서 가인파로 알려진 사람들이 그 문서를 사용했다고 썼다.

가인이 하늘의 권세에서 나온 존재라고 단언하며 에서와 고라, 소돔인들 같은 사람들을 모두 자신들의 친척으로 인정하는 이들이 있다. 이와 관련하여, 그들은 창조주의 공격을 받았지만 그들 가운데 해를 입은 사람은 아무도 없었다고 덧붙인다. 소피아는 자신에게 속하는 것을 차지하는 습성이 있기 때문이다. 그들은 배신자 유다가 이 모든 것들을 완전히 알고 있었으며, 오로지 홀로 진실을 아는 유다만이 배반의 신비를 수행할 수 있었다고 주장한다. 유다로 인해 세상에 속한 것과 천상에 속한 것 모두 혼란에 빠지게 되었다. 그들은 이처럼 역사를 날조해 놓고, 이를 유다복음이라고 불렀다.[23]

그런데 실제로 유다복음은 존재했다. 이집트의 "알미냐에서 발견된

---

22 허버트 크로즈니, 『유다의 사라진 금서』, 13쪽.
23 위의 책, 231~232쪽.

유다복음이 이레네우스가 말한 것과 같은 책인지는 확실하지 않다"[24]는 게 성서학계의 조심스러운 입장이기는 하지만 말이다. 허버트 크로즈니(Herbert Krosney)는 바트 어만이 이렇게 말했다고 전한다.

> 그 복음의 내용은 예수와 유다의 관계에 대한 것이었습니다. 이 복음에 따르면 유다는 예수를 배반한 것이 아니라 예수가 원하는 일을 했습니다. 예수가 전하려고 한 진리를 유다 한 사람만 알고 있었기 때문입니다.[25]

그리고 니코스 카잔차키스(Nikos Kazantzakis)가 그랬던 것처럼 로버트 프라이스도 이렇게 말했다.

> 이제 유다는 예수가 그의 성스러운 목적을 성취할 수 있도록 예수를 넘겨줌으로써 그가 제사장적이고 영웅적인 행동을 발휘했다고 선포하기만 하면 모든 것이 완성되는 일이었다. 가인파 영지주의자들은 그렇게 믿었던 것으로 보인다. 아르콘들은 그리스도가 십자가에 넘겨지면 자신들의 악한 힘이 고갈되리라는 것을 알았다. 이것을 알아챈 유다는 자신의 행위가 배신으로 보일지라도 예수를 배반하기 위해 모든 노력을 기울였다. 이를 통해 유다는 우리의 구원을 위해 뜻깊은 일을 완수했다. 우리는 유다를 존경하고 칭송해야 한다. 왜냐하면 유다를 통해 십자가의 구원이 우리를 위해 준비되었으며 하늘로부터 내려온 계시가 이로써 이루어졌기 때문이다.[26]

---

24 송혜경, 『영지주의자들의 성서』, 292쪽.
25 허버트 크로즈니, 『유다의 사라진 금서』, 13쪽.
26 로버트 프라이스, 『복음서의 탄생』, 519쪽.

그런데 아연실색할 만큼 흥미롭고 놀라운 사실은 소수의 목소리이 기는 했어도 신학계의 골칫거리이자 이단아들이라고 불렸던 이들에 의해 그러한 주장이 꾸준하게 펼쳐졌다는 점이다. 유다복음이 발견되어 그 내용이 세상에 알려지기 전부터 말이다. 니코스 카잔차키스를 비롯한 발터 옌스 같은 소설가들도 자신들의 영감을 유다복음에 빚졌 던 게 아니라 자신들의 견해가 틀리지 않았다는 점을 사후의 찬사로 써 유다복음을 통해 확인받았다.

"미안해요. 유다. 내 형제여." 예수가 말했다. "하지만 꼭 그래야만 합니다." "전에 도 물어봤지만요. 랍비님. 다른 방법은 없나요?" "그래요. 유다. 내 형제여. 나도 다른 방법을 알았으면 좋았을 겁니다. 나 또한 지금까지 희망을 품고 기다려 왔지 만. 소용없는 일이었어요. 그래요. 다른 방법은 없어요. 세상에 종말이 다가왔어요. 이 세상. 이 마귀의 왕국은 무너지고. 하늘의 왕국이 도래할 겁니다. 그것을 내가 가져올 겁니다. 어떻게요? 죽음으로써요. 떨지 말아요. 유다. 내 형제여. 사흘 후 에 나는 반드시 다시 소생하니까요." "당신은 나를 안심시키고. 그래서 나로 하여 금 마음의 고통 없이 당신을 배반하게끔 하려고 이런 이야기를 하시죠. 당신은 내 가 참을성이 많다고 말씀하시는데. 그것은 내게 용기를 주려고 하시는 소립니다. 아니에요. 무서운 순간이 가까이 오면 올수록…… 아니에요. 랍비님. 나는 인내할 수 없습니다!" "당신은 인내해야만 합니다. 유다. 내 형제여. 필요하기 때문에. 내 가 죽어야 하고 당신이 나를 배반하는 일이 필요하기 때문에. 당신에게 모자라는 힘은 하나님께서 주십니다. 우리 두 사람은 세상을 구원해야만 합니다. 나를 도와 주십시오." 유다는 머리를 수그렸다. 잠시 후에 그가 물었다. "만일 당신이 스승을 배반해야만 할 입장이라면. 그를 배반하겠습니까?" 예수는 오랫동안 생각에 잠겼다. 마침내 예수가 말했다. "아뇨, 내게는 그럴 만한 능력이 없다고 생각합니다. 그렇기 때문에 하나님이 나를 가엾게 여겨 그보다 쉬운 일을 맡겨 십자가에 매달리도록 하셨어요."[27]

발터 옌스도 이와 같은 문학의 전통에 호응이라도 하듯이 이렇게 썼다.

다시 한 번 더 말하겠습니다. 예수와 유다. 그 둘은 서로에게 속해 있었습니다. 유다는 예수의 손안에 있었습니다. 둘 다 자신의 길을 가야 했으며, 죽음 안에서 또한 일치를 이루었습니다. 둘 다 땅에서 죽지 못하고, 나무 높이 매달려 죽었습니다. 제가 깊이 생각하고 망설임 끝에 제기하고자 하는 문제는, 누구의 길이 더 어려운 길이었냐는 것입니다. 우리 구세주의 길이었을까요? 아니면 예수에 앞서 죽은 그 사람의 길이었을까요? 지상에서의 마지막 몸짓은 하늘나라에서의 첫 번째 몸짓이 될 것이라고 확신하지 않고서는 그는 먼저 죽을 수 없었습니다. 한 번 더 겟세마네에서 둘이 만날 기회가 생긴다면 그때는 예수께서 유다에게 다가가 그에게 입맞춤을 하고 포옹할 차례입니다.[28]

그러나 가룟 유다의 배신을 새롭게 조망하는 이러한 견해는 믿음의 강요라는 선택지가 두 개뿐인 이분법적 신앙관과 결코 어우러질 수는 없을 것이다. 앞으로도 대다수 기독교인은 끊임없이 유다가 저주받았다며 멸시하길 원할 것이기 때문이다. "둘 다 나무 높이 매달려 죽었

---

27   니코스 카잔차키스, 『최후의 유혹(하)』, 648~649쪽.
28   발터 옌스, 『유다의 재판』, 33쪽.

다"라고 힘주어 강조하더라도 그들은 어떻게 감히 예수가 십자가에서 죽은 것과 유다가 자살한 것을 비교할 수 있냐며 목에 핏대까지 세우고는 도리어 따져 물을 것이다. 그들은 자신들의 하루하루 삶이 예수를 배반하는 일들로 점철되더라도 이에 대해서는 한없이 관대하면서도 그 이유를 불문하고 자살한 한 인간에 대해서는 한없이 잔인해지고 싶어 하는 것 같다. 물론 유대교라는 모태에서 태어난 너무 늙어버린 어린아이 같은 기독교에 믿음을 둔 사람들 가운데 다행히 극소수는 매일같이 경건하게 살고자 "마음을 다하고 뜻을 다하고 힘을 다하여" 온갖 수고를 마다하지 않는다. 그러나 대다수는 자신들이 야베스처럼 기도하는 줄도 모르고, 아니 어쩌면 이를 너무나 잘 알면서도 야베스 같은 믿음으로 매일같이 기도하는지도 모른다.

> 야베스가 이스라엘 하나님께 "나에게 복에 복을 더해 주시고, 내 영토를 넓혀 주시고, 주님의 손으로 나를 도우시어 불행을 막아 주시고, 고통을 받지 않게 하여 주십시오" 하고 간구하였더니, 하나님께서 구가 구한 것을 이루어주셨다. (역대지상 4,10)

그러나 이러한 신의 보응을 고대하기 전에 그들은 알아야 한다. 한 사람과 한 민족에게 복에 복을 더해주기보다는 그 복을 두 사람과 두 민족에게 나누어주는 게 예수를 통해 이루고자 한 신의 섭리라는 것을 말이다. 한 사람과 한 민족의 영토가 넓어진다면 다른 한 사람과 한 민족의 영토는 침략당해야만 한다는 것을 말이다. 이 세상에는 불행과 고통의 총량 법칙이라는 게 있는 듯한데, 만일 그렇다면 한 사람과 한 민족이 불행하지 않고 고통받지 않는다면 다른 한 사람과 한 민족에게는 불행에 불행이, 고통에 고통이 더해지리라는 것을 말이다. 부디 야베스의 기도가 이 세상에서 단 하루만이라도 멈춰지길 바라는 것은 이와 같은 야베스의 기도가 어떤 인간 부류의 특징을 가장 잘 드러내 보여주는 상투적인 일례일 뿐만 아니라 일정한 형식과 틀에 사로잡힌 사고방식이 낳은 정형화의 대단히 나쁜 사례이기 때문이다. 일주일 가운데서 뭔가에 쫓기듯 육일을 정신없이 살다 보면 알게 모르게 저지르고 마는 죄악, 자신들이 즐겨 쓰는 바로 그 용어인 죄악에 휘둘리다가도 일요일이면 회개코자 어김없이 교회를 찾는 사람들이야말로 유다가 아니었으면 그런 예배조차도 드릴 수 없었다는 성서적 사실에 부끄러워해야만 한다. 하나님은 일주일 내내 거룩한 존재가 아닌가.

아무튼 팔린 자도 판 자도 목숨을 걸었을 것이다. 이 둘에게는 그것 말고 마땅히 걸게 없었으리라. 그렇다면 예수와 유다, 이 두 사람이 그렇게 해서라도 지키려고 한 것은 과연 무엇이었을까? 팔려고 하는 자는 그게 제아무리 소중한 것이라도 자기 자신의 목숨까지 걸고 팔지는 않는다. 그런데 목숨을 걸었다. 지키려는 자는 그게 제아무리 보잘것없는 것이라도 자기 자신의 목숨을 걸고 지키기도 한다. 그래서 목숨을 걸었다. 하나의 밀알이 아니었다. 두 개의 밀알이었다. 그러므로 요한복음 12장 24절처럼 "내가 진실로 진실로 너희에게 말한다. 밀알 하나가 땅에 떨어져 죽지 않으면 한 알 그대로 있고, 죽으면 열매를 많이 맺는다"라고 전해진 예수의 케리그마는 그때 이미 최소한 두 배의 성과를 모색했던 셈이다. 은밀하지만 아주 뚜렷이, 거룩하지만 교만하지 않게 하나님의 계획은 그렇게 진행되었다. 일찍이 수많은 이는 그리스도의 길에 조금이라도 다가서고자 수도원 생활을 자처했다.

일상에서 벗어나는 것은 수도 생활의 외적 시작에 불과했습니다. 수도 생활의 근본적인 동기는 물질의 포기보다는 사랑을 가능케 하는 마음의 태도를 기르는 것이었습니다. 이러한 맥락에서 수도 생활은 사랑의 훈련이었고, 훈련하는 마음의 태도는 '겸손'이라는 이름으로 불렸습니다. 어느 날 압바 마카리우스가 종려나무 잎들을 짊어지고 늪지에서 자기 처소로 돌아가던 중, 길에서 긴 낫을 들고 있는 악마를 만났습니다. 악마는 그를 치려고 했지만 그럴 수 없었습니다. 악마가 그에게 말했습니다. "마카리우스, 도대체 너의 능력이 무엇이기에 너에게 맞서는 나를 무력하게 하느냐? 나도 네가 하는 모든 것을 한다. 나도 너처럼 아무것도 먹지 않는다. 나도 너처럼 전혀 잠을 자지 않는다. 네가 나를 뛰어넘는 것은 단 하나뿐이다." 압바 마카리우스는 그것이 무엇이냐고 물었습니다. 악마가 말했습니다. "너의 겸손이다. 너의 겸손이 나를 무력하게 한다."[29]

겸손, 이것이 유다가 뜨거운 감정을 숨겨야 했던 이유고 예수에게 차디차게 입 맞추어야 했던 까닭이다. 예수 공동체의 구성원 각자가 언제라도, 다만 너무 늦지만 않게, 그 사실을 깨닫고 마음이 뜨거워지길 간구했기에 유다는 야멸차게 보여도 참을 수 있었고, 오늘에 이르기까지 모질었다고 손가락질을 받을지라도 견뎌야만 한다고 다짐했

---

29 로버타 본디, 황윤하 옮김, 『주께서 사랑하시듯 사랑하라(To Love as God loves, Conversations with the Early Church)』(비아, 2023), 87쪽.

을 것이다.

그럼에도 기독교인들은 가룟 유다가 겸손했더라면 '은돈 서른 닢'에 예수를 팔아넘기지 않았을 것이며 한없이 교만하였기에 예수를 팔아넘겼다고 하는 자신들의 완고한 주장을 철회하지 않으리라. 그러니까 교만, C. S. 루이스가 유다를 특정하고 한 고찰은 아닐 테지만, 그것에 대한 본질이 무엇인지 새겨듣기에는 부족함 없는 빼어난 논조 또한 간과하지 말아야 한다.

> 제가 말하는 악이란 바로 '교만', 또는 '자만'입니다. 이와 반대되는 덕목을 기독교 도덕에서는 '겸손'이라고 부르지요. …… 이제 우리는 드디어 그 중심에 이르렀습니다. 기독교의 스승들의 가르침에 따르면 가장 핵심적인 악, 가장 궁극적인 악은 교만입니다. 성적 부정, 분노, 탐욕, 만취와 같은 것들도 이 악에 비하면 새발의 피에 불과합니다. 악마는 바로 이 교만 때문에 악마가 되었습니다. 교만은 온갖 다른 악으로 이어집니다. 이것은 하나님께 전적으로 맞서는 마음 상태입니다.[30]

만에 하나라도 이와 같은 내용이 가룟 유다를 염두에 두고 쓴 것이라면 루이스는 누가복음 22장 3절의 "열둘 가운데 하나인 가룟이라는 유다에게 사탄이 들어갔다"는 진술보다는 다음과 같은 요한의 진술에 더욱 무게를 두었을 것이다. 왜냐하면 요한복음의 다음과 같은 내용이 가룟 유다에 대해 이렇게 전하기 때문이다.

---

30 C. S. 루이스, 『순전한 기독교』, 193쪽.

예수께서 그들에게 대답하셨다. '내가 너희 열둘을 택하지 않았느냐? 너희 가운데서 하나는 악마다.' 이것은 시몬 가룟의 아들 유다를 가리켜서 하신 말씀인데 그는 열두 제자 가운데 한 사람으로, 예수를 넘겨줄 사람이었다. (요한복음 6,70-71)

그리고 만일 악마가 교만 때문에 악마가 되었으니 가룟 유다 역시 그 교만 때문에 악마가 되었으리라고 믿었다면 C. S. 루이스의 보편적 구원론에는 가룟 유다를 위한 배려와 용서는 없었을 것이다. 그도 그럴 것이 앞에서 인용한 바 있듯이 루이스는 적어도 유다에 관해서는 아주 단호한 입장이었다. "십자가의 죽음 자체는 역사적 사건 중 최악의 사건인 동시에 최선의 사건이지만, 유다의 역할은 여전히 악한 것입니다."[31] 이처럼 C. S. 루이스는 가룟 유다에 대해서만큼은 일말의 동정심조차 허락하지 않았다. 다시 한번 말하지만 "그나마 유다가 아니었다면 십자가도 없었을 테고 십자가가 없었다면 기독교도 없었을 텐데 말이다."[32]

악마에 대한 기독교의 입장

누가와 요한과 달리 마가와 마태는 유다를 악마화할 의도가 전혀 없었고 인간적으로 지탄받아야 할 탈선이라는 관점에서 유다의 배신

---

31 C. S. 루이스, 『고통의 문제』, 168쪽.
32 아모스 오즈, 『유다』, 125쪽.

행위를 취급했다. 그렇다고 해서 마가와 마태가 사탄과 깊이 연루된 구마 의식이라든지 축귀 사건을 아예 다루지 않은 것도 아니다. 가령 마가복음 5장 1절부터 20절까지나 마태복음 8장 28절부터 34절만 보더라도 그렇다. 그렇다면 예수가 기독교의 전통에 뿌리내린 마귀에게서 인간 영혼을 구원한다거나 귀신을 내쫓았다는 사건은 정경복음서 저자들의 의식에 어떻게 자리를 잡았을까? 이들은 옛날 옛적 두로 왕에 대한 애가라는 것을 무시한 채, 다음과 같은 내용에서 악마의 이미지를 형상화했을 것이다.

> 너는 옛날에 하나님의 동산 에덴에서 살았다. 너는 온갖 보석으로 네 몸을 치장하였다. 홍보석과 황보석과 금강석과 녹주석과 홍옥수와 벽옥과 청옥과 남보석과 취옥과 황금으로 너의 몸을 치장하였다. 네가 창조되던 날에 이미 소구와 비파도 준비되어 있었다. 나는 그룹을 보내어, 너를 지키게 하였다. 너는 하나님의 거룩한 산에 살면서, 불타는 돌들 사이를 드나들었다. 너는 창조된 날부터, 모든 행실이 완전하였다. 그런데 마침내 네게서 죄악이 드러났다. 물건을 사고 파는 일이 커지고 바빠지면서 너는 폭력과 사기를 서슴지 않았다. 그래서 내가 너를 더럽게 여겨, 하나님의 거룩한 산에서 쫓아냈다. 너를 지키는 그룹이, 너를 불타는 돌들 사이에서 추방시켰다. (에스겔 28,13-16)

어디 그뿐인가. 지하 세계로 내려간 바빌론 왕에 대한 저주에서도 사탄의 모습을 구체화할 수 있었을 것이다.

> 땅 밑의 스올이, 네가 오는 것을 반겨 맞으려고 들떠 있고, 죽어서 거기에 잠

든 세상 모든 통치자의 망령을 깨우며, 한때 세상을 주름잡던 그 왕들을 깨운다. 그 망령들이 너에게 한마디씩 할 것이다. '너도 별수 없이 우리처럼 무력해졌구나. 우리와 똑같은 신세가 되었구나.' 너의 영화가 너의 거문고 소리와 함께 스올로 떨어졌으니, 구더기를 요로 깔고, 지렁이를 이불로 덮고 있구나! 웬일이냐, 너, 아침의 아들, 새벽별아, 네가 하늘에서 떨어지다니! 민족들을 짓밟아 맥도 못 추게 하던 네가, 통나무처럼 찍혀서 땅바닥에 나뒹굴다니! 네가 평소에 늘 장담하더니 '내가 가장 높은 하늘로 올라가겠다. 하나님의 별들보다 더 높은 곳에 나와 보좌를 두고, 저 멀리 북쪽 끝에 있는 산 위에, 신들이 모여 있는 그 산 위에 자리잡고 앉겠다. 내가 저 구름 위에 올라가서, 가장 높으신 분과 같아지겠다' 하더니, 그렇게 말하던 네가 스올로, 땅 밑 구덩이에서도 맨 밑바닥으로 떨어졌구나. (이사야 14,9-15)

누가는 이러한 예언서의 한 대목에서 영감을 얻어 누가복음 10장 18절을 통해 예수가 제자들에게 이렇게 말했다고 전한다. "사탄이 하늘에서 번갯불처럼 떨어지는 것을 내가 보았다"라고 말이다. 결은 다르지만 알렉산더 슈메만도 다음과 같이 말한다.

언젠가 교부들은 말했습니다. "악마가 나쁘다고 손쉽게 말하지 말라. 행실은 악하나, 그도 본성은 선하다." 이 길을 택하지 않는다면 우리는 선한 신과 악한 신이라는 이원론으로 돌아갑니다. 악마는 하나님의 가장 완벽한 피조물입니다. 존재론적 차원에서 보자면, 바로 그 때문에 그는 그토록 강력해졌고, 그토록 사악해졌습니다. [33]

33   알렉산더 슈메만, 『죽음아, 너의 독침이 어디에 있느냐』, 136쪽.

그리고 월터 윙크는 알렉산더 슈메만이 종종 언급한 교부들 가운데 한 사람에 대해 다음과 같이 평한다.

> 만일 사탄이 사람이라면, 오리게네스가 말했듯이, 그는 구원되어야 할 것입니다. 오리게네스의 오류는 사탄이 구원되어야 할 것이라는 점이 아니라, 사탄을 인격체로 본 것이다.[34]

가톨릭에서는 '하느님-야훼'라고 하고 개신교에서는 '하나님-여호와'라는 신을 이슬람교에서는 '알라'라고 한다. 그리고 무슬림의 경전 꾸란에도 악마, 즉 진의 우두머리 이블리스가 신의 명령과 맞설 만큼 교만해 하늘에서 추방당했다는 내용이 있다. 제각각 암소의 장, 히지루의 장, 타·하의 장에 적혀 있는데 이를 일목요연하게 파악하려면, 히지루의 장이 가장 적합한 것 같아서 그 내용을 다음과 같이 소개한다.

> 우리들은 인간을 검은 진흙, 즉 도자기 굽는 흙으로 만들었다. 그러나 진들은 그 이전에, 우리들이 이것을 작열하는 불로 만들었다. 주께서 천사들을 향해 "나는 도자기 굽는 흙, 즉 검은 진흙으로 인간을 만들려고 생각한다. 내가 그 모양을 만들어 이것에 내 입김을 불어 넣으면 너희들은 엎드려 절을 하라"고 말씀하셨다. 그때 천사들은 모두 엎드려 절을 하였지만, 이블리스만은 끝내 모두와 함께 엎드려 절을 하지 않으려 하였다. 주께서 말씀하셨다. "이블리스여! 왜 너는 딴 사람과 함께 엎드려 절을 하지 않는가?" 그는 말하였다. "당신

---

34 월터 윙크, 한성수 옮김, 『사탄의 체제와 예수의 비폭력(Engaging the Power, Discernment and Resistance in a World of Domination)』(한국기독교연구소, 2020), 36쪽.

이 도자기 굽는 흙, 즉 검은 진흙으로 만든 인간들에게 나는 절대로 절을 하지 않겠습니다." 주께서 말씀하셨다. "그러면 여기에서 나가라. 참으로 너는 저주받은 자이다. 저주는 심판의 날까지 너희 위에 있을 것이다." 그는 말했다. "주여, 사람들이 불려 일으켜지는 날까지 유예를 주십시오." 주께서는 말씀하셨다. "그렇다면 유예를 주겠다. 정해진 그때까지." 그는 말했다. "주여, 당신이 제게 잘못을 범하게 하였기 때문에, 저는 지상에서 인간들의 눈을 속이겠습니다. 그리고 그들 모두에게 과오를 범하게 하겠습니다. 당신의 성실한 종들을 제외하고서는." 주께서는 말씀하셨다. "이것이 내게 통하는 올바른 길이다. 내 종들에 대해서는 너는 여하한 권위도 가질 수 없다. 단지 잘못을 범하여 스스로 너에게 따르는 자에 대해서는 별도지만. 지옥의 불은 그런 자 모두에게 약속된 곳." (히지루의 장 15.26-43)[35]

꾸란 역시도 이블리스를 통해 '하나님께 전적으로 맞서는 마음 상태'라는 게 어떤 것인지 예리하게 보여준다. 꾸란은 요한의 견해보다는 누가의 견해에 더 가깝다. 게다가 이블리스는 한술 더 떠 자신의 저항을 "당신이 제게 잘못을 범하게 하였다"라고 항변하며 이를 알라의 탓으로 돌리는데, 이는 무척이나 의미심장한 발언이다.

---

35 김용선 역주, 『코란(꾸란)』(명문당, 2022), 286~287쪽.

관계적일 수밖에 없는 겸손과 교만

물론 무슬림은 알라의 뜻을 거스르는 짓은 사탄이나 하는 일이라며 꾸란에 대한 절대적 복종을 강요할 테지만, 만일 가룟 유다가 '하나님께 전적으로 맞서는 마음 상태', 즉 교만에 사로잡혀 천사들과 같이 순종하지 않고 하나님의 뜻을 거스른 이블리스처럼 불순종했다면 그마저도 하나님의 계획이었다고 말할 수 있다는 것이다. 그렇다면 자유의지는 이에 대한 무책임한 면피용이 아닌가? "선택은 각 개인의 몫이라는 점에서 변함이 없다"라고 말할 수 있으려면 적어도 그 선택의 결과보다는 왜 그런 선택을 할 수밖에 없었는지부터 미루어 짐작해보려는 것이 진정한 구도자의 길은 아닐까? 이를 묵과하고 자신들은 가룟 유다와 같은 갈등 상황에 놓이지 않기만을 간구한다거나 그런 사태에 직면하더라도 가룟 유다처럼 행동하지 않으리라는 착각이야말로 전형적인 교만이 아닐까? C. S. 루이스는 이처럼 교만이 관계적일 수밖에 없다며 자신의 생각을 다음과 같이 피력했다.

제 말이 과장처럼 들립니까? 그렇다면 한번 잘 생각해보십시오. 조금 전에 저는 교만한 사람일수록 다른 사람의 교만을 더 싫어한다고 말했습니다. 실제로 여러분이 얼마나 교만한지 알 수 있는 가장 손쉬운 방법은 스스로에게 이렇게 묻는 것입니다. '사람들이 나를 무시하거나 알아주지 않거나 쓸데없이 내 일에 참견하거나 은인 행세라도 할 때 얼마만큼이나 싫은 마음이 드는가?' 요점은. 각 사람의 교

만은 다른 이들의 교만과 경쟁 관계에 있다는 것입니다. [36]

그런데 오히려 이런 교만을 숨겨보겠다고 위선을 떨던 때는 그나마 신의 가호라도 바랄 수 있던 시절이었을 것이다. 세상이 무법해지고 교회가 무도해지면서 이제 더는 애써 교만을 감추려고 하지도 않는다. 겸손은 사라졌다. 아니, 겸손은 사라지지 않았다. 다만 온갖 수단과 방법을 가리지 않고 긁어모아 가지게 된 것을 부끄러워 할 줄도 모르는 부유한 자들이 거들먹거리며 베푸는 자비라도 누리려면 빈곤한 자들은 그들 앞에서 한없이 겸손해져야 한다. 물론 턱을 치켜든 사람이라고 해서 다 우쭐대는 것도 아니고, 어깨에 힘이 들어간 사람이라고 해서 다 뻐기는 것은 아니다. 하지만 열에 여덟아홉은 교만하기 이를 데 없는 게 엄연한 현실이고, 최악의 경우 그런 사람들이 설교 단상에 설 수 있는 위치에라도 오르면 믿음의 초심을 잃어버렸다는 의미에서, 개구리 올챙이 적 생각은 못 하고 교만한 말만 골라서 서슴없이 내뱉는다는 것이다. 우려낼 게 뭐 더 있을까 싶은 곰탕을 재차 우려내어 팔려고 하는 장사꾼처럼 잊을 만하면 늘어놓는 레퍼토리식의 설교 말이다. 당신도 믿는 사람들이 믿지 않는 자들보다 모든 면에서 못해서야 쓰겠냐는 볼멘소리를 귀가 따갑도록 들었을 것이다. 처음 몇 번이야 따끔한 충고처럼 들리기도 한다. 그러나 자꾸 듣다 보면 기상천외하게 갖다 붙인 여러 명목의 헌금 따윈 바라지도 않을 테니, 주일성수와 십일조라도 똑바로 지키라는 협박 아닌 협박 같은 열변으로

---

36   C. S. 루이스, 『순전한 기독교』, 193쪽.

어느샌가 설교는 변해 있다. 면벌부를 걸고넘어져 종교전쟁까지 치러 가며 신 앞에 정결하고자 했던 거룩한 열정은 다 어디 가고 뻔뻔스럽게 천국을 강매한다는 말인가. 사실 모든 면에서는 아니더라도 어떤 면에서는 분명히 믿는 사람들이 믿지 않는 자들보다 못한 것은 당연한 일이다. 그럼에도 그 결핍과 상실을 조금이나마 채우려고 믿기도 하는 사람들을 대상으로 천국에는 누가 가고 지옥에는 누가 가는지 떠들어대는 일처럼 파렴치한 짓이 어디 또 있을까?

그러므로 가룟 유다에 대하여 다음과 같이 묘사하는 일은 단테 알리기에리(Dante Alighieri)에서 그 끝을 맺었어야 했다.

> 세 개의 입은 죄인 하나씩을 물고 이빨로 찢는데 마치 삼을 갈기갈기 찢어발기는 것과 같았다. 세 죄인은 못 견디게 괴로워했다. 두 죄인이 물어뜯기는 것은 손톱으로 할퀴어지는 것처럼 아무것도 아니었다. 등 껍질이 할퀴어져 벗겨지면 다시 생겨나고는 했다. 선생님이 말했다. "가운데서 제일 큰 벌을 받는 망령은 가룟 사람 유다다. 머리는 입 안으로 들어갔고 다리는 밖에 걸쳐 있구나." [37]

마태복음에 따르면 가룟 유다는 예수보다 먼저 죽었다. 만일 유다가 악마의 꾐에 넘어가기라도 했다면, 유다는 예수가 십자가에 못 박히는 장면을 만족스럽게 바라봤을 것이다. 그러나 마태는 유다의 죽음에 대해 예수가 유죄 판결을 받은 것을 보고 뉘우쳐 목을 매달았다고 했다. 이를 두고도 보수적인 성서학계에서는 유다의 뉘우친 태도

---

37 단테 알리기에리, 박상진 옮김, 『신곡(지옥편)(La comedía di Dante Alighieri-Inferno)』(민음사, 2007), 350쪽.

보다는 죄 없는 피를 팔아넘긴 죄로도 모자라서 자살하는 죄까지 저질렀다며 유다에게 이중으로 죄책을 묻는다. 이는 어쩌면 유다가 기독교라는 종교가 생기기도 전에 장렬히 목숨을 던진 최초의 순교자처럼 보이는 게 부담스러웠을 자들의 일사불란한 대처였을지 모르겠다. 그래서 누가는 유다가 불의한 삯으로 밭을 샀다고 하여 지면으로라도 유다의 죽음을 예수의 죽음 뒤로 미루려고 했던 것 같다. 하지만 앞서 다루기도 했으니 유다의 죽음을 전하는 사도행전에 대해서는 격앙된 감정에 휘둘릴 때라면 흥분한 마음부터 가라앉혀야지 펜을 감정대로 마구 휘둘러서는 안 되었다고만 덧붙이고자 한다. 예수의 죽음과 그를 따르던 이들의 죽음, 피는 양의 그것마저도 고귀한 생명의 상징이지 모든 이의 죄를 대신해 누군가가 희생되어야 하는 대가도, 거룩한 가치일 수도 없다. 토마스 홉스(Thomas Hobbes)는 이렇게 말했다.

> 순교자는 증인의 죽음이 아니라 그 증언 내용이 만든다. 왜냐하면 순교자라는 말은 증언하는 사람을 가리키는 말일 뿐. 그 증언 때문에 처형을 당했다든가 하는 것과는 상관없기 때문이다. [38]

한 걸음 더 나아가 프리드리히 니체(Friedrich Nietzsche)는 예수의 길을 따르려고 한 순교자들에 대해 이렇게 말했다.

> 그들이 지나간 길 위에 그들은 핏자국을 남겼다. 그리고 그들의 어리석음은 진리

---

38 토머스 홉스, 최공웅 · 최진원 옮김, 『리바이어던(Leviathen)』(동서문화사, 1988), 483~484쪽.

를 피로 입증해야 한다고 가르쳤다. 하지만 피는 진리에 대한 최악의 증인이다. 피는 더없이 순수한 가르침조차 마음의 망상과 증오로 중독시켜버리기 때문이다.[39]

이를 기독교에 반감을 지녔던 한 철학자의 주관적 견해, 즉 피상적이면서도 표독스럽기까지 한 비난이라고만 일축할 수 있을까? 기독교의 역사에서 빼놓을 수 없는 것이 순교자의 길이었듯이 그러한 순교를 레밍의 집단 투신과 같은 현상으로 치부해서도 안 되겠지만, "피는 더없이 순수한 가르침조차 마음의 망상과 증오로 중독시켜버린다"라는 니체의 일침만큼은 곱씹어볼 만한 가치가 있다.

(순교자의 길이란) 예수의 인격, 그의 주위로 퍼져 나오는 따뜻하면서도 모든 것을 휩쓸어 가는 광채, 단순한 가르침들의 조합, 겸손함, 재치, 모든 사람에게 보여주는 친밀감, 도덕적인 이상과 더불어 원대한 꿈, 예수가 사용하는 비유의 날카로운 아름다움이, 그가 말하는 위대한 복음의 마법과 뒤섞여서 논리적이고 실용적이며 의심 많은 가룟 마을 출신을 구원자와 그의 소식에 온 마음으로 도취된 제자로 변하게 만든 것이다. 가룟 유다는 그 나사렛 사람을 따르는 이들 가운데 가장 확실하고 죽음마저 무릅쓰는 헌신적인 제자로 변했다.[40]

누군가를 예수에게로 끌어당긴 기나긴 역사의 호흡은 이 순간과 같

---

39 프리드리히 니체, 백승영 옮김, 『바그너의 경우·우상의 황혼·안티크리스트·이 사람을 보라·디오니소스 송가·니체 대 바그너(Der Fall Wagner · Götzen-Dämmerung · Der Antichrist · Ecce homo · Dionysos-Dithyramben · Nietzsche contra Wagner)』(책세상, 2002), 296쪽.
40 아모스 오즈, 『유다』, 223쪽.

을지 모르겠다. 그러나 이를 간과하거나 의도적으로 무시한 채 예수가 걸은 십자가의 길을, 우리가 저지른 죄와 허물을 용서하려고 한 것이라고 하더라도, 피의 길로만 인식할 때 최악의 경우 기독교의 역사는 순교의 역사로만 남을 것이다. 주제 사라마구(José Saramago)는 이 또한 하나님의 계획이었다며 하나님이 예수에게 미리 알려주기까지 했다고 말한다.

어부 시몬은 앞으로 네가 베드로라고 부르게 될 것인데, 그 사람도 너처럼 십자가에 달리게 돼. 하지만 거꾸로 달리지. 안드레도 십자가에 달려. 하지만 그 십자가는 엑스 자 모양이지. 야고보라고 부르는 세베대의 아들은 목이 잘릴 거다. 요한은 어떻게 되나요. 막달라 마리아는요. 그 사람들은 때가 되면 자연사하지. 하지만 앞으로 너한테 친구, 제자, 사도들이 생길 텐데, 그 사람들은 고문을 피할 수가 없지. 빌립은 십자에 묶인 채 돌에 맞아 죽어. 바돌로매는 산 채로 가죽이 벗겨져. 도마는 창에 찔려 죽어. 마태는 어떻게 죽는지 자세하게 기억이 안 나는구나. 다른 시몬은 톱으로 몸이 반으로 잘려. 유다는 맞아 죽지. 야고보는 돌에 맞아 죽고, 맛디아는 도끼로 목이 잘려. 또 가룟 유다는 제 손으로 무화과나무에 목을 매달아. 그 모든 사람이 당신 때문에 죽는다는 말씀인가요, 예수가 물었다. 그런 식으로 물어본다면, 그 답은 그렇다는 거다. 그 사람들은 나 때문에 죽어. 그럼 그런 다음에는요. 그런 다음에는, 내 아들아, 이미 말했듯이, 쇠와 피, 불과 재, 무한한 슬픔과 눈물의 바다 이야기가 끝도 없이 이어지지.[41]

41 주제 사라마구, 정영목 옮김, 『예수복음(O Evangelho segundo Jesus Christo)』(해냄, 2019), 463~464쪽.

그러므로 이 소설 이야기가 주장하듯이, 인간 예수가 신에게 속아서 십자가에 못 박힌 게 아니라면, 양심의 화신인 예수는 이 모든 시작을 어떻게든 막고자 필사적인 노력이라도 했어야 하지 않았을까? 양심은 자기 자신에게 지켜야 하는 불문율로 이 세상에 성문화된 그 어떤 법보다 훨씬 더 가혹한 것이니 말이다. 더구나 예수가 신이었고, 양심의 가책과는 무관한 신이라고 할지라도, 하나님의 계획이 이처럼 너무나도 많은 희생을 필요로 하는 부당하고 무모한 역사라면 끝끝내 저항했어야만 했다. 그러므로 발터 옌스가 다음과 같이 되묻는 것은 정당하다.

> 만일 유다가 악마였고 예수께서 이것을 아셨다고 전하는 복음서의 저자 요한의 주장이 옳다면, 왜 예수께서는 그에게 경고하지 않으셨을까요? 왜 그분은 유다가 희생되도록 내버려 두셨단 말입니까? 예수가 유다의 희생물인 것이 아니라 사실은 그 반대인데도 말입니다! 왜 예수께서는 이미 하늘에서 도둑으로 알려져 있던 그 사람이 경리 책임자로 임명되는 것을 허용하셨습니까? 무엇 때문에 예수께서는 배신자를 만류하지 않으셨을까요? 예수께서 유다의 참회라도 두려워하셨을까요? 유다의 회개가 구원의 계획을 무효로 만들게 될까 봐서 걱정이라도 하셨던 것일까요?[42]

그렇지 않다. 예수는 필사적이었다. 마가복음에는 쓸쓸함마저 감도는 겟세마네 동산의 상황과 좀처럼 어울릴 수 없는 단어가 적혀 있다.

---

42 발터 옌스, 『유다의 재판』, 29쪽.

마가복음 14장 33절을 보면 "예수께서는 매우 놀라며 괴로워하기 시작하셨다"라고 했다. 예수는 뒤늦게서야 자신이 직면한 현실에 놀라고 말았던 것이다. 그런데 마가복음 14장 34절에서 예수가 "내 마음이 근심에 싸여 죽을 지경이다"라고 말한 것이나 마태복음 26장 38절에서 "내 마음이 괴로워 죽을 지경이다"라고 말한 것은 자기 목숨이나 부지하자고 엄살을 떨었던 게 아니다. 아마도 누가는 그렇게 여겼던 탓에 이 구절들을 심사숙고 끝에 삭제한 것 같지만 말이다. 그럼에도 누가야말로 예수의 기도가 얼마나 간절한 것이었는지 제대로 전달했다. 앞에서 다루기도 했으므로 부분적으로만 살펴보겠다.

> "아버지, 만일 아버지의 뜻이면, 내게서 이 잔을 거두어주십시오. 그러나 내 뜻대로 되게 하지 마시고, 아버지의 뜻대로 되게 하여 주십시오"(그때 천사가 하늘로부터 그에게 나타나서, 힘을 북돋우어 드렸다. 예수께서 고뇌에 차서, 더욱 간절히 기도하시니, 땀이 핏방울같이 되어서 땅에 떨어졌다.) (누가복음 22,42-44)

이처럼 겟세마네 동산의 기도가 의연했다기보다 몹시 처연하기만 했던 것은 어쩌면 자신의 뜻과는 상관없이 이 세상이 돌아가리라는 예수의 서글픈 예감 때문이었을지도 모르겠다. 더러는 각오한 죽음이 예기치 못한 죽음보다 훨씬 많은 비밀을 침묵에 남겨둘 때가 있다. 그것도 살아가야 하는 자들이 꼭 알아야 할 진리까지 함축하고서 말이다. 예수와 유다, 이 두 사람이 죽기를 각오하면서까지 잠정적으로 전하고자 한 것은 바로 겟세마네 동산에서 다음과 같이 했다는 예수의 말과 행동에 담겨 있지 않을까 싶다. 마태는 이렇게 전한다.

그때 예수와 함께 있던 사람들 가운데 한 사람이 손을 뻗쳐 자기 칼을 빼어, 대제사장의 종을 내리쳐서, 그 귀를 잘랐다. 그때 예수께서 그에게 말씀하셨다. "네 칼을 칼집에 도로 꽂아라, 칼을 쓰는 사람은 모두 칼로 망한다." (마태복음 26,51-52)

예수는 과거의 우리에게도 현재의 우리에게도 미래의 우리에게도 다음과 같이 물었고 또 묻고 또 물을 것이다. "칼에 칼로 맞선다면, 세상은 언제 살육으로부터 해방될까요?"[43] 월터 윙크는 불가피한 것이었다고 주장하는 세상의 모든 폭력에 대해 고찰하면서 이렇게까지 말했다.

만일 대항하기 위한 폭력이 유일한 선택일 경우에도, 그렇다고 그런 폭력이 정당한 것은 아니다. (디트리히) 본회퍼는 이 점에 있어 아주 잘못 이해되고 있었다. (목사이자 신학자였던) 그는 히틀러 암살단에 가입했다. 그러나 그는 자기 자신의 행동이 죄악임을 인정했고, 그런 자신에 대해서는 하나님의 자비에 맡겼다. 본회퍼를 인용하면서, 두 세대 동안 기독교인들은 비폭력에 완전히 헌신하지 못하고 한 발짝 뒤로 물러서 있었다. 그의 시도가 실패할 것이라는 사실을, 그리고 그토록 많은 기독교인의 눈에 구원을 가져다주는 폭력을 합리화하는 효과를 불러일으키리라는 것을 그가 미리 알았더라도, 그가 여전히 그렇게 행동했을지 나는 의심한다.[44]

---

43 니코스 카잔차키스, 『최후의 유혹(하)』, 668쪽.
44 월터 윙크, 『사탄의 체제와 예수의 비폭력』, 422쪽.

그리고 월터 윙크는 니체의 다음과 같은 경구에서 그 해답을 찾은 것처럼 보인다.

괴물과 싸우는 사람은 자신이 그 과정에서 괴물이 되지 않도록 조심해야 한다. 만일 네가 오랫동안 심연을 들여다보고 있으면, 심연도 네 안으로 들어가 너를 들여다본다.[45]

이를 모를 리 없던, 그의 가르침에 확연히 드러나듯이, 예수는 붙잡히던 그 순간에도 다음과 같이 행동했다.

예수의 둘레에 있는 사람들이 사태를 보고서 말하였다. "주님, 우리가 칼을 쓸까요?" 그 가운데 한 사람이 대제사장의 종의 오른쪽 귀를 쳐서 떨어뜨렸다. 예수께서 말씀하시기를 "그만해 두어라!" 하시고, 그 사람의 귀를 만져서 고쳐주셨다. (누가복음 22,49-51)

예수가 죽기로 결심하고 한 행위, 이것이 세상을 치유하고자 한 예수의 마지막 치료 행위였다. 그런데 만일 예수가 죽기를 각오하지 않고 기적과 같은 행위를 지속하다가 자연사했다면, 예수의 내러티브도 그 시점에서 끝나고 말았을 것이다. 죽은 자를 똑바로 알고자 한다면 그가 남긴 말이 아니라 그의 삶을 반추해봐야 한다. 때때로 예수와 같이 실천적인 이들이 역사에 등장하는 것은 그들이 종교적이어서가 아

---

45 프리드리히 니체, 김정현 옮김, 『선악의 저편 · 도덕의 계보(Jenseits von Gut und Böse · Zur Genealogie der Moral)』(책세상, 2002), 125쪽.

니라 예수의 공생애에 기적처럼 빠져들었기 때문이다. 그리고 누군가의 죄를 묻고자 한다면 아무리 혐오스럽고 경멸스럽다고 할지라도 그가 스스로 뉘우치고 저지른 죄에 상응하는 벌을 자진해서 받았는지부터 따져봐야 한다. 가룟 유다는 예수가 자신의 죄를 대신해주길 바라지 않고 그렇게 죽었다. 붙잡히는 그 순간까지도 성경 말씀이 성취되길 바란 예수는 정경복음서의 예수일 뿐이다. 비밀은 영원한 침묵 속에 묻혀 있기만 한 것이 아니다. 예수가 오늘날에도 유의미한 이유는 예수라는 과거가 인류 개개인의 미래이기 때문이다.

5장

유다,
배신자라는 오명을 벗고 이 책에서 안식을 찾다

아니, 그럴 수 있길 바란다. 펜은 총보다 강하다고 한다. 그러나 현실은 글조차도 힘의 논리에 의해 좌우된다. 힘은 총과 칼에 있다. 애당초 펜이 총보다 강했다면 그러한 비유는 생겨나지도 않았을 것이다. 그리고 힘은 총과 칼을 살 수 있는 뭉칫돈에 있다. 따지고 보면 예수는 삼십 세겔이라는 헐값에 팔려 죽은 게 아니라 천문학적인 돈으로 사모아야 하는 총과 칼 없인 유지될 수 없는 권력의 무성의한 판결로 죽은 것이다. 은전 삼십 냥이라고 해봐야 그 당시 노예의 평균 매매가격이거나 일반 노동자 한 사람의 임금 정도이거나 그것도 아니라면 출애굽기 21장 32절처럼 "소가 남종이나 여종을 받아 죽게 하였으면, 소 임자는 그 종의 주인에게 은 삼십 세겔을 주고, 그 소는 돌로 쳐서 죽여야 한다"라고 할 때의 '은 삼십 세겔'이었다면 그 돈에 예수를 팔아넘긴 유다를 두고 이제부터 간추려 살펴볼 이야기는 쓰이지도 않았을 테니 말이다.

영지주의 문서로 분류되는 저작들은 대체로 문서 마지막에 제목이 붙어 있다.

콥트어로 쓰인 제목은 '페우앙겔리온 엔유다스', 즉 유다복음이었다. 유다복음은 역사가 만든 가장 복잡한 퍼즐 중 하나였다. 복음은 파피루스 13장에 앞뒤로 기록되어 있었다. 33페이지부터 58페이지까지 모두 26페이지였다. 하지만 파피루스는 수많은 조각으로 부서져 있었다. 조각 하나가 한 면에서 들어맞으면 그 뒷면에서도 맞아야 한다. 로돌프 카세르(Rodolphe Kasser)는 문서를 전체적으로 복원하는 데 엄청난 어려움을 겪었다. [1]

가롯 유다가 전하는 복음, 4년 동안 복원 작업에 참여한 이들이 장구분의 필요성을 느끼지 못해 장 번호조차 매기지 않은 유다복음은 가롯 유다만큼이나 기구한 운명을 겪었다. 실제로 저주라는 것이 있다면 이런 게 저주가 아닐까 싶을 정도다. 하지만 이집트 알미냐 지방의 제벨카라라 언덕에 산재해 있는 옛날 무덤 동굴에서 발견된 유다복음이 수십 년 유럽과 미국을 전전해야 했던 이야기는 생략하기로 하겠다. 다만 이 모든 과정에 상상을 초월하는 거액의 돈이 개입되었고 이따금 돈이라는 것도 아주 훌륭한 일을 하기도 한다는 것만 밝혀두고자 한다. 돈으로 움직여지는 세상에서는 어쩌면 당연한 이야기일 테지만 말이다. 그리고 필사본 가운데 하나였을 뿐만 아니라, 이 시대까지 전해진 유다복음에 대하여 다음과 같이 말하는 목소리는 새겨들을 만하다.

유다복음 같은 문서들은 은밀히 수집하여 읽어보는 것이지 공개적으로 읽기 위한 것은 아니라고 여기는 몇몇 학자들과 달리, 일레인 페이절스(Elaine Pagels)는 유

---

1   허버트 크로즈니, 『유다의 사라진 금서』, 17쪽.

다복음이 본래 다른 복음서들과 함께 읽혀야 하는 것이라고 주장한다. "그리스도교인들 사이에서 인기 있는 마태복음을 도마복음이나 유다복음과 함께 읽어봐야 합니다. 마태복음이 사람들에게 대중적으로 읽히는 내용이라면, 도마복음이나 유다복음은 좀 더 수준 높은 사람들을 가르치기 위한 내용이었다고 할 수 있어요. 그러니까이 복음서들이 반드시 상반되지는 않는다는 거죠. 마태복음이나 도마복음, 그리고유다복음 사이에서 어떤 것을 읽어야 할지 선택해야 할 필요는 없다는 겁니다. (그당시에도) 이 모든 것에 흥미를 가졌던 사람들이라면 전부 같이 읽었을 겁니다."[2]

아울러 일레인 페이절스에 따르면 유다복음은 더 깊은 영적 수련과폭넓은 이해의 단계에 이르려고 매진하는 사람들에게는 대단한 문서였다고 한다.

예수의 웃음에 담긴 첫 번째 의미

가룟 유다가 전하는 복음에서 예수는 네 차례 웃는다. 그러고 보면정경복음서에서 예수가 웃었다거나 기뻐했다는 대목을 찾기란 결코쉬운 일이 아니다. 아무래도 예수는 '기쁜 소식'을 전하면서도 그 기쁨을 극도로 자제한 듯하다. 내가 알기로 아마도 누가복음 10장 21장의 "그때 예수께서 성령으로 기쁨에 차서 이렇게 아뢰었다"라거나 나사로의 죽음과 관련한 요한복음 11장 15절의 "내가 거기에 있지 않은

---

2   위의 책, 322쪽.

것이 너희를 위해서 도리어 잘된 일이므로, 기쁘게 생각한다"라는 정도가 기뻐하는 예수의 모습을 전하는 정경복음서 내용의 전부일 것이다. 그러나 단 한 편의 유다복음은 예수가 웃기도 하고 비웃기도 하는 예수의 인간적 모습을 적나라하게 보여준다. 그 첫 번째 웃음이 제자들을 도발하려는 듯한 실소에 가까운 웃음이기는 하지만 말이다.

어느 날 그분께서 제자들과 함께 유대 땅에 계셨을 때의 일이다. 그분께서 그들이 한데 모여 앉아 신성에 관해 토론을 벌이고 있는 것을 보셨다. 제자들이 함께 자리에 앉아 빵을 두고 감사를 드리고 있는 동안 그분께서 그들에게 다가가셨다. 그리고 제자들을 향해 웃으셨다. 그들은 그분께 말하였다. "스승님, 우리가 드리는 감사제를 두고 왜 웃으십니까? 우리가 무엇을 잘못하였습니까? 이것은 필요한 일이지 않습니까?" 그분께서는 그들에게 대답하시며 말씀하셨다. "내가 너희를 두고 웃은 것은 아니다. 너희가 이 일을 하는 것도 너희의 뜻대로가 아니다. 이 일을 통해 너희의 하나님이 찬양을 받을 것이다." 그들이 말하였다. "스승님, 당신께서는 …… 우리 하나님의 아들이십니다." 예수님께서 그들에게 말씀하셨다. "너희가 어떻게 나를 안단 말이냐? 내가 진실로 너희에게 말한다. 어떤 세대도 너희들 가운데 있는 사람들을 통해서는 나를 알지 못할 것이다." 그분의 제자들은 이 말을 듣자 동요하며 화가 나서 마음속으로 그분을 모독하기 시작하였다. 예수님께서는 그들의 어리석음을 보시고 그들에게 말씀하였다. "왜 동요하고 화가 났느냐? 너희 가운데 있는 너희 하나님과 그[훼손됨]너희 영혼들과 더불어 동요되었구나! 너희 인간들 가운데 강한 자가 있거든 완전한 인간을 끌어내어라. 그리고 내 얼굴 바로 앞에 서게 하라!" 그들은 모두 말하였다. "저희는 강합니다." 그러나 그들의

영은 감히 그분 앞에 나서지 못하였다. 유다 이스카리옷만 예외였다. 그는 그
분 앞에 서 있을 수 있었다. 그러나 그는 그분의 눈을 똑바로 바라보지 못하고
얼굴을 돌려버렸다. 유다가 그분께 말하였다. "저는 당신께서 누구신지, 그리
고 당신께서 어느 곳에서 오셨는지 압니다. 당신께서는 정녕 바르벨로의 불사
의 에온에서 그리고 당신을 보내신 분에게서 오셨습니다. 저는 그분의 이름을
발설할 자격도 없습니다." 예수님께서는 그가 다른 고상한 것을 생각하고 있
음을 아시고 그에게 말씀하셨다. "그들에게서 떨어져라. 내가 너에게 (하늘)나
라의 신비들에 관해 말해주겠다. 네가 그곳에 가게 하려는 것이 아니라 몹시
탄식하게 만들려는 것이다. 왜냐하면 다른 이가 네 자리를 차지하여 열두 제
자가 그들의 신에 의해 다시 완성될 것이기 때문이다." 그러자 유다가 그분께
말하였다. "당신께서는 언제 저에게 이 일들을 말씀해주시겠습니까? 그리고
······ 이 세대를 위한 위대한 빛의 날은 (언제) 밝아오게 될까요?" 그가 이 말을
했을 때 예수님께서는 그의 곁을 떠나셨다. (유다복음 33-36)[3]

유다복음이 전하려는 의도는 명확하다. 첫째, 공관복음서가 전하는
세례자 요한과 예수의 관계를 가룟 유다와 예수의 관계로 대치하고자
했다. 마가가 다음과 같이 말한 세례자 요한과 예수의 관계를 말이다.

그는 이렇게 선포하였다. "나보다 더 능력이 있는 이가 내 뒤에 오십니다. 나는 몸
을 굽혀서 그의 신발 끈을 풀 자격조차 없습니다. 나는 여러분에게 물로 세례를
주었지만, 그는 여러분에게 성령으로 세례를 주실 것입니다." (마가복음 1,7-8)

---

3   송혜경, 『영지주의자들의 성서』, 300~301쪽.

이를 전거로 마태와 누가도 각각 세례자 요한에 대해 이렇게 전했다. 우선 마태복음 3장 11절에 따르면 세례자 요한이 말하길 "나는 너희를 회개시키려고 물로 세례를 준다. 내 뒤에 오시는 분은 나보다 더 능력이 있는 분이시다. 나는 그의 신을 들고 다닐 자격조차 없다. 그는 너희에게 성령과 불로 세례를 주실 것이다"라고 했다. 누가는 다음과 같이 본래의 의문에서 시작했다.

> 백성이 그리스도를 고대하고 있던 터에, 모두 마음속으로 요한에 대하여 생각하기를, 그가 그리스도가 아닐까 하였다. 그래서 요한은 모든 사람에게 대답하였다. "나는 여러분에게 물로 세례를 주지만, 나보다 더 능력 있는 분이 오실 터인데, 나는 그의 신발 끈을 풀어 드릴 자격도 없소. 그는 여러분에게 성령과 불로 세례를 주실 것이오." (누가복음 3,15-16)

그러니까 예수에 대해 세례자 요한이 마가복음에서처럼 "나는 그의 신발 끈을 풀 자격조차 없습니다"라고 했든 마태복음에서처럼 "나는 그의 신을 들고 다닐 자격조차 없다"라고 했든, 누가가 마가의 표현을 마음에 두고 세례자 요한이 "나는 그의 신발 끈을 풀어 드릴 자격도 없소"라고 했든지 간에 유다복음의 저자는 예수에 대해 가룟 유다가 "그는 그분의 이름을 발설할 자격도 없다"라고 했다는 것이다. 그뿐만이 아니다. 유다복음의 저자는 예수에 대하여 유다가 "그는 그분의 눈을 똑바로 바라보지 못하고 얼굴을 돌려버렸다"라고도 했다. 이를 두고 가룟 유다의 마음속에 뱀처럼 간악함이 똬리를 틀고 앉았기 때문이라고 해석하는 것은 "그가 다른 고상한 것을 생각하고 있음을 아시고"라고 한 예수의 생각마저 전적으로 반박하는 꼴이다. 그러므로 이 역시도 마태복음에만 실려 있는 다음과 같은 내용을 염두에 둔 유다복음 저자의 서툰 표현인 듯하다.

그때 예수께서 요한에게 세례를 받으시려고, 갈릴리를 떠나 요단 강으로 요한을 찾아가셨다. 그러나 요한은 "내가 선생님께 세례를 받아야 할 터인데, 선생님께서 내게 오셨습니까?" 하고 말하면서 말렸다. 예수께서 그에게 말씀하셨다. "지금은 그렇게 하도록 하십시오. 이렇게 하여, 우리가 모든 의를 이루는 것이 옳습니다." 그제야 요한이 허락하였다. (마태복음 3,13-15)

그도 그럴 것이 공관복음서와 마찬가지로 유다복음 역시 예수가 세례자 요한처럼 의를 이루기 위해 목숨을 내놓아야 한다는 것을 알았듯이 가룟 유다도 그래야만 한다는 것을 잘 알았다고 이렇게 전하기 때문이다. "내가 너에게 (하늘)나라의 신비들에 관해 말해주겠다. 네가 그곳에 가게 하려는 것이 아니라 몹시 탄식하게 만들려는 것이다. 왜냐하면 다른 이가 네 자리를 차지하여 열두 제자가 그들의 신에 의해 다시 완성될 것이기 때문이다." 게다가 "그는 그분의 눈을 똑바로 바라보지 못하고 얼굴을 돌려버렸다"라는 표현 앞에 내용은 무엇이었는가? 예수는 제자들에게 말한다.

"너희 인간들 가운데 강한 자가 있거든 완전한 인간을 끌어내어라. 그리고 내 얼굴 바로 앞에 서게 하라!" 그들은 모두 말하였다. "저희는 강합니다." 그러나 그들의 영은 감히 그분 앞에 나서지 못하였다. 유다 이스카리옷만 예외였다. 그는 그분 앞에 서 있을 수 있었다.

이는 유대교와 기독교와 이슬람교의 궁극적 선포, 즉 '하나님 앞에 온전히 설 수 있는 사람은 아무도 없다'라는 믿음과 맞닿아 있다. 적어도 유다는 예수 앞에 설 수 있었다. 그리고 예수는 이런 유다에게 "그들에게서 떨어져라"라고 언명한 것이다.

예수의 웃음에 담긴 두 번째 의미

예수의 두 번째 웃음은 첫 번째 웃음에 비하면 메시지는 물론 이를 전하는 강도의 측면에서 훨씬 더 강렬한 비웃음이다. 예수는 그가 죽게 되면 제자들이 어떤 식으로든지 희생 제의로 회귀하려고 한다고 질책한다. 우리는 예수를 포함해서 이들 모두가 유대인이었다는 사실을 종종 잊고는 한다.

그 일이 있고 나서 다음 날 아침 그분께서 제자들에게 나타나셨다. 그러자 그들이 그분께 말하였다. "스승님, 당신께서는 어디에 가셨던 것입니까? 우리 곁을 떠나신 후 무엇을 하셨습니까?" 예수님께서 그들에게 말씀하셨다. "나는 다른 위대하고 거룩한 세대에게 갔다." 그분의 제자들이 그분께 말하였다. "주님, 지금 이 에온들 가운데에는 없는, 우리보다 드높고 거룩하고 위대한 세대란 무엇입니까?" 예수님께서 이 말을 들으시고는 웃음을 지으셨다. 그분께서 그들에게 말씀하셨다. "어찌하여 너희는 강하고 거룩한 세대에 대해 마음속으로 생각하느냐? 진실로 내가 너희에게 말한다. "이 에온에서 태어난 이는 누구라도 그 세대를 보지 못할 것이다.……" 그분의 제자들이 이 말을 들었을 때 그들은 저마다 영이 동요하여 무슨 말을 해야 할지, 할 말을 찾을 수 없었다. 다른 날 예수님께서 그들에게 다가오시자 그들이 그분께 말하였다. "스승님, 저희가 당신을 환시로 뵈었습니다. 사실 저희는 지난밤에 대단한 꿈들을 꾸었습니다." [그분께서 말씀하셨다.] "너희는 무엇 때문에 [훼손됨]하고 몸을 숨겼느냐?" 그러자 그들은 말하였다. "[저희가] 큰 집을 보았는데, 그 안에 큰 제단과 열두 사람―그들은 사제들이라고 말할 수 있습니다―과 한 이름이 있었습니다. 그리고 사제들이 예물 봉헌을 마칠 때까지 많은 이들이 그 제단 곁에 머물러 있었습니다. 저희도 (거기) 머물러 있었습니다." 예[수님]께서 말씀하셨다. "[그들은] 어떠하더냐?" 그들이 [말하였다.] "[어]떤 이들은 두 주 동안 [단식하고], [어떤 이들은] 자기 자신의 자녀들을, 그리고 어떤 이들은 자기 부인을 희생 제물로 바치면서 찬양하고 서로를 모욕합니다. 어떤 이들은 남자들과 같이 잠자리에 들고, 어떤 이들은 살인을 저지르고, 또 다른 어떤 이들은 수많은 죄와 불법을 저지릅니다. 그리고 제단 위에 선 사람들이 당신의 이름을 부르고 있습니다. 그들이 제물과 관련된 모든 일에 몰두해 있는 동안에 그 제단이 채워지고 있습니다." 그들은 이 말을 하고는 마음이 동요되어 입을 다물었다. 예수님께서 그들에게 말씀하셨다. "너희는 무엇 때문에 동요되었느냐? 진실로 내가 너희에게 말한다. 그 제단 위에 서 있는 모든 사제가 내 이름을 부르고 있다. …… 그리고 그들은 수치스럽게도 내 이름으로 열매 없는 나무들을 심었다." 예수님께서 그들에게 말씀하셨다. "제단에서 예물을 봉헌하고 있는 자들은 바로 너희다. 너희가 보았던 그것은 너희가 숭배하는 하나님이며, 너희가 보았던 열두 사람은 바로 너희다.

그리고 너희가 보았던 제물은 사람들이 바친 소들, 곧 너희가 꾀어 그 제단으로 데려간 군중이다. [이 세상의 지배자]는 일어설 것이다. 그리고 그는 이런 식으로 내 이름을 이용할 것이며, 경건한 이들의 세대가 그의 곁에 머물러 있을 것이다. 그다음에는 음행을 저지르는 [자]들을 위해 다른 사람이 일어날 것이다. 그리고 또 다른 이가 자녀를 살해하는 자들을 위해 일어날 것이다. 그리고 또 다른 이가, 남자들과 잠자리에 드는 자들과 단식하는 자들, 불결과 불법과 오류에 빠진 자들을 위해, 그리고 '우리는 천사와 같소!' 하고 말하는 자들을 위해 일어설 것이다. 그들은 모든 것을 완결 짓는 별들이다. 사실 사람들의 세대들은 '보라! 하느님께서 사제들의 손에서 여러분의 제물을 받아들이셨습니다!' 하고 말을 들었다. 그런 자는 오류의 시종이다. 그러나 명령을 내리는 자는 주군, 곧 만물 위에 주군으로 있는 자다. 마지막 날에 그들은 수치를 당할 것이다." 예수님께서 [그들에게] 말씀하셨다. "희생제물 바치는 것을 그만두어라. …… 빵 굽는 사람이 [하늘] 아래 모든 피조물을 다 먹일 수는 없다." 제자들은 이 말씀을 듣고 그분께 말하였다. "주님, 저희를 도와 주십시오. 그리고 저희를 구원해주십시오!" 예수님께서 그들에게 말씀하셨다. "나와 논쟁하는 것을 그만두어라. 너희에게는 각자 자신의 별이 있다. 그리고 누구나 [17줄 가량 훼손됨]. [3줄 가량 훼손됨] 그러나 그는 하나님의 동산에 그리고 영원히 지속될 종족에게 물을 주러 왔다. 그는 그 세대의 여정을 더럽히지 않고 영원히[훼손됨]할 것이기 때문이다." (유다복음 36-43)[4]

이와 같은 서사는 공관복음서의 다음과 같은 짧막한 서사를 연상케

---

4   위의 책, 301~305쪽.

한다.

> 예수께서 성전을 떠나가실 때, 제자들 가운데서 한 사람이 예수께 말하였다.
> "선생님, 보십시오! 얼마나 굉장한 돌입니까! 얼마나 굉장한 건물들입니까!"
> 예수께서 그들에게 말씀하셨다. "너는 이 큰 건물들을 보고 있느냐? 여기에
> 돌 하나도 돌 위에 남지 않고 다 무너질 것이다." (마가복음 13,1-2)

이에 대해서는 아직도 여전히 성전 정화 사건과 무관하다는 듯이
해석하는 주류의 견해가 지배적이다. 예수는 이를 통해 유대-로마 전
쟁이 발발할 것이고, 그때 헤롯 대왕에 의해 축성되었던 겉만 번지르
르한 예루살렘 성전은 붕괴할 것이라고 예견했다는 것이다. 그리고
이러한 성서의 해석은 오늘날까지도 하나님의 부르심을 받았다는 소
명 의식이 교회 건축에 있다고 믿는 후안무치한 목회자들에게는 더할
나위 없이 그럴싸한 핑계와 변명거리가 된다.

> 예수께서 성전에서 나와서 걸어가시는데, 제자들이 다가와서, 성전 건물을
> 그에게 가리켜 보였다. 예수께서 그들에게 말씀하셨다. "너희는 이 모든 것을
> 보고 있지 않느냐? 내가 진실로 너희에게 말한다. 여기에 돌 하나도 돌 위에
> 남아 있지 않고, 다 무너질 것이다." (마태복음 24,1-2)

본질은 이것이다. 유다복음을 통해 알 수 있듯이 겉모습으로 보이
는 게 문제가 아니라 썩을 대로 썩어버린 속마음이 문제인 것이다. 썩
을 대로 썩어버린 속마음이야 누구보다 그것의 주인이 제일 잘 알지

만 들통날 때까지는 아무렇지도 않게 사는 게 인간이고, 들키거나 발각되더라도 재수가 없어 걸린 것이고 또 너희들이야말로 뭐가 그렇게 달라 유난 떠나며 뻔뻔스럽게 묻는 것도 우리와 같은 인간이라는 군상이다. 속이려고 마음을 먹었으면 끝까지 속여라. 이것이 그들의 지상명령이다.

> "스승님, 저희가 당신을 환시로 뵈었습니다. 사실 저희는 지난밤에 대단한 꿈들을 꾸었습니다." [그분께서 말씀하셨다.] "너희는 무엇 때문에 [훼손됨] 하고 몸을 숨겼느냐?" 그러자 그들은 말하였다. "[저희가] 큰 집을 보았는데, 그 안에 큰 제단과 열두 사람–그들은 사제들이라고 말할 수 있습니다–과 한 이름이 있었습니다. 그리고 사제들이 예물 봉헌을 마칠 때까지 많은 이들이 그 제단 곁에 머물러 있었습니다. 저희도 (거기) 머물러 있었습니다."

제자들은 예수에게 저마다 열두 지파를 대신해서 사제들이 예물 봉헌을 하는 것을 지켜봤을 뿐이라고 말한다. 그런 이들과 성스럽게 구별되었다는 듯한 뉘앙스로 말이다. 무심한 듯하게 예수가 "[그들은] 어떠하더냐?"라며 넌지시 묻자 제자들은 앞다퉈 그들의 죄와 허물을 들춰내기에 여념이 없다. 이런 제자들에게 예수는 뭐라고 했는가?

> "진실로 내가 너희에게 말한다. 그 제단 위에 서 있는 모든 사제가 내 이름을 부르고 있다. 내가 너희에게 또 말한다. 사람들의 세대에 의해 내 이름이 별들의 세대의 이[훼손됨]에 기록되었다. 그리고 그들은 수치스럽게도 내 이름으로 열매 없는 나무들을 심었다." 예수님께서 그들에게 말씀하셨다. "제단에서 예물

을 봉헌하고 있는 자들은 바로 너희다. 너희가 보았던 그것은 너희가 숭배하는 하나님이며, 너희가 보았던 열두 사람은 바로 너희다. 그리고 너희가 보았던 제물은 사람들이 바친 소들, 곧 너희가 꾀어 그 제단으로 데려간 군중이다."

비단 기독교의 타락이 어제오늘의 이야기는 아니지만 유다복음의 저자가 이렇게 글을 써야 할 정도였다면, 그 작성 시기를 2세기에서 4세기였다고 추정하더라도, 이미 초기 기독교 사회조차 그 부패의 정도는 대단히 심각했다는 것을 암시한다.

몇몇 사람들이 성전을 가리켜서, 아름다운 돌과 봉헌물로 꾸며 놓았다고 말들을 하니, 예수께서 말씀하셨다. "너희가 보고 있는 이것들이, 돌 한 개도 돌 위에 남지 않고 다 무너질 날이 올 것이다." (누가복음 21,5-6)

어쩌자고 기독교는 교회가 에클레시아, 즉 '교인들의 모임'이라는 뜻조차 망각한 채 자신들의 교회를 성전이라고 부르는 것도 모자라 예수가 다 뜻이 있어 허물려고 했던 건물을 높이 세우려고만 하는 것일까? 마태복음 18장 20절의 "두세 사람이 내 이름으로 모여 있는 자리, 거기에 내가 그들 가운데 있다"라는 말은 도대체 누가 했던 말인가. 아무리 자주 이야기하더라도 지나치지 않다. "종교를 자신의 신으로 삼는 이들은 하나님을 자신의 종교로 갖지 못할 것이다." 유다가 전하는 복음의 예수는 이렇게까지 말한다.

"사실 사람들의 세대들은 '보라! 하느님께서 사제들의 손에서 여러분의 제물을 받아들이셨습니다!' 하고 말을 들었다. 그런 자는 오류의 시종이다. 그러나 명령을 내리는 자는 주군, 곧 만물 위에 주군으로 있는 자다. 마지막 날에 그들은 수치를 당할 것이다." 예수님께서 [그들에게] 말씀하셨다. "희생제물 바치는 것을 그만두어라. …… 빵 굽는 사람이 [하늘] 아래 모든 피조물을 다 먹일 수는 없다." 제자들은 이 말씀을 듣고 그분께 말하였다. "주님, 저희를 도와주십시오. 그리고 저희를 구원해주십시오!" 예수님께서 그들에게 말씀하셨다. "나와 논쟁하는 것을 그만두어라. 너희에게는 각자 자신의 별이 있다."

이 단락에서 예수의 마지막 말, 즉 "나와 논쟁하는 것을 그만두어라"라고 한 것은 탄식의 어투 같은데, 죽기를 각오했으니 그럴 법하다는 의미에서도 그렇지만, 유다복음의 저자가 이사야를 전거로 이 문단을 작성했으리라는 점을 짐작하게 한다. 이사야는 이사야 1장 18절을 통해 "주님께서 말씀하셨다. 오너라! 우리가 서로 변론하자. 너희의 죄가 주홍빛과 같다고 하여도 눈과 같이 희어질 것이며, 진홍빛과 같이 붉어도 양털과 같이 희어질 것이다"라고 전했으니 말이다. 예수에게는 일각이 여삼추였던 셈이다.

주님께서 말씀하신다. "무엇하러 나에게 이 많은 제물을 바치느냐? 나는 이제 숫양의 번제물과 살진 짐승의 기름기가 지겹고, 나는 이제 수송아지와 어린 양과 숫염소의 피도 싫다. 너희가 나의 앞에 보이러 오지만, 누가 너희에게 그것을 요구하였느냐? 나의 뜰만 밟을 뿐이다! 다시는 헛된 제물을 가져오지 말아라. 다 쓸모없는 것들이다. 분향하는 것도 나에게는 역겹고, 초하루와 안식일과 대회로 모이는 것도 참을 수 없으며, 거룩한 집회를 열어놓고 못된 짓도 함께하는 것을, 내가 더 이상 견딜 수 없다. 나는 정말로 너희의 초하루 행사와 정한 절기들이 싫다. 그것들은 오히려 나에게 짐이 될 뿐이다. 그것들을 짊어지기에는 내가 너무 지쳤다. 너희가 팔을 벌리고 기도한다고 하더라도, 나는 거들떠보지도 않겠다. 너희가 아무리 많이 기도한다고 하여도 나는 듣지 않겠다. 너희의 손에는 피가 가득하다. 너희는 씻어라. 스스로 정결하게 하여라. 내가 보는 앞에서 너희의 악한 행실을 버려라. 악한 일을 그치고, 옳은 일을 하는 것을 배워라. 정의를 찾아라. 억압받는 사람을 도와주어라. 고아의 송사를 변호하여 주고 과부의 송사를 변론하여 주어라." 주님께서 말씀하신다. "오너라! 우리가 서로 변론하자. 너희의 죄가 주홍빛과 같다고 하여도 눈과 같이 희어질 것이며, 진홍빛과 같이 붉어도 양털과 같이 희어질 것이다." (이사야 1,11-18)

불시에 제자들은 정곡을 찔렸다. 그러나 예수는 가룟 유다에 대해 변함없는 믿음을 내비친다. "그는 하나님의 동산에 그리고 영원히 지속될 종족에게 물을 주러 왔다. 그는 그 세대의 여정을 더럽히지 않고 영원히 [훼손됨] 할 것이기 때문이다."

예수의 웃음에 담긴 세 번째 의미

그러므로 예수의 세 번째 웃음이야말로 참된 미소다. 비로소 예수가 함박웃음을 머금은 것이다. 하지만 예수는, 이미 우리가 알다시피, 그 웃음에서 애끓는 감정까지는 지울 수 없었으리라. 왜냐하면 가룟

유다의 결단은 곧 예수 본인의 죽음을 의미하는 것이기 때문이다.

유다가 [그분]께 말하였다. "라삐, 이 세대는 어떤 열매를 가집니까?" 예수님께서 말씀하셨다. "사람들의 모든 세대는, 그들의 영혼은 죽을 것이다. (이 세상) 왕국의 때가 끝이 나고 영(pneuma)이 그들에게서 분리되면, 그들의 몸은 죽을 것이다. 그러나 그들의 영혼(psyche)은 살아남아 위로 들어 올려질 것이다." 유다가 말하였다. "그러면 사람들의 나머지 세대들은 어떻게 됩니까?" 예수님께서 말씀하셨다. "바위에 씨를 뿌릴 수 없고 그 열매를 거둘 수도 없다. …… 그러나 그들의 영혼은 저 높은 곳으로 올라갈 것이다. 참으로 내가 너희에게 말한다. [훼손됨]도 천사도 [훼손됨]도 이 위대하고 거룩한 세대가 보게 될 그곳을 보지 못할 것이다." 예수님께서는 이 말씀을 하신 뒤 자리를 뜨셨다. 유다가 말하였다. "스승님, 당신께서 이들 모두의 말을 들으신 것처럼 이제는 제 말을 들어 보십시오. 사실 저는 엄청난 환시를 보았습니다." 예수님께서는 듣고서 웃으셨다. 그분께서 그에게 말씀하셨다. "무엇이 문제냐? 오, 열셋째 다이몬아. 자, 네가 말해 보아라. 내가 너를 받아주겠다." 유다가 그분께 말하였다. "저는 환시로 저 자신을 보았습니다. 그런데 열두 제자들이 저에게 돌을 던지면서 제 뒤를 바짝 쫓고 있었습니다. 그리고 저는 다시 당신을 따라 [훼손됨] 그곳으로 갔습니다. 그리고 집 한 채를 보았는데, [훼손됨] 제 눈으로 그 크기를 [잴] 수 없을 정도였으며, 몇몇 거대한 사람들이 그것을 에워싸고 있었습니다. 그 집에는 풀로 덮인 옥상이 있었으며, 그 집 한가운데에 군중이 있었습니다. …… 스승님, 저 사람들과 함께 저도 이 집 안으로 받아들여 주십시오!" 하고 [말하였습니다.]" [예수님께서] 대답하시며 말씀하셨습니다. "너의 별이 너를 오류로 이끌었구나, 오, 유다야! 사멸하는 인간에게서 난 모든 소생은, 네가 본 그 집에 들어갈 자격이 없다. 그곳은 거룩한 성도들을 위해 수호된 곳이기 때문이다. 그곳은 태양과 달도, 낮도 다스리지 못하는 곳이다. 그러나 그들은 언제나 이 에온에서 거룩한 천사들과 함께 서 있을 것이다. 보아라! 내가 너에게 왕국의 신비들에 관해 말해주었다. 그리고 별들의 오류에 관해서도 너에게 가르쳐주었다. 그리고 [훼손됨] 열두 에온에게 [훼손됨] 보내어라." 유다가 말하였다. "스승님, 혹시 저의 씨앗도 아르콘들에게 복종하게 되는 것은 아니겠지요?" 예수님께서 대답하시며 그에게 말씀하셨다. "자, 와라! 내가 너에게 [훼손됨] 해주겠다. [1줄 훼손됨]. 네가 그 왕국과 그 세대 전체를 보고 몹시 탄식하게 하려는 것이다." 유다는 이 말씀을 듣고서 그분께 말하였다. "제가 얻게 될 이익은 무엇입니까? 당신께서 저를 그 세대와 떨어뜨려 놓지 않았습니까?" 예수님께서 대답하시며 말씀하셨다. "너는 열세 번째가 될 것이다. 그리고 너는 남은 세대들에게 저주를 받을 것이다. 그리고 그들을 다스리게 될 것이다. 마지막 날에 그들은 네가 거룩한 세대를 향해 높이 올라가지 못하게 (저주할) 것이다." 예수님께서 말씀하셨다. "자, 오너라! 내가 사람들이 [훼손됨] 보게 될 것들에 관해 너에게 가르쳐주겠다. 사실 위대하고 한계가 없는 에온이 존재한다. 어떠한 천사의 세대도 그 크기를 다 본 적이 없다. 그 안에 눈으로 보이지 않는 위대한 영이 계신다. 천사의 눈도 그분을 뵌 적이 없다. 마음의 생각이 그분을 품은 적도 없으며, 어떠한 이름으로도 그분은 불린 적이 없으시다. 그런데 그곳에서 눈부신 구름이 나타났다. 그리고 그분께서 말씀하셨다. '내 조수가 되도록 천사여 생겨나라!' 그러자 구름 속에서 거대한 천사, 스스로 생겨난 이, 빛의 하나님이 나왔다. 그리고 그 덕분에 다른 구름에서 네 명의 천사들이 더 생겨났다. 그리고 그들은 천사와 같이 '스스로 생겨난 이'의 조수가 되었다. 그리고 '스스로 생겨난 이'가 말하였다. '[다른 에온아], 생겨나라!' 그러자 [말한 대로] 되었다." (유다복음 43-48)[5]

계속해서 영지주의 관점에서 베레쉬트, 즉 '태초에'라는 뜻의 창세기 1장과 2장을 통해 다뤄진 천지창조와 아담의 출현 이야기가 이어진다. 그 모든 것이 창조주에 의해 이뤄졌다는 내용 말이다. 하지만 영지주의자들의 사상에 내재한 사유의 밑바탕은 보편적으로 다음과 같은 것이었다. 이들은 신앙과 지식을 맞바꿨다기보다 믿음보다 '소피아'라고 하는 지혜를 우선시했다. 영지주의 문서인 '요한의 비밀의 서'라고도 불리는 요한의 비전에는 다음과 같은 내용이 적혀 있다.

완전한 아버지이신 하나님에게서 일련의 다른 신적 존재들인 에온들이 유출되었다. 하나님과 에온들이 함께 천상계인 플레로마를 형성한다. 이 영적 세계가 진정한 세계이며 빛과 평화로 가득 차 있다. 그리고 아무런 결핍이나 부족함이 없어 그 자체로 완벽하다. 고통과 아픔은 이곳에 설 자리가 없다. 이 완전한 세계, 천상계는 우리가 사는 물질계가 창조되기 이전부터 존재했다. 그런데 이 완전한 천상계인 플레로마에 문제가 발생한다. 에온들 가운데 최하위에 해당하는 소피아가 최상신의 허락과 배우자 에온의 동의도 없이 독단적으로 소생을 낳아버린 것이다. 소피아는 자신의 소생이 괴물 같은 형상을 한 것을 보자 그를 플레로마 바깥으로 내던져버렸다. 그러면서 자신의 영과 힘을 그 소생에게 빼앗긴다. 이때 플레로마 바깥에 버려진 소피아의 소생이 바로 물질계와 인간을 만든 창조주, 즉 데미

5   송혜경, 『영지주의자들의 성서』, 305~308쪽.

우르고스다. 인간을 만드는 과정에서 이 창조주는, 소피아에게서 뺏은 신적 요소 곧 소피아의 영을 인간에게 불어넣는다. 이렇게 해서 플레로마로부터 떨어져 나온 신적 요소가 물질계, 더 정확히 말해 인간의 몸속에 갇히게 된다.[6]

예수보다 400년 남짓 먼저 태어난 플라톤이 이러한 세계관의 구축에 사상적 토대를 마련했다는 것은 널리 알려진 사실이다. 플라톤은, 3장에서 잠깐 소개하기도 한, 그의 저서 『티마이오스』를 통해 다음과 같이 말하고 있다.

> 우리의 이 우주를 만든 분은 이렇게 말했습니다. "신들이여, 내가 너희를 만든 아버지니라. 내가 만든 것들은 내 동의 없이는 해체되지 않으리라. …… 그러므로 너희는 생성된 존재로서 전적으로 불사의 존재도 아니고 해체될 수 없는 존재도 아니지만, 너희가 해체되거나 죽음을 맞는 일은 결코 없으리라."[7]

아울러 영혼불멸론자였던 플라톤은 아버지라고 하는 신에 의해 생성되어 인간의 창조를 위임받기까지 한 데미우르고스(demiourgos)에게 신이 이렇게 말했다고 한다.

> "내가 너희를 만들 때 사용한 힘을 모방하여 생명체들을 만드는 일에 착수하라. …… 내가 그 부분의 씨를 뿌리기 시작하여 너희에게 넘겨줄 터이니 마무리는 너희가 하라. 말하자면 너희는 불사의 것과 사멸하는 것을 섞어 짜서 생명체들을 만

---

6   위의 책, 27~28쪽.
7   플라톤, 『테아이테토스 · 필레보스 · 티마이오스 · 크리티아스 · 파르메니데스』, 345쪽.

들고 탄생시키 다음, 그것들에 영양분을 주어 자라게 하다가 그것들이 사멸하면 다시 받아들이도록 하라."[8]

하지만 플라톤은 영지주의자들의 믿음과는 달리 '태초에' 인간의 신비를 전혀 부정적으로 바라보지 않았다. 다만 그의 저서 『파이드로스』에서 소크라테스를 통해 말했듯이 "그때 우리는 순수한 빛에 둘러싸여 있었고, 스스로 순수했으며, 지금 우리가 입고 다니는 '몸'이라는 무덤 안에 껍질 속 조개처럼 갇혀 있지도 않았네"[9]라며 '육체'를 '무덤'에 비유했을 뿐이다. 그러나 기독교 계열의 영지주의자들은 이렇게까지 주장한다.

심지어 영지주의자들은, (마르시온이 그랬던 것처럼) 이 데미우르고스를 구약성경의 창조주, 곧 유대인들의 하나님과 동일시한다. 만약 그리스도인이 유대인들의 하나님을 믿는다면 그들도 거짓 신을 섬기는 것이라고까지 주장한다. 영지주의자들은 인간이 거짓 신의 지배에서 벗어나는 길, 그리고 영이 육체와 세상이라는 감옥에서 벗어나는 길은 오직 자신의 기원을 깨닫는 것뿐이다. 즉 인간은 자신의 참다운 자아인 영이 창조주 데미우르고스가 아니라 하나님에게 유래했음을 깨달음으로써, 즉 그노시스를 획득함으로써만 해방될 수 있다는 것이다. 예수 그리스도가 세상에 온 목적도 인간의 영을 거짓 신의 지배에서 벗어나게 하려는 원대한 시도였다. 인간에게 그노시스를 주어 몸 안에 갇힌 영을 육체의 속박에서 해방시킨다는 것이다. 결국 영지주의자들에게 구원은, 영이 그노시스를 통해 육체와 세상의 속박으로부터 벗어나 플레로마로 돌아가는 것, 그리하여 플레로마의 하나님과

---

8 위의 책, 346쪽.
9 플라톤, 천병희 옮김, 『파이드로스 · 메논(Phaidros · Menon)』(숲, 2013), 67쪽.

다시 일치시키는 것이다."[10]

그리고 플라톤은 대체로 '영지'라고 번역하는 그노시스, 즉 '하나님의 신비를 아는 지식'을, 그의 저서 『메논』에서 다시금 소크라테스를 내세워 "탐구와 배움은 사실 상기 이외의 다른 어떤 것도 아니라네"[11] 라고 일깨우기도 했고 『파이드로스』에서는 이렇게 말하였다.

그리고 이러한 이해는 우리의 혼이 전에 신과 함께 여행하며 지금 우리가 존재한다고 생각하는 것은 실제로 존재하는 것을 응시할 때 보았던 것들의 상기일세.[12]

그러므로 유다복음의 예수는 "눈으로 보이지 않는 위대한 영이 계신다. 천사의 눈도 그분을 뵌 적이 없다. 마음의 생각이 그분을 품은 적도 없으며, 어떠한 이름으로도 그분은 불린 적이 없으시다"라고 했던 것이다. 하지만 만일 예수가 이렇게 말했다면 신에 관한 한 가룟 유다는 다음과 같이 반문했어야 했다. 살아 있는 동안 눈으로 볼 수도 없고 마음으로 품을 수도 없는 존재라면 죽을 때까지 믿는다고 해서 사후에 그 존재를 어떻게 볼 수 있으며 마음으로라도 품을 수는 있을까? 죽어서도, 천사의 눈도 그분을 뵌 적이 없다고 하는데, 눈으로 보이지 않는 위대한 영이 있다는 사실을 어떻게 알 수 있을까? 어쩌면 그 존재가 어떤 이름으로 불리는지는 영지주의자들의 생각과 달리 꿍

10 송혜경, 『영지주의자들의 성서』, 28쪽..
11 플라톤, 『파이드로스 · 메논』, 166쪽.
12 위의 책, 65쪽.

장히 사소한 문제일 수도 있다.

　그러니까 정작 사소하지 않은 문제라는 것은 다음의 맥락인 듯하다. 제자들의 환시에 대해서는 그렇게 부정적이던 예수가 유다의 환시에 대해서는 어째서 이렇게 상반된 입장을 보였을까 하는 것이다. "무엇이 문제냐? 오, 열셋째 다이몬아. 자, 네가 말해 보아라. 내가 너를 받아주겠다." 그러면서도 예수는 유다가 자신도 선택받은 사람들과 같이 그 집 안으로 받아들여 달라고 부탁했을 때는 "내가 너를 받아주겠다"라고 한 의미는 그런 게 아니라는 듯이 "너의 별이 너를 오류로 이끌었구나, 오, 유다야! 사멸하는 인간에게서 난 모든 소생은, 네가 본 그 집에 들어갈 자격이 없다"라며 냉정하고 야멸차게 반응한다. 이에 대하여 유다복음의 저자는 예수와 유다가 이런 대화를 나눈 것은 가룻 유다가 가까운 미래를 보았던 탓이라고 전한다. 그도 그럴 것이 유다는 예수에게 "열두 제자들이 저에게 돌을 던지면서 제 뒤를 바짝 쫓고 있었습니다"라고 말했다. 이때 '돌을 던진다'는 행위는 유대인들에게 곧 살해를 의미한다.

> 주님께서 모세에게 말씀하셨다. "나 주를 저주하는 말을 한 그를 너는 진 바깥으로 끌어내라. 나에게 저주하는 말을 들은 사람들이 모두 그자의 머리 위에 손을 얹은 다음에, 온 회중은 그를 돌로 쳐라. 그리고 너는 이스라엘 자손에게, 하나님을 저주하는 사람은 누구든지 그 벌을 면하지 못한다고 일러주어라. 주의 이름을 모독하는 사람은 반드시 사형에 처해야 한다. 온 회중이 그를 돌로 쳐죽어야 한다. 주의 이름을 모독하는 사람은 이스라엘 사람은 말할 것도 없고 외국 사람이라 하여도 절대로 살려 두어서는 안 된다." (레위기 24,13-16)

그래서 앞서 발췌해 살펴보았듯이 유대교와 기독교가 갈라서자 스데반은 이러한 혐의로 인해 순교했고 대제사장들의 막후 세력이었던 안나스 가문은 다음과 같은 일까지 자행하였다.

그 가운데서도 한 아들은 이름이 자기 아버지와 같이 하난이었는데, 그는 예수의 죽음과 아주 비슷한 사정 속에서 주의 형제인 야고보를 돌로 쳐 죽이기까지 했다. [13]

이는 디카이오쉬네, 즉 '하나님의 의'가 어느 쪽에 있는가 하는 종교적 믿음으로 인해 불가피하게 맞부딪힐 수밖에 없는 충돌이었다. 나중에는 그리스 정교와 이슬람교와 개신교가 이 무모하고 무자비한 싸움에 참전했다. 아브라함을 자신들 믿음의 시조라고 믿는 이 모든 종교의 또 한 가지 공통점은, 너무나 당연한 이야기지만, 그 중심에 명칭조차 합의된 적 없는 하나님이 있다는 것이다. 그 시작은 'YHWH'에 해당하는 자음의 히브리어 네 문자가 발단이었다. 테트라그람마톤은 가톨릭과 개신교에서 '야훼'와 '여호와'라고 부르는 그 히브리어 네 문자를 두고 '넷'이라는 뜻의 그리스어 '테트라'와 '글'이라는 뜻의 '그람마톤'을 합성한 용어다. 그런데 유대인들은 하나님의 거룩한 이름을 함부로 불러서는 안 된다는 계명을 문자적으로 지키기 위해 바벨론 포로기 이후부터 '아도나이', 즉 '주'라는 뜻의 호칭으로 하나님의 이름을 대신하여 불렀다. 이슬람에서는 '알라'라고 부르며, 이들은 하나님의 이름을 갖고도 서로 으르렁댄다. 그러니 예민하고 민감한 교

---

13 에르네스트 르낭, 『예수의 생애』, 342쪽.

리적 차이에서는 오죽하겠는가. 유대교와 이슬람교가 예수를 신으로 인정하지 않는다는 점은 널리 알려진 사실이다. 유일한 신이 어떻게 둘일 수 있겠는가. 그런데 가톨릭과 그리스 정교, 개신교에서는 성령의 하나님까지 포함하여 셋도 가능하다고 한다. 물론 성령에 대한 입장 차이로 가톨릭과 그리스 정교가 갈라서기는 했지만 말이다. 이를 필리오케 논쟁이라고 한다.

> 문제가 된 기본 쟁점은 성령이 단지 아버지로부터 나오느냐, 아니면 아버지와 아들로부터 나오느냐 하는 것이었다. 전자의 견해는 동방교회에서 주장했고 카파도키아 교부들에 의해 집중적으로 논의되었다. 후자의 견해는 서방교회와 관련이 있으며 아우구스티누스의 '삼위일체론'을 통하여 정점에 이르렀다.[14]

이슬람교는 알라가 유일한 신이라는 점에서만큼은 유대교와 무척이나 흡사하다.

> 계전의 백성이여, 너희들은 종교의 일로 해서 도를 넘어서는 안 된다. 또 알라에 관해 진리가 아닌 것을 한마디도 해서는 안 된다. 잘 들어라. 구세주라고 하는 마리아의 아들 예수는 단지 알라의 사도일 뿐이다. 그리고 마리아에게 주어진 알라의 말씀이며 알라에서부터 나타난 영혼에 불과하다. 그러므로 알라와 그 사도들을 믿어라. 결코 셋이라 해서는 안 된다. 삼가라. 그것이 너희들을 위해 훨씬 좋은 일이다. 알라는 유일한 신이다. 알라를 찬송하라. 알

14 알리스터 맥그래스, 김기철 옮김, 『신학이란 무엇인가(Christian Theology, An Introduction)』(복있는 사람, 2014, 2020), 652쪽.

라에게 자식이 있다니 무슨 말인가. 하늘에 있는 것과 땅에 있는 것은 모두 알라에게 속한다. 보호자는 알라 혼자로 충분하다. (여인의 장 4,171) [15]

오늘날 우리가 예수라고 번역하는 명칭은 "'모든 이름 위의 이름'이 라는 의미의 그리스어 '이에수스'" [16]인데 꾸란에서는 예수를 '이사'라고 부른다. 예수에 대해 다음과 같은 꾸란의 내용까지만 소개하고자 한다.

'신은 즉 마리아의 아들, 구세주이시다'라고 하는 자는 이미 믿지 않는 자다. 그러나 구세주는 말하고 있지 않은가. '이스라엘 자손들아, 내 주이면서 너희 들의 주이신 알라를 숭배하라.' 알라와 나란히 다른 어떤 것을 숭배하는 자에 게 알라께서는 낙원으로 들어가는 것을 금하셨다. 그가 살 곳은 지옥의 불이 다. 불의의 무리에게는 아무도 도울 자가 없다. '참으로 알라는 세 분 가운데 한 분이시다'라고 하는 자는 이미 믿지 않는 자다. 한 분의 알라 이외에 다른 신은 없다. 그런 말을 그만두지 않는다면 믿음을 배반하는 이런 자에게는 반 드시 고통스러운 벌이 내리게 될 것이다. 그들은 알라께 회개하여 용서를 구 하지 않는가. 알라께서는 관용을 베풀어주시고 자비로우신 분이시다. 마리아 의 아들 메시아는 단지 사도에 지나지 않는다. 그보다 이전에도 많은 사도가 있었다. 또 그의 어머니는 성실한 여자에 지나지 않았다. 두 사람 다 음식을 먹었다. 우리가 어떻게 그에게 증거를 분명히 하고 있는지 보아라. 그리고 그 들이 어떻게 의심하고 있는지 보아라. (식탁의 장 5,72-75) [17]

---

15 『코란(꾸란)』, 139쪽.
16 티모시 프리크 · 피터 갠디, 승영조 옮김, 『예수는 신화다(THE JESUS MYSTERIES)』(미지북스, 2009), 182쪽.
17 『코란(꾸란)』, 152쪽.

아무튼 저마다 자신들의 교리가 소중하다는 것은 충분히 이해가 된다. 하지만 그렇다고 해서 그 하나님들이, 그래서 엘로힘 같은 복수형이 있는지는 모르겠으나, 결코 가볍게 만들지 않았을 목숨을 전쟁까지 불사하며 뺏고 빼앗길 정도로 중요한지 나는 도무지 이해되지 않는다.

주님께서 민족들 사이의 분쟁을 판결하시고, 원근 각처에 있는 열강 사이의 갈등을 해결하실 것이니, 나라마다 칼을 쳐서 보습을 만들고 창을 쳐서 낫을 만들 것이며, 나라와 나라가 칼을 들고 서로를 치지 않을 것이며, 다시는 군사 훈련도 하지 않을 것이다. 사람마다 자기 포도나무와 무화과나무 아래 앉아서, 평화롭게 살 것이다. 사람마다 아무런 위협을 받지 않으면서 살 것이다. 이것은 만군의 주님께서 약속하신 것이다. (미가 4,3-4)

다시 유다복음으로 돌아가서 유다를 뒤쫓던 제자들이 '열하나'가 아니라 '열둘'이었다는 점에 주목해야 할 것 같다. 그러니까 이러한 환시는 예수의 공동체에서 다음 같은 일이 있고 나서의 사건인 듯하다.

바사바라고도 하고 유스도라고도 하는 요셉과 맛디아 두 사람을 앞에 세우고서 기도하여 아뢰었다. "모든 사람의 마음을 다 아시는 주님, 주님께서 이 두 사람 가운데서 누구를 뽑아서, 이 섬기는 일과 사도직의 직분을 맡게 하실지를, 우리에게 보여주십시오. 유다는 이 직분을 버리고 제 갈 곳으로 갔습니다." 그리고 그들에게 제비를 뽑게 하니, 맛디아가 뽑혀서, 열한 사도와 함께 사도의 수에 들게 되었다. (사도행전 1, 23-26)

하지만 이 대목에서도 정작, 유다복음의 저자가 강조하려고 한 점은 맛디아의 선출이 아니라는 것이다. 이들이 요셉과 맛디아, 이 두 사람을 앞에 세우고 기도한 것이나 그들에게 제비를 뽑게 하여 맛디아로 하여금 가룟 유다의 자리를 대신하게 한 것은 예수가 걱정스럽게 예견한 대로 그러한 일이 그대로 이뤄졌다는 점을 재차 강조하려는 의도다. "다른 이가 네 자리를 차지하여 열두 제자가 그들의 신에 의해 다시 완성될 것이기 때문이다." 분명히 열한 제자는 맛디아를 자신들과 같은 사도로 세울 때 '그들의 신에 의해' 열두 제자가 다시 완성되길 간구한 것이다. 그것도 예수가 고초를 겪고 십자가에 못 박혀 죽었다가 부활해 승천까지 했음에도 이들은 전통적으로 믿던 유대 민족의 신에 철저히 얽매여 있었다는 이야기다. 그러므로 "스승님, 혹시 저의 씨앗도 아르콘들에게 복종하게 되는 것은 아니겠지요?"라며 염려하는 유다에게 예수가 다시금 "자, 와라! 내가 너에게 [훼손됨] 해주겠다. [1줄 훼손됨]. 네가 그 왕국과 그 세대 전체를 보고 몹시 탄식하게 하려는 것이다"라고 말한 것은 가룟 유다로 하여금 묵시적 사상에 휩싸여 있던 제자들하고는 다른 길을 걷도록 권면하는 예수의 요청이었던 셈이다. 이와 같은 맥락에서 보자면 예수의 추종자들이 그토록 바라고 바라던 다음과 같은 기대는 걷잡을 수 없이 허물어지고 만다.

예수께서 그들에게 말씀하셨다. "내가 진실로 너희에게 말한다. 새 세상에서 인자가 자기의 영광스러운 보좌에 앉을 때, 나를 따라온 너희도 열두 보좌에 앉아서, 이스라엘 열두 지파를 심판할 것이다." (마태복음 19,28)

이를 위해서라도 가룟 유다는 어쩔 수 없이 '열셋째 다이몬'으로 불려야만 한다. 아니, 예수는 유다와 단둘이서 대화를 나눌 때는 유다를 그런 애칭으로 부른 듯하다. 그리고 어느샌가 '13'이라는 숫자에는 성스러운 의미마저 깃든다. 이제 유다는 예수에게 인간적으로 솔직하게 묻는다. "제가 얻게 될 이익은 무엇입니까? 당신께서 저를 그 세대와 떨어뜨려 놓지 않았습니까?" 예수 역시 유다에게 인간적으로 솔직하게 답한다. "너는 열세 번째가 될 것이다. 그리고 너는 남은 세대들에게 저주를 받을 것이다. 그리고 그들을 다스리게 될 것이다. 마지막 날에 그들은 네가 거룩한 세대를 향해 높이 올라가지 못하게 (저주할) 것이다." 이처럼 유다가 전하는 복음에 따르면 예수는 가룟 유다에게 그가 죽고 나서도 명예 회복은커녕 불명예스러운 저주만이 따라다닐 것이라고 알려준다. 이를 무릅쓰고서라도 너는 나와 이 일을 도모할 수 있겠느냐고 예수는 유다에게 묻는 것이다. "자, 오너라! 내가 사람들이 [훼손됨] 보게 될 것들에 관해 너에게 가르쳐주겠다."

예수의 웃음에 담긴 네 번째 의미

예수의 마지막 네 번째 웃음은 자칫 냉소적으로 여겨질 수도 있다. 하지만 그 웃음은 한 줌도 안 되는 인간들이 들고 설치는 가위에 싹둑싹둑 잘려 나간 인생이라는 길이만큼의 무수한 절망들을 잇는 두 줄의 단단한 희망의 끈이라는 점에서 예수와 유다가 짓고픈 진정한 의미의 참된 미소였을 것이다.

예수님께서는 웃으셨다. 유다가 말하였다. "스승님, [당신께서는 무엇 때문에 저희를 보고 웃으십니까?]" 예수님께서 대답하시며 말씀하셨다. "너[희]를 보고 웃는 것이 아니라 별들의 오류를 보고 웃는 것이다. 여섯 개의 이 별들이 이 다섯 전사와 함께 오류에 빠졌기 때문이다. 그들은 모두 자기네 피조물들과 함께 파멸할 것이다." 그러자 유다가 예수님께 말하였다. "그렇다면 당신의 이름으로 세례를 받은 이들은 어떻게 됩니까?" 예수님께서 말씀하셨다. "진실로 내가 [너에게] 말한다. …… 유다야! 사클라스에게 제물을 바치는 사람들은 [2줄 정도 훼손됨] 온갖 악한 일 …… 그러나 네가 그들 모두를 넘어설 것이다. 네가 나를 지고 있는 사람을 희생시킬 것이기 때문이다. 이미 너의 뿔은 높이 들어 올려졌으며, 너의 분노는 채워졌고, 너의 별은 지나갔으며 너의 마음은 …… 진실로 내가 너에게 말한다. 너의 마지막은 [4줄 훼손됨]. 아르콘은 제거될 것이다. 그리고 그때 아담의 위대한 세대의 형상이 높이 들어 올려질 것이다. 왜냐하면 그 세대는 하늘과 땅과 천사들보다 앞서 영원으로부터 존재하기 때문이다. 자, 보아라. 내가 모든 것을 너에게 말하였다. 네 눈을 들어 올려 저 구름과 그 안에 있는 빛, 그리고 그것을 둘러싼 별들을 바라보아라. 앞에서 길을 인도하는 저 별이 너의 별이다." 유다는 자기 눈을 들어 올려 빛나는 구름을 바라보았다. 그리고 그는 (구름) 속으로 들어갔다. 아래에 서 있던 사람들은 한 소리가 구름 속에서 울려퍼져 다음과 같이 말하는 것을 들었다. (유다복음 55-57) [18]

가롯 유다를 두고 야비하며 사악하고 잔인하기까지 한 배신자라고

---

18 송혜경, 『영지주의자들의 성서』, 312~314쪽.

말하는 사람들에게 이렇게 말해줘야 할 때가 왔다. 당신들이야말로 시편 73편 22절의 "나는 다만, 주님 앞에 있는 한 마리 짐승이었습니다"라고 고백해야 할 사람들이고, 시편 22편 6절과 같이 당신들의 주님 앞에 "나는 사람도 아닌 벌레입니다"라며 참회해야 할 사람들은 정작 그대들이라고 말이다. 그러니 유다가 하물며 사람 같은 구더기로, 인간 같은 벌레로 살았다고 한들 그대들의 업신여김이 온당할 수 있겠는가. 예수는 유다에게 말했다. "그러나 네가 그들 모두를 넘어설 것이다. 네가 나를 지고 있는 사람을 희생시킬 것이기 때문이다." 그럼에도 집요하게 꼬투리를 잡고 끈질기게 물고 늘어지는 사람은 다음과 같이 이어지는 문장을 걸고넘어지려고 한다. 그렇다면 어째서 예수는 유다에게 "이미 너의 뿔은 높이 들어 올려졌으며, 너의 분노는 채워졌고, 너의 별은 지나갔으며 너의 마음은 ……"이라고 하면서 차마 말을 끝맺지도 못하였느냐고 말이다. 그러나 전체적인 맥락에서 성서의 구절들을 해석해야 하듯이 유다가 전하는 복음 역시도 그렇게 해야만 한다. 가룻 유다가 예수에게 물었다. "스승님, 혹시 저의 씨앗도 아르콘들에게 복종하게 되는 것은 아니겠지요?" 그런 유다에게 예수는 대답한다. "아르콘은 제거될 것이다." 그리고 자신을 가리켜 예수는 이렇게 말한다. "그리고 그때 아담의 위대한 세대의 형상이 높이 들어 올려질 것이다. 왜냐하면 그 세대는 하늘과 땅과 천사들보다 앞서 영원으로부터 존재하기 때문이다." 또한 곧장 예수는 이렇게까지 말했다. "너의 별은 지나갔으며", "앞에서 길을 인도하는 저 별이 너의 별이다"라고 말이다. 결국 예수를 고난의 십자가로 인도한 것은 유다였는데, 이는 세례자 요한조차 하지 못한 일이었다. 이러한 관점에서 논의를 진행하는 게 못마땅한 사람들은 이내 다음과 같이 딴지를 걸려고 한다. 그렇다고 하더라도 유다복음이라는 것은 정경복음서에 포함되지도 않았을뿐더러 영지주의 문서에 불과하다. 그렇다면 "일치된 언어를 갖는 단일한 그리스도교 세계를 만들고자 했던" 이레네우스는 정경복음서를 어떻게 정의했는가.

> 복음서는 수없이 많은 게 아니라 단 네 권뿐이라고 했다. 넷이라는 숫자는 중요한 의미가 있었다. 세상에는 네 방향이 있다. 이레네우스는 이를 지극히 중요한 사실로 여겼다. 따라서 복음서도 네 권이어야 했다. 그는 수용할 수 있는 4대 복음의 목록을 만들었다. 마태, 마가, 누가, 요한복음이었는데, 그는 이들 네 권의 복음만이 하나님의 계시로 쓰여졌다고 했다. 그후 이 네 권이 정경복음서가 된 것이다. [19]

그러나 앞 장에서 존 도미닉 크로산의 견해를 인용하면서 이미 살펴봤듯이, 네 편의 복음서에 나타나는 모순과 불일치를 모른척할 수 없었던 이들의 다양한 시도가 있었다. 디아테사론도 그러한 시도를 통해 만들어진 결과물이었다.

> 2세기 시리아 교회의 학자 타티안은 네 개의 증언을 하나로 줄이려고 시도했다. 그는 네 편의 복음서를 하나의 디아테사론으로 조화시켰다. 서방교회는 결국 그의 저작을 거부했는데, 이는 네 개의 복음서들을 조화로운 하나의 이야기로 융합시키는 작업을 불법적인 것으로 간주했음이 분명하다. [20]

---

19 허버트 크로즈니, 『유다의 사라진 금서』, 225쪽.
20 로버트 펑크, 『예수에게 솔직히』, 177쪽.

예수와 유다의 결단과 마찬가지로 이 모든 게 인간의 결정이었던
셈이다.

[4줄 훼손됨] 그들의 대제사장들은 웅성거렸다. [그분께서] 기도하시러 방에
들어가셨기 때문이다. 몇몇 율법학자들이 거기 있으면서 그분께서 기도하시
는 동안 그분을 붙잡으려고 지켜보았다. 사실 그들은 백성을 두려워하고 있
었다. 그분께서 모두에게 예언자로 여겨지고 계셨기 때문이다. 그리하여 그
들은 유다에게 다가가서 그에게 말하였다. "네가 이곳에서 무얼 하고 있느
냐? 너는 예수의 제자가 아니냐?" 그는 그들이 원하는 대로 그들에게 대답해
주었다. 유다는 돈을 얼마 받고 그들에게 그분을 넘겨주었다. (유다복음 58)[21]

이것이 가롯 유다가 예수를 배신한 사건의 전말이라며 콥트어로
'페우앙겔리온 엔유다스'라고 끝맺는 유다복음이다. 그러니까 가롯 유
다야말로 요한이 요한복음 19장 30절을 통해 "예수께서 신 포도주를
받으시고서, '다 이루었다' 하고 말씀하신 뒤에, 머리를 떨어뜨리고서
숨을 거두셨다"라고 전하기 전에 이미 그 모든 것을 다 이루었던 것이
다. 그런데 누가는 어떻게 그런 이의 최후를 "거꾸러져서, 배가 터지
고, 창자가 쏟아졌다"라고 모독할 수 있었을까?

"예루살렘에서 두 사람이 나무에 매달려 죽었다는 것을 잊지 맙시다.
두 명의 희생자가 있었습니다. 피의 밭과 골고다는 떼어서 생각할 수
없습니다"[22]라고 생각하지는 못할망정 말이다. 그러므로 유다의 내러티

---

21   송혜경, 『영지주의자들의 성서』, 314쪽.
22   발터 옌스, 『유다의 재판』, 169쪽.

브는 예루살렘을 무대로 이스라엘이라는 작은 민족조차 어쩌지 못했던 하나님에 대한 신약성서라는 '시즌2'가 아니라 인간이라는 예수를 처음이자 마지막으로 그 하나님 앞에 우뚝 세우고자 했던 이야기다.

그리하여 다만 이렇게 기원해본다. 정말이지 천국이 있어 당신도 그곳에 가는 기회를 누릴 수 있다면, 그것이 당신의 행위가 쌓이고 쌓여 얻은 결과이길 바란다. 그리고 그런 당신 곁에는 꼭 이 드넓은 땅에서 집 한 칸 마련하지 못하고 살았던 가족의 자리가, 먹고도 남을 식량으로 넘쳐나는 세계 저편에서 굶주려 죽는 아이들의 자리가, 유통기한이 지나 폐기 처분할 때까지 남아돌아 골머리를 앓는 의약품만 전해졌어도 살 수 있었던 병자들의 자리가 있길 바란다. 비록 내가 아무리 바라고 원해도 인류가 존속하는 한 이 세상에서 희망 고문과도 같은 종교는 사라지지 않을 것이고 전쟁도 멈추지 않을 테지만 말이다.

마지막으로 디트리히 본회퍼(Dietrich Bonhoeffer)가 남긴 편지로 부족한 이 글의 결론을 대신하고자 한다. '데우스 엑스 마키나'란 기계 장치로 된 신을 일컫는 연극 용어다. 신이 해결 곤란한 장면을 처리하기 위해 별안간 출연하던 것에서 유래했다.

나는 종교적인 사람들을 마주해서는 하나님의 이름을 언급하고 싶지 않을 때가 자주 있네. 하나님의 이름을 거론하기라도 하면 어쩐지 그 이름이 잘못될 것만 같고 나 자신도 불성실한 것만 같아서지. …… 종교적인 사람들은 인간의 지식이 (때때로 사고의 나태함 때문에) 막다른 골목에 이르거나. 인간의 능력이 쓸모없게 되었을 때 하나님을 언급하네. 하지만 이것은 종교적인 사람이 해결 불가능한 문제를 그럴듯하게 해결하기 위해 등장시키거나, 아니면 인간적인 능력이 쓸모없게 되었을 때 등장시키거나, 아니면 인간의 약점을 이용하여 등장시키거나, 그것도 아니라면 인간의 한계에 다다랐을 때 등장시키는 '데우스 엑스 마키나'에 지나지 않네. 인간들이 제힘으로 한계를 조금 더 밀어내야만 '데우스 엑스 마키나'로서의 신은 불필요해질 텐데 그전까지는 이런 일이 불가피한 것으로 여겨질 것이네. …… 우리가 하나님을 위해 자리를 남겨두려고 하는 것도 그저 불안해서인 것 같네. 나는 삶의 가장자리에서가 아니라 삶의 한복판에서 하나님에 대해 말하고 싶네. 나는 약할 때가 아니라 힘이 있을 때 하나님에 대해 말하고 싶네. 나는 죽을 때나 죄를 지었을 때가 아니라 삶과 인간의 선 안에서 하나님에 대해 말하고 싶네. 한계에 다다라서는 입을 다물고 해결 불가능한 것을 미해결로 남겨두는 것이 더 좋을 듯하네.[23]

이에 덧붙여 디트리히 본회퍼는 행동하는 시대의 종교적 양심으로 언제 죽을지 모르는 수감 생활을 하면서도 죽음의 문제를 부활 신앙이 해결할 수 없다고 확고하게 믿었다. 니코스 카잔차키스는 예수가 힘겹게 십자가를 짊어지고 골고다에 이르러 그 십자가에 못 박히기 직전의 순간을 문학적 언어로 다음과 같이 표현했다.

불꽃도 없고, 천사도 안 보였으며, 지상에서 벌어지는 사건을 위에서 누군가 지켜본다는 지극히 작은 계시조차 없었다.[24]

---

23 디트리히 본회퍼, 김순현 옮김, 『옥중서신: 저항과 복종(Widerstand und Ergebung)』(복 있는 사람, 2016), 253~254쪽.
24 니코스 카잔차키스, 『최후의 유혹(하)』, 682쪽.

5장 유다, 배신자라는 오명을 벗고 이 책에서 안식을 찾다   303

성서는 진리의 세계가 아니라 가치의 세계다. 가치의 세계에서는 다양한 진리가 혼재해 있기 마련이다. 그 다양한 진리 가운데서 이 세계와 소통 가능한 가치만이 성서의 진리일 것이다. 그리고 만일 예수가 신이라면 2000년이라는 시간이 다 지나도록 그의 옆구리에 난 상처는 단 한순간도 말끔히 아문 적 없이 흉지고 터지고 덧나고 아물길 반복하고 있으리라. 그래서 나는 그가 신이 아니었으면 하고 바란다. 예수는 제자들을 세상으로 파송하면서 마태복음 10장 16절을 통해 다음과 같이 당부했다. "보아라. 내가 너희를 내보내는 것이, 마치 양을 이리 떼 가운데로 보내는 것과 같다. 그러므로 너희는 뱀과 같이 슬기롭고, 비둘기와 같이 순진해져라." 유다가 뱀과 같았다면 그는 지혜로웠을 것이고 예수가 양과 같았다면 그는 순진했으리라. 그러므로 또 다른 무형의 십자가를 짊어졌던 가룟 유다가 이제라도 억울함을 풀고 고이 잠들길 진심으로 기원해본다.